별에서 온 천부경

인류를 구할 사랑 이야기

별에서 온 천부경

초판 1쇄 2022년 5월 13일

지은이 박정규
발행인 김재홍
총괄/기획 전재진
마케팅 이연실
디자인 현유주

발행처 도서출판지식공감
등록번호 제2019-000164호
주소 서울특별시 영등포구 경인로82길 3-4 센터플러스 1117호{문래동1가}
전화 02-3141-2700
팩스 02-322-3089
홈페이지 www.bookdaum.com
이메일 bookon@daum.net

가격 15,000원
ISBN 979-11-5622-696-3 03100

별에서 온 천부경

인류를 구할 사랑 이야기

박정규 지음

지식공감

머리말

모래더미. 모래알이 쌓이고 또 쌓이고 끝없이 쌓여 만들어진 거대한 모래더미가 있다. 아슬아슬하고 위태위태해 언제든 무너질 수 있는 공든 탑이 말이다. 너무나 아슬아슬해서 가느다란 바람만 불어도 무너지고 약간만 흔들려도 곧바로 무너지고 모래 한 알만 떨어뜨려도 곧바로 붕괴될 임계상태의 모래더미가 바로 우리 앞에 있다.

숲. 불이 붙기 쉬운 마른 풀과 바싹 마른 낙엽과 가벼운 나뭇가지들이 아주 높은 밀도로 잔뜩 쌓여서 언제든 불타오를 숲이 있다. 그렇다. 임계상태의 숲이다. 아이들의 사소한 불장난이나 무심코 버린 작은 불씨 하나나, 타다 남은 모닥불의 재나, 벼락이 떨어뜨린 아주 작은 불꽃에도 언제든 거대한 산불로 타오를 임계상태의 숲이 우리 앞에 있다.

운명!
그렇다. 이게 우리의 운명이다. 21세기에 마주한 70억 우리 인류의 운명이다. 언제든 무너질 수 있는 모래더미나 언제든 불태워버릴 산불이 우리의 운명이다. 아주 작은 충격에도 무너지고 아주 작은 불씨에도 모든 것을 불태워버릴 사태가 당신과 나 바로 우리들의 운명이다. 바로 탐욕과 핵무기에 의해서 말이다. 우리의 대다수가 탐욕스러워도 핵무기가 없다면 우리 스스로를 파괴할 수단이 없으니 우린 멸망하지 않는다. 그런데 담욕스러운네나 수반 개의 핵반누가 노리는 이 무시무시한 상황에서 아주 작은 우발적인 갈등이 전 인류를 멸망

머리말   5

시킬 핵전쟁으로 언제든 치달을 수 있는 것이다. 내일이나 모레일 수도 있고 한 달 뒤일 수도 있다. 탐욕이라는 악마와 산더미처럼 쌓아놓은 핵무기라는 이 미친 괴물에 의해서 말이다. 곧바로 무너질 모래더미처럼, 곧바로 모든 것을 불태워버릴 거대한 산불처럼 언제든 사소한 실수나 우발적인 다툼이 파멸적인 핵전쟁으로 치달을지 아무도 모르는 게 우리의 운명이다.

이뿐만이 아니다. 국가의 패권주의나 신을 믿는 종교나 진화론이나 자본주의나 할 것 없이 우리가 추구하는 모든 이념과 행위가 거대한 탐욕에 사로잡혀 인류파멸을 앞당기는 최악의 상황으로 치닫고 있다. 우리 인류는 시시각각 바닷속으로 침몰하는 타이타닉처럼 너무나 위험천만하고 아슬아슬한 상황에 놓여있다. 2%. 그래 우리의 생존확률은 2%이고 멸망확률은 98%이며 과학자들이 만든 인류멸망 시계는 100초 전이다.

인류의 창조자가 알려준 위대한 진리가 있다. 그건 하나의 문명이 태어나고 자라 폭력성을 극복하면 깨달음에 도달하고 우주적 완성에 이르게 된다는 것이다. 깨달음이란 폭력성의 극복이며 자신의 태양계를 벗어날 수 있는 수준에 도달한 문명은 누구나 예외 없이 평화를 사랑한다는 것이다. 왜냐면 자신의 태양계를 벗어날 수 있는 단계에 도달한 문명이 폭력적이라면 이 문명은 이러한 에너지를 개발해 곧바로 자기 파괴의 길로 들어서기 때문이라는 것이다. 이것이 우주에서의 절대적인 법칙의 하나이고 누구도 벗어날 수 없는 보편적인 원리라는 것이다. 파멸인가 아니면 과학의 선용이 가져오는 깨달음의 지상낙원인가. 현재 우리는 바로 이 갈림길에 서 있다. 우린 선택의 기로에 놓여 있고 대위기에 처해 있다. 인간을 비롯한 모든 동식물은 대자연과의 조화 속에서 살아갈 수밖에 없는데, 지금 우리의 문명은 조화를 상실하고 극단으로 치닫고 있는 것이다. 우리 모두의 그 끝없는 돈에 대한 욕심과 자본과 무력에 대한 환상과 자만이 우릴 벼랑 끝으로 몰아대는 것이다.

무엇이 우릴 구원할 것인가?
힘도 아니고 돈도 아니다. 무력도 될 수 없고 경제력도 될 수 없다. 핵무기가 우릴 구원할 수 없는 것처럼 탐욕의 자본주의가 우릴 구원할 수 없는 것도 분명한 사실이다. 자신의 종교만이 옳다는 유일신도 아니고 약육강식의 진화론도 아닌 것이다. 바로 차원 높은 진리만이 우릴 구원할 수 있는 것이다. 그 차원 높은 진리의 힘이 지금 용솟음치며 전 세계로 퍼져 나가고 있는 것이다.

한류!
비로 힌류 밀이다. 지금의 한류는 1차 한류이다. 춤과 노래, 연속극과 영화, 한국의 옷과 음식 그리고 성형수술 등은 1차 한류이다.

뒤이어 홍익인간과 한글이 세계로 뻗어 나가게 될 것이다. 마지막으로 이 모든 한류의 뿌리인 인류 최고의 경전. 한 장으로 이루어진 신비의 경전이 만천하에 드러날 것이다.

한류가 거세게 타오르고 있었던 2018년이 저무는 대학로 어느 건물이었다. 한국의 월드컵 4강을 비롯하여 한국과 세계의 수많은 굵직한 사건들을 적중시킨 이 시대의 영능력자가 입을 열었다.

"새 시대가 곧 옵니다."

너무나 뜻밖이라 나는 놀라지 않을 수가 없었다. 나는 반쯤은 충격의 눈빛으로 반쯤은 경이의 눈빛으로 선지자를 뚫어지게 쳐다보았다.

"새 시대가 옵니다. 곧, 곧 새 시대가 옵니다."

내가 정신을 가다듬고 즉시 되물었다.

"우주의 모든 진리를 한 장에 담은 천부경에 의해서 새 시대가 실현됩니까?"

"그렇습니다. 그 신비의 경전에 의해서 이루어집니다. 천부경에 의해 곧 이루어집니다."

선지자의 두 눈은 불타는 듯이 빛나고 있었고 온몸에서는 기백이 넘쳐흐르고 있었다. 쇳소리가 섞였으면서도 깊고 침착한 목소리가 영능력자의 전신에서 흘러나오고 있었다. 대춧빛이 감도는 붉은 얼굴의 선지자가 깊은 상념에 잠긴 채 다시 입을 열었다.

"그 천부경을 가지고 새 시대를 여는 존재를 우리 한민족은 수천 년 동안 기다려왔던 것입니다."

세상에! 나는 놀라움에 다음 말이 떨어지지 않았다. 철이 든 이후로 수십 년 간 지상낙원인 새 시대를 위해 노력해 왔지만 병문안을 온 자리에서 지상 최고의 경전에 대한 비밀을 선지자로부터 직접 들을 줄은 정녕 예상하지 못한 일이었다.

천부경!

한 장으로 이루어진 인류 최고의 경전. 역사상 수많은 연구자와 현자들, 무수한 학자들이 천부경의 비밀을 밝히려고 온갖 노력과 숱한 연구를 다했으나 아직 그 누구도 풀어내지를 못하고 있는 실정이다. 아니 오히려 혼란만 더해지는 상황이며 단 81자로 이루어진 세상에서 가장 짧은 경전은 여전히 신비와 수수께끼에 싸여 있다.

이 책 '별에서 온 천부경'은 까마득한 옛날과 관련이 있다. 바로 대홍수와 인간의 근원에 대한 비밀이다. 그렇다. 태초의 신비이자 인류 역사 전체에 드리워진 커다란 수수께끼. 바로 우리의 시작에 관한 비밀이다. 너무나 오래되고 아득한 세월이 흘러 그 어떤 인간도 기억하지 못하는 아득한 태고의 신비에 관한 것이다.

까마득히 오래 전에 위대한 존재들이 하늘에서 지구에 내려왔다. 하늘에서 온 사람들인 이들은 창조주로, 천신으로, 엘로힘으로, 시조로,

하느님으로, 조물주로 불리었다. 이들은 지상의 온갖 생물을 창조했고 자신들의 모습을 본떠 인간을 만들었다. 그들은 우리 인류를 창조하고 인도하고 사랑했으며 또한 두려워했다. 그렇다. 이 하늘에서 온 존재들은 인간을 두려워했다. 이들은 창조된 인간이 지능도 높은 데다 매우 폭력적이어서 자신들에게 커다란 위협이 된다고 생각하고 대홍수를 일으켜 쓸어버리고 멸망시켰던 것이다. 이 하늘이 무너지고 땅이 갈라졌던 대이변과 대재앙 앞에서 홀로 생명을 구원했던 위대한 수호신이 있었다. 엔키라 부르는 이 위대한 수호신은 우트나피쉬팀이라는 한 인간에게 다가오는 대재앙을 경고하고 하늘을 나는 배를 만들어 생명을 구원하도록 이끌었던 것이다.

　이 책은 우트나피쉬팀이 수호신 엔키의 경고를 받아 하늘을 나는 배를 만들어 뭇 생명을 배에 실었던 것과 정확히 대칭의 관계에 있다. 인간을 창조하고 사랑하고 인도했던 인류의 시조님들에게 한없는 존경과 깊은 감사를 드린다. 그분들이 아니었다면 결코 이 책은 탄생할 수 없었을 것임에 틀림없다. 다음으로 이 책이 나올 수 있도록 결정적인 계기를 만들어준 이 시대의 마지막 예언자와 영능력자와 선지자들에게 깊은 존경과 감사를 드린다. 이 외에도 이 책은 수많은 사람들의 정성과 도움으로 세상에 나올 수 있었으며 그 모든 분들에게도 깊은 감사를 드린다.

이 글을 쓰는 순간에도 인간 구원의 비밀을 구체적으로 이해하고 있는 사람이 지구상에 단 열 명도 되지 않는다는 사실이 그 신비의 경전이 인류 역사 전체에 드리워진 장대한 계획이자 거대한 수수께 끼라는 것을 분명히 보여주고 있다. 인류가 파멸의 대위기에 처해 있다는 것과 그 신비의 경전에 의해 이 위기가 극복되고 새 시대가 온다는 것이 도저히 믿어지지 않을 것이다. 이건 당연한 일이다. 천부경에 의한 인류 구원의 비밀은 지상의 그 누구도 예상하거나 상상할 수도 없었을 뿐더러 하늘에 있는 위대한 존재들 중에서도 단 몇 분을 제외하고는 그 어느 누구도 내다볼 수 없는 일이었기 때문에 너무나도 자연스러운 것이다. 이 책을 주의 깊게 읽어나간다면, 당신은 우리 70억 인류 앞에 상상할 수 없는 새로운 시대가 다가오고 있다는 것에 도달할 것이다.

두 번 다시 히로시마가 되풀이되지 않고 지구촌에 평화와 광명이 가득하기를 기원하며 인류의 진보와 정의를 위해 노력하는 모든 사람들에게 깊은 경의를 표하며……

2022, 4월
박정규

차 례

들어가는 글

인간을 지키는 위대한 수호신이 있었다. 엔키라 불리는 이 수호신은 한 현명한 인간을 불러 갈대 담 뒤에 있게 하고 혼잣말처럼 인류에게 닥쳐오는 대재앙을 경고하였다.

"갈대 담. 갈대 담. 담. 담.
갈대 담 들어라.
담 귀를 귀울여라.
슈루파크의 사람, 우부르투투의 아들 우트나피쉬팀이여.
집을 허물고 배를 만들어라.
건물을 허물어 하늘을 나는 배를 만들어라.
재산을 버리고 목숨을 건져라.
부를 포기하고 생명을 구하라.
살아있는 온갖 생물의 씨를
하늘을 나는 배에 실어라.
네가 만들 배는 그 크기를 잘 재어서 만들어라.
가로와 세로의 길이가 똑같도록 하라.
지하수가 덮인 것같이 지붕을 만들어라."[1]

이 위대한 존재의 지혜와 용기에 의해 생명은 보호되고 인도되었으며 인간은 다시 번성하게 되었다. 태초의 비밀은 파묻혔고 지구의 공전은 계속되었다.

별에서 온 천부경

그로부터 1만여 년이 흐른 1912년 4월 14일 자정 무렵이었다. 영국을 떠나 미국 뉴욕을 향하던 타이타닉호는 대서양에서 앞에 거대한 빙산이 있다는 것을 발견하고 급히 방향을 틀려고 했지만 오른쪽 뱃머리 옆구리 부위가 90m 길이로 긁히고 말았다. 이 사고로 배의 외벽이 부서지고 찢어지면서 6개의 칸막이벽에 틈이 생겨 물이 밀려들기 시작했다. 방수격벽 탓에 배 전체에 물이 차지는 않았지만 뱃머리로부터 5구획 이상에 물이 차면 그 한계를 넘는 것이었다. 배에 동승하고 있던 선박 설계자는 1시간 반 정도면 타이타닉이 침몰할 수밖에 없다는 판단을 내려야만 했다.[2]

한밤중인 자정. 선장은 탈출명령을 내리되 혼란방지를 위해 대놓고 침몰이 임박했다고 알리지는 않았다. 모든 승객과 선원들에게 구명조끼를 나누어주기 시작했으며 배 양쪽에서 구명정을 내리기 시작했다. 선장은 타이타닉호에 달린 구명정 16척과 접을 수 있는 배 4척을 끌어내리고 옮겨 타라고 지시했다. 상황이 얼마나 절박한지 모르는 대부분의 승객들은 배가 침몰한다는 것을 믿지 못하고 구명정에 탈 생각조차 하지 못했다. 캄캄한 북대서양 한복판에서 손바닥만 한 배보다는 강철로 만든 길이 270미터가 넘는 대형 여객선이 훨씬 더 안전해 보이는 건 어찌 보면 당연한 일이었다. 첫 구명정에는 정원 40명에 고자 12명이 타고 있었다.

상황이 지속되고 배가 한쪽으로 서서히 기울어지자 갑판 위의 승객들은 혼란에 휩싸였다. 이제 대다수의 승객들은 상황이 훨씬 심각함을 깨닫고 공황상태에 빠져들었다. 아직도 최악의 상황까지는 가지 않을 거라고 실낱같은 희망을 버리지 않은 사람들은 일부 남아 있었다. 그러나 뱃머리가 가라앉기 시작하자 사람들은 구명정을 타려고 필사적으로 매달리기 시작했다. 문제는 구명정이 부족해 승객의 절반밖에 태울 수 없다는 점이었다. 시시각각으로 재앙이 닥쳐오자 승객들은 각각 용기, 희망, 절망, 슬픔, 비겁함 등을 보여주기 시작했다.

배의 통신사들은 사력을 다해 조난신호를 보내고 하늘에는 구조신호용 로켓이 연속해서 발사되었다. 배의 설계자 토머스 앤드루스는 사방을 뛰어다니며 사람들이 구명복을 입는 것을 도와주었지만 정작 자신은 입지 않았다. 그는 다른 승무원들에게 "상황은 아주 심각하지만 공황상태가 일어날지도 모르니 나쁜 소식을 알리지 말라"라고 말했다. 그러나 가까운 사람들에게는 솔직하게 "배 아래가 박살났다"라고 말한 후 종말이 1시간쯤 남았다고 알려줬다.[3]

빙산에 찢겨 침수된 배 앞부분 구획들 무게 때문에 배가 서서히 가라앉았고 그 결과 배 앞부분에 가득 차오른 바닷물이 배 뒤쪽의 다른 구획들에 차례차례 넘쳐흘러 들어갔다. 마침내 45도 정도로 곤두박질하듯 기울어진 타이타닉호는 엔진이 있는 배 뒤쪽 부분이 하늘

별에서 온 천부경

높이 들리고 말았다.

 타이타닉호의 최후는 장렬했다. 굴뚝에서 연기가 솟아오르고 불똥이 사방으로 튀었다. 몇 차례 폭발도 일어났다. 새벽 2시. 배는 두 동강 나기 시작했다. 빙산과 부딪힌 지 2시간 20분 만이었다. 새벽 2시 20분. 배에 남아 있던 1,500명이 넘는 사람들이 한꺼번에 지르는 끔찍한 비명과 아우성과 함께 타이타닉호는 배 뒷부분을 하늘로 치켜든 채 천천히 바닷속으로 사라져갔다. 새벽이 다가오자 바다 위에서는 아무런 소리도 들리지 않았다.

제1장

—

지구는 침몰하는
타이타닉이다

1명이 50평에 살고
50명이 1평에 사는 지구

태양의 고도가 조금씩 낮아지며 기온이 떨어지고 있었다. 대기의 온도가 떨어지자 나뭇잎의 녹색엽록소가 파괴되면서 엽록소에 가려져 있던 색소가 겉으로 드러나면서 가을 산은 형형색색으로 물들어가고 있었다. 서울 뒤편의 북한산이 온통 붉게 타들어 갈 때면 삼천리강산의 한반도가 만산홍엽의 절정에 이른다. 백두에서 시작한 단풍이 7가지의 보물이 있다는 칠보를 거쳐 태고에 환웅천황이 세상에 처음 내려왔다는 전설을 간직한 묘향산에서 방향을 튼 다음 오색찬란한 단풍이 든 금강산을 넘고 내장산을 넘어 남쪽까지 내달아 월출산 구정봉의 주위에도 억새가 장관인 무렵이었다.

초록이 지치고 단풍도 지쳐 푸르고 붉었던 산이 낙엽으로 뒤덮인 2018년이 저무는 시절이었다. 날씨가 더욱 차가워지면서 어두워지는 서울 거리를 지나는 사람들의 발걸음도 무겁고 바쁘게 움직이고 있었다. 종로3가역 근처 피카디리 건물에서 대조선삼한역사학회가 주최한 강연회가 열렸다.

"지구는 침몰하는 타이타닉과 같습니다."

내가 사람들을 둘러보며 입을 열었다.

"……"

"타이타닉호는 무게가 4만 톤이 넘고, 길이가 270미터, 높이가 20층 건물에 해당하는 당시 세상에서 가장 큰 여객선이었습니다. 당시 최고의 조선기술인 이중바닥과 격실 구조로 만들어져 절대 가라앉지 않는 배, 신도 침몰시킬 수 없는 배라고 불렸던 타이타닉이었습니다."

흥미로운 듯 사람들이 관심을 보이며 귀 기울여 듣기 시작했다.

"타이타닉이 어떻게 침몰했는지 정밀하게 분석한 학자들은 놀라운 사실을 알아냈습니다. 그야말로 우연에 우연이 무수히 겹쳤기 때문인데요. 주요인은 타이타닉을 소유한 회사가 경쟁회사의 새로운 대형 여객선 등장에 위기감을 느껴 안전과 점검을 소홀히 한 채, 돈과 명예를 위해 출항을 서둘렀다는 것입니다. 가장 크고 안전한 배라는 자만심에 취해 선박전문가와 안전담당자의 말을 무시하고 겉모습만 화려한 배를 출항시켰다는 것입니다."

잠시 말을 멈췄다. 청중들이 호기심에 찬 눈으로 다음 말을 기다리고 있었다.

"……"

"최단 시일에 대서양을 횡단해 미국에 도착하려는 명예욕에 취해 야간에도 최고 속도로 항해했다는 점입니다. 또 탐욕에 가려 배의 외벽을 연결하는 나사못과 이음못에 불량품을 사용했다는 것이고요. 제대로 된 정품을 사용했더라면 배의 외벽에 틈이 생기면서 허망하게 가라앉지는 않았을 거라는 것입니다. 이 외에도 탐조등과 망대를 설치하지 않은 점, 야간에 관측요원을 늘리도록 한 규정을 어긴 점, 달이 뜨지 않아 칠흑같이 어두워 앞이 잘 보이지 않았다는 점, 근처 배들의 빙산 충돌 경고를 무시한 점, 아주 가까운 곳에 있던 캘리포

별에서 온 천부경

니안호의 통신사가 잠에 곯아떨어져서 구조신호를 듣지 못한 점 등 등 많은 요인이 있었습니다. 이런 많은 요인이 어우러져 2,200명 중에 1,500명이 차가운 바닷속에서 죽어가게 된 겁니다."

"작가님. 타이타닉은 이미 가라앉은 배구요. 그것도 아주 오래전에 가라앉은 배일뿐입니다. 이 타이타닉과 우리가 무슨 관계가 있다는 건지요?"

청중 중에서 한 사람이 질문을 던졌다.

"그건 말입니다."

내가 방금 전의 사람과 청중을 번갈아 쳐다보며 다시 말을 이었다.

"우리가 침몰하고 있는 타이타닉과 같은 운명이기 때문입니다."

"어떻게 같다는 거지요?"

좀 전의 사람이 다시 물었다. 그는 중년의 남자였고 50은 넘어 보였다.

"궁금한 점이 있으면 바로 질문해 주세요. 그래야 훨씬 박진감 넘치고 재밌습니다. 이점을 생각해 보십시오.

타이타닉호의 침몰에는 두 가지 요인이 있습니다. 내부 요인과 외부 요인이라는 두 가지 원인이 있는데요. 내부적 요인에는 탐욕, 안전을 무시한 항해, 불량품 사용, 탐조등과 망대의 미설치 등이 있습니다. 생각해 보십시오. 이런 내부 요인들이 있다고 해도 그 큰 배가 그리 쉽게 침몰한다는 게 말이 된다고 보십니까?"

강연자가 청중을 향하여 질문을 던졌다.

"……"

강연장이 고요해지며 사람들은 귀 기울여 듣고 있었다.

"그렇습니다. 내부 요인만 있어서는 안 됩니다. 다른 외부 요인이 있어야만 합니다. 바로 카이주라는 거대한 빙산과의 충돌인 것입니다. 이 빙산이라는 외부적 요인과 내부적 요인이 결합해야만 배는 침몰하게 됩니다. 내부 요인이 여러 가지로 부족하고 모자라더라도 빙산이라는 외부 요인이 없으면 배는 침몰하지 않습니다."

내가 사람들을 둘러보며 침착하게 말했다.

"……"

"상어 떼나 고래 떼가 타이타닉을 침몰하게 할 수 있을까요? 돌풍이나 허리케인이 4만 톤이 넘는 거대한 배를 과연 가라앉게 할 수 있을까요? 빙산이나 테러가 아니라면 타이타닉이 쉽게 침몰할 수 없다는 건 분명합니다."

"운석이나 소행성이 있질 않습니까?"

좀 전의 그 중년남성이 반론을 제기했다. 그는 짧은 머리를 하고 있었는데 눈빛이 빛나고 있었다.

"맞습니다. 운석이나 소행성이 있지요. 소행성이나 운석이 지구와 충돌하게 되면 타이타닉이 문제가 아니라 지구 전체가 파멸하게 되지요. 그런데 어떤 이유로 운석과 소행성이 지구를 파멸시킬 수는 없다고 봅니다. 이건 인류의 수호신과 관계된 것인데, 다음에 말씀드릴 기회가 있을 겁니다."

"……"

"내부 요인만 있다면 배는 침몰하지 않습니다. 외부 요인인 빙산이 있다 하더라도 준비를 철저히 하고 안전을 최우선으로 했다면 역시 침몰은 일어나지 않습니다. 이 불안한 내부 요인에다 빙산이라는 외부 요인인 두 가지가 만나야만 침몰하게 됩니다. 바로 이 점에서 우리의 상황이 타이타닉의 상황과 똑같은 것입니다."

내가 확신에 찬 어조로 말했다.

"타이타닉이 안고 있었던 문제가 바로 우리가 안고 있는 문제인 것입니다. 탐욕과 허영과 자만, 부주의와 무지가 지구에 살고 있는 우리의 내부적 문제입니다. 타이타닉이 많은 내부 문제를 가지고 있다 하더라도 결정적인 건 빙산입니다. 다가오는 빙산은 타이타닉을 침몰시킬 수 있기에 그렇습니다. 그런 타이타닉처럼 많은 내부 문제를 가지고 있는 인류를 침몰시키고 멸망시킬 수 있는 게 무엇이겠습니까?"

강연자가 구석구석을 둘러보며 질문을 던졌다.

"타이타닉을 침몰시킨 빙산처럼 지구를 파멸시킬 수 있는 게 무엇이겠습니까?"

내가 사람들을 번갈아 쳐다보며 다시 물었다. 사람들은 뭔가를 깊이 생각하는 듯했고 망설이는 듯했다.

"……"

"그럼 이 문제를 생각해 보십시오. 우리 주변을 둘러보면 우리의 상황은 타이타닉호보다 더 심각할 수도 있습니다. 우리는 많은 문제를 안고 있는데요. 우린 다툼과 분쟁과 전쟁, 종교와 인종 갈등과 환경문제 등 수많은 문제들이 있는데요. 그중에 이 모든 걸 관통하는 문제 하나가 있습니다. 무엇이겠습니까?"

내가 하던 말을 뚝 끊었다. 잠깐 침묵이 흘렀다.

"……"

"부. 부의 독점입니다. 부의 독점과 편중이야말로 모든 악의 근원입니다. 이기야말로 지구의 모든 악의 시작이자 끝입니다. 1분에 12명의 아이들이 굶주림으로 죽어가고 있고 10억이 넘는 사람들이 하루에 천원이 안 되는 돈으로 겨우겨우 살아가고 있습니다. 수억의 사람들이, 수십억의 사람들이 죽어라 일해도 잠잘 곳이 없고 아이들을 학교에 보낼 수도 없고 병에 걸려도 약을 살 수도 없습니다."

강연자가 단호한 어조로 말을 이어갔다.

"우리가 살고 있는 지구를 말입니다. 우리 지구를 땅 100평에 사람 100명이 사는 마을로 축소해보면요. 최고 부자 1명이 50평에서 살고 그다음 부자 9명이 40평에서 살고 나머지 90명은 10평에서 피 터지게 살고 있는 현실입니다."

"……"

"나머지 90명 중에서도 40명이 9평에서 살고 50명은 딱 1평에 사는 꼴입니다. 딱 1평에 사는 50명은 그게 생지옥이 아니고 뭐겠습니까? 혼자서 50평에 사는 사람은 세상이 끝내주게 좋을 겁니다. 부디 오늘만 같아라. 세월아 네월아 오늘만 같아라. 좋아 죽을 지경일 겁니다. 고대의 왕이나 황제와 무엇이 다르겠습니까? 40평에 사는 9명도 아 좋구나. 세상이 정말 좋구나. 혼자서 50평에 사는 사람보다는 못하지만 그래도 아주 흡족합니다. 옛날로 치자면 대신이나 귀족이나 제후에 해당하는 거지요. 9평에 사는 40명은 그냥 마지못해 겨우 겨우 사는 거고요. 그리고 말입니다. 마지막에 1평에 사는 50명은 생지옥이 따로 없고 매일매일 생존에 허덕이고 매일매일 굶어 죽고 매일매일 죽지 못해 살고 있는 것입니다. 굶어 죽고 아파서 죽고 다쳐서 죽고 힘들어서 죽고 세상이 지옥이라 자살하고 이렇게 살려고 태어난 게 아닌데 하면서 그냥 죽어가는 겁니다. 옛날의 노비나 노예와 무엇이 다르겠습니까?"

"……"

별에서 온 천부경

사람들이 깊은 관심을 보이며 귀 기울여 듣고 있었다. 우리 인류가 당면한 현실에 깊이 공감하는 거 같았다.

"이걸 보면 우리는 뭔가 바뀌고 변한 줄 알았는데 그대로잖습니까? 동학혁명이다, 갑오개혁이다, 해방이다, 르네상스다, 시민혁명이다, 산업혁명이다, 종교개혁이다 등등 무수한 혁명과 혁신과 개혁이 있었는데도 본질은 전혀 변하지 않고 그대로였던 겁니다. 우리 손으로 대통령을 뽑고 국회의원을 뽑고 별의별 법률과 제도를 만들었어도 변한 건 없고 본질은 그대로였던 겁니다. 왕조가 수없이 바뀌어 대통령제가 되고 내각제가 되고 수많은 혁명과 개혁을 하고 제도와 법률을 산더미처럼 만들어도 탐욕도, 허영도, 착취도 변하지 않고 대대로 이어졌던 것입니다. 1명이 50평에 살고, 50명이 1평에 사는 이 문제의 본질은 조금도 변하지 않았던 것입니다."

사람들이 심상찮은 눈길로 강연자를 뚫어지게 쳐다보고 있었다.

"약자는 도태되고 강자는 살아남고 그런 거 아닐까요? 이익이 있어야 사회가 발전하는 것이고요. 자본주의도 그렇지만 인간은 원래 이익을 추구하는 존재일 수밖에 없으니까요."

좀 전의 남자가 반론을 폈다.

"자본주의는 원래 그런 것이라고요. 약자는 죽고 도태되는 것이라고요. 그렇게 생각할 수도 있습니다. 인간도 원래 그렇고 자본주의도 그렇고 약자는 죽어도 좋은데요. 그런데 문제는 이겁니다. 약자가 죽어 나가고 못난 사람들이 죽어 나가 다 사라진 다음에 강자 역시 생존할 수 없다는 데 있습니다."

내가 잠시 호흡을 가다듬었다.

"……"

"한 가지를 더 살펴보면 모든 게 분명해집니다. 우리 지구에 대략 70억이 넘는 사람들이 살고 있는데요. 이 중에서 최고 부자 100명이 가진 재산이 가난한 사람 35억 명보다 많다는 사실입니다. 이게 과연 정상인가요? 이게 미치지 않고 과연 가능한 일이겠습니까? 여기에 계신 분들도 한번 얘기해보세요. 어떻게 이게 정상이라고 할 수 있습니까?"

강연자가 사람들을 똑바로 쳐다보며 호소하듯이 말했다.

"최고 부자 100명이 문자나 숫자를 발명했나요? 자동차나 비행기를 발명했나요? 아니면 자석과 코일로 전기를 발명했나요? 아니면 미적분을 창안했나요?"

청중은 온몸의 신경을 집중해 귀담아듣고 있었다. 내가 사람들에게 한 발짝 다가서며 말했다.

부의 독점은 암이다

"돈은 피라고 합니다. 맞는 말입니다. 자본주의에서 돈과 자본은 인체의 피처럼 순환한다고 말합니다. 그럼 골고루 돌아야 하는 피가 한쪽에만 가고 다른 쪽에는 가지 않으면 어찌 되겠습니까? 피가 온통 손에만 가고 머리나 다리, 엉덩이에 피가 가지 않으면 그 부분은 썩어나가게 됩니다. 피가 돌지 않은 부분이나 신체 기관은 썩고 곪아 터지게 됩니다. 한쪽이 그리 썩어서 죽어 나가면 다른 부분들인들 멀쩡하겠습니까?"

강연장은 무거운 침묵이 감돌고 있었다.

"그래 여기저기서 아우성입니다. 피와 영양분이 골고루 가지 않으니 굶어 죽는 수많은 사람들이 생기고 돈이 없어 죽어 나가고 자살하는 수많은 일들이 일어납니다. 몇 년 전에 있었던 세 모녀 자살사건, 탈북모자사건, 대여섯 젊은이들의 동반자살사건, 무슨 사건, 무슨 사건 등등 다 헤아릴 수가 없습니다."

공감이 되는 듯 사람들의 표정이 착잡해지고 있었다.

"자본주의는 자유시장과 무한경쟁이라고 합니다. 그래야 발전이 되고 이득이 된다는 기죠. 물론 이느 정도의 그회로운 경쟁은 도움이 됩니다. 그러나 무한경쟁은 무한한 탐욕입니다. 무한탐욕의 끝은 파멸뿐입니다. 무한경쟁과 무한탐욕은 인체에서 피와 영양분을 미친 듯이 빨아들이는 암세포와 같은 것입니다. 무한탐욕하는 암세포의 결말이 무엇이겠습니까?"

강연자가 말을 뚝 멈췄다. 사람들이 깊은 눈길로 강연자를 똑바로 바라보고 있었다.

"죽음."

"……"

"바로 죽음입니다. 무한탐욕으로 무한 증식하는 암세포가 우리 신체를 죽이고 결국 자신도 죽는 처참한 결과만 남는 것입니다. 무한탐욕은 파멸과 죽음을 보장합니다. 그것도 아주 확실히 보장합니다."

강연장은 쥐 죽은 듯 숙연해지고 있었다.

"우린 모르고 있습니다. 우린 자본주의와 진화론이 암세포와 같다는 걸 놓치고 있습니다. 자본주의와 진화론의 깃발 아래, 탐욕과 패권을 추구하는 죽음의 장막 아래 우린 파멸의 길로 미친 듯이 질주하고 있다는 사실을 말입니다. 우리는 눈에 보이는 필로폰 같은 마약은 그리 조심하면서 정작 눈에 보이지 않는 마약인 자본주의와 진화론의 해악을 느끼지 못하는 실정인 것입니다. 우리 인류는 마약에 취한 것처럼 미쳐서 인류 최후의 날로 돌진하고 있습니다. 마치 타이타닉이 빙산과 충돌하려고 미친 듯이 최고 속력으로 달려갔듯이 말입니다."

사람들이 몹시 놀란 표정을 지으며 강연자를 뚫어지게 바라보고 있었다.

"……"

내가 잠시 숨을 가다듬었다. 그리고 다시 말을 이었다.

"그렇습니다. 우리는 미쳐 있습니다. 우리 인류사회는 병들어 있고 정녕 미쳐 있는 겁니다. 마치 지구가 미쳐서 돌아가는 꼴인 것입니다. 그런데 말입니다. 우리가 미쳐도 말입니다. 약간 미쳐도 사는 데 별지장이 없는 것처럼 말이지요. 우리가 미쳐도 아이들은 태어나고 자랍니다. 그들이 어른이 되고 다시 아이들이 태어납니다. 그래 고리는 이어지고 세대는 이어집니다. 대대로 말입니다. 그런데 이번엔 진짜 미친 게 등장한 겁니다. 우리 옆에, 약간 미친 우리 옆에 진짜 미친 게 등장한 겁니다."

내가 우뚝 서서 확신에 찬 태도로 말했다. 강연자의 목소리가 강당에 울려 퍼지고 있었다.

"무엇이겠습니까?"

강연자인 내가 사람들을 뚫어져라 쳐다보며 다시 질문을 던졌다. 강당의 사람들은 이야기에 깊이 빠져들고 있었다.

"……"

사람들은 생각에 잠겨 있었다.

"한번 생각해 보십시오. 무엇이겠습니까?"

강연자가 다시 물었다.

"핵무기요."

누군가 말했다.

"핵무기죠."

여기저기서 대답이 튀어나왔다.

"맞습니다. 바로 핵무기입니다."

내가 즉시 말을 받았다.

"우리가 정상이라면 미친 핵무기가 옆에 있더라도 아마 쓰질 않을 겁니다. 우리가 미쳤다 해도 핵무기가 없다면 우린 멸망하지 않습니다. 우리 스스로를 파괴할 수단이 없으니까요. 그런데 문제는 이겁니다. 미친 우리 인류에게 정말로 미친 핵무기가 옆에 있다는 것입니다. 그것도 바로 옆에 말입니다. 이거야말로 무서운 거며, 살 떨리는 것이며 진정 공포스러운 겁니다. 내일을 보장할 수 없다는 사실. 나는 사라져도 다음 세대가 이어진다면 우린 안심할 수가 있습니다."

강당의 사람들이 공감이 되는 듯 꼼짝하지 않고 깊은 상념에 잠겨 있었다.

"과연 우리에게 내일이 있느냐 이게 문제가 되는 것입니다."

"……"

사람들의 호흡이 깊어지고 강연장은 숨이 멎은 듯 숙연해졌다.

"예전에는 어떤 악독한 독재자라 하더라도 죽일 수 있는 게 기껏해야 일부의 사람들이었습니다. 히틀러나 징기스칸이나 나폴레옹 같은 전쟁 미치광이가 아무리 잔인하고 전쟁을 잘해도 그가 한 인종을 말살하거나 인류 전체를 없앨 수는 없었습니다. 기껏해야 어느 지역의 사람들을 일부 죽일 수 있었습니다. 흑사병이나 콜레라 같은 무서운 전염병도 마찬가지고요. 어느 한정된 시기에 한정된 지역의 사람들을 해치고 줄일 수는 있어도 조금만 시간이 지나면 언제 그랬냐는 듯이 인간은 회복되었습니다. 초대형 지진이나 엄청난 화산폭발도 다 마찬가지입니다. 그런데 이제 차원이 다른 진정한 위험이 등장한 겁니다. 우리들을 날려버리고 우리의 내일을 끝장내버릴 진짜 위험이 등장한 겁니다."

강연자가 하던 말을 뚝 끊었다. 무거운 침묵이 흐르고 있었다.

별에서 온 천부경

"……"

활시위를 당긴 화살처럼 강연장의 안팎에 긴장감이 더해지고 있었다.

"그리 쉽게 핵무기를 사용할 수 있을까요? 다들 이성이 있고 철저한 보안 속에서 관리되고 있어 쉽게 사용할 수가 없다고 생각합니다."

강연장에 흐르던 긴장감을 깨고 한 사람이 반론을 제기했다.

"바로 그겁니다. 그것 때문에 타이타닉이 침몰했고 우주 왕복선 챌린저호가 발사 1분 후 공중폭발로 산산조각이 나버린 것입니다. 다들 설마설마했습니다. 수만 톤이 나가는 거대한 배가, 최신 기술로 지어진 최고의 여객선이 그리 쉽게 바닷속으로 사라질지 누구도 믿지 않았습니다. 그런데 그리됐습니다. 탐욕과 부주의와 자만에 수많은 요인들이 우연처럼 얽히고설켜 침몰하게 된 것입니다. 다시 말하지만 누구도 가라앉으리라 예상도 못했고 믿지도 않았다는 사실입니다. 배가 빙산과 충돌 후 기울어지고 시시각각 침몰이 다가오는 중에도 사람들은 구명정을 타는 걸 망설이고 거부했습니다. 조그만 구명정보다 쇠로 된 거대한 타이타닉이 훨씬 더 안전해 보였으니까요. 이게 바로 인간의 심리이자 모순인 것입니다."

강연자가 질문한 사람을 똑바로 바라보며 말했다.

"또 1986년에 있었던 챌린저호 폭발 사건도 마찬가지입니다. 탑승자 7명 모두가 사망한 이 사고는 우주개발 역사상 최악의 참사가 되었는데요. 발사 장면이 전 세계에 텔레비전으로 생중계되고 있어서 엄청난 충격을 준 사건이 있습니다. 그런데 사고 후 조사 과정에서 챌린저호의 폭발 가능성을 주장하면서 발사를 연기해야 한다고 주장한 몇몇 기술자가 있었던 게 드러난 것입니다. 경험 많은 고무링 기술자는 낮은 온도가 고무링을 얼게 하여 제 역할을 하지 못할 것이라 주장하면서 발사를 취소하거나 연기해 달라고 몇 번이고 요청했다는 것입니다. 그러나 나사의 고위관리들은 업무추진을 방해하는 발언쯤으로 취급하고 발사를 강행했고요. 결국 얼어붙은 고무링 사이로 가스가 새어 나왔고 여기에 불이 붙어 폭발하고 말았습니다. 이걸 예견했던 기술자는 이미 폭발 전에 눈물이 앞을 가려 텔레비전 생중계 화면을 볼 수가 없었다고 증언했습니다."

사람들이 몹시 놀란 표정을 지으며 강연자를 뚫어지게 바라보고 있었다. 내가 잠시 말을 멈추었다.

"......"

"이게 우리의 현실입니다. 설마 폭발하겠어. 설마 가라앉겠어. 바로 이것입니다. 산더미처럼 쌓아놓은 폭탄 옆에서 동네 아이들이 불꽃놀이를 하면 어찌 되겠습니까? 어떤 아이의 어떤 행위가 도화선이 되어 마을 전체를 날려버릴지 아무도 모르는 상황인 것입니다. 이게 오늘날 지구에 살고 있는 우리들의 적나라한 실상인 것입니다."

청중의 표정이 착잡해지며 이야기에 깊이 빠져들고 있었다.

"어떤 사람들은 핵이 안전을 보장한다고 말합니다. 먼저 공격하면 자신도 보복을 당해 확실히 다 같이 죽으니 누구도 먼저 핵공격을 할 수 없다는 것인데요. 이건 환상입니다."

강연자가 청중을 똑바로 바라보며 힘주어 말했다.

"답은 명확합니다. 핵폭탄을 없애는 게 답인 것입니다. 아무 쓸데도 없는 핵무기를 뭐 하려고 수만 개나 쌓아놓고 있느냐 말입니다. 우린 선택의 여지가 없습니다. 우리가 살려면 핵무기를 없애야 합니다. 그게 우리가 사는 길이고 우리가 가야 할 길입니다."

잠시 몇 초의 정적이 흐르고 있었다.

"……"

"좀 전에 어느 분이 핵무기를 철저하게 관리하고 있고 다들 이성이 있어 핵전쟁이나 핵사고가 쉽게 일어날 수 없다고 했는데요. 최초의 핵실험이 1945년 7월 미국 뉴멕시코주 사막에서 있었고요. 8월 6일에 최초의 원자폭탄이 일본의 히로시마에 투하되었고 뒤이어 52년에 최초의 수소폭탄 실험이 실시되었습니다. 61년에 소련이 실시한 50메가톤의 차르붐바 수소폭탄은 최대의 파괴력을 가진 열핵폭탄이었습니다. 이 차르붐바는 사상 최악의 폭탄으로서 길이가 8미터, 무게 27톤, 발생한 버섯구름만 64킬로미터에 이르렀고 히로시마 원폭의 3,000배가 넘는 어마어마한 폭발력이었습니다."

강연자가 손을 들어 화면의 차르붐바를 가리키며 말했다.

"……"

"원자폭탄 한 발에 히로시마는 완전히 파괴되었습니다. 오늘날의 수소폭탄 한 발이면 전 세계의 가장 큰 도시인 뉴욕이나 모스크바, 북경이나 런던이나 파리를 완벽하게 증발시키고도 남을 것입니다. 사실 히로시마 원자폭탄도 기폭장치가 제대로 작동하지 않아 폭발력이 원래의 예상했던 것보다 10분의 1로 줄어든 거라는 얘기가 있습니다."

사람들이 큰 충격을 받은 듯 화면을 뚫어지게 바라보고 있었다.

"1945년 이래로 인류는 지금까지 거의 2,000번이 넘는 엄청난 핵실험을 했고요. 이 50년이라는 짧진 기긴 중 인제 핵전쟁이 발발하너라도 전혀 이상할 게 없는 상황이 수없이 되풀이되었습니다. 전략폭격

기와 대륙간탄도미사일, 잠수함발사탄도미사일 등이 쓰이는 전면적 핵전쟁이 일어날 시 발발 당일에만 50억 명 이상이 사망하고 나머지도 거의 살아남을 사람이 없으리라는 모의실험 결과가 나왔던 적이 있었습니다. 말 그대로 미국과 소련은 미친 쌍방멸망 핵전쟁 전략을 채택해 간신히 공포에 의한 평화를 유지해 왔는데요. 매 순간순간이 아슬아슬하고 살얼음판이었던 것입니다."[4]

강연장은 숨소리가 멎은 듯 깊은 침묵에 빠져들었다.

우발적 핵전쟁

"게다가 우발적 핵전쟁이 일어날 뻔한 적이 수없이 있었습니다. 우발적 핵전쟁은 컴퓨터의 오류나 관리자의 부주의로 적국이 핵공격을 시도했다고 착각하고 그 보복으로 전면적 핵전쟁이 일어나는 것을 말합니다. 달빛을 미사일로 오인하거나 조기경보 장치가 오작동을 일으켜서 잘못된 경보가 울림에 따라 핵 반격이 검토되는 살 떨리는 일촉즉발의 상황이 알려진 건만 150번을 넘는다고 합니다. 냉전 시에 인류멸망 각본으로 이 우발적 핵전쟁이 단연 1위였습니다."[5]

강연장의 사람들이 머리를 한 대 얻어맞은 듯 숨죽이며 듣고 있었다.

"......"

"1962년 쿠바 미사일 위기라는 아슬아슬한 고비가 있었고요. 미국의 북미항공사령부에서 컴퓨터에 소련의 핵공격 훈련용 프로그램을 끼워놓고 그 사실을 잊어버린 탓에 실제로 소련이 선제 핵공격을 개시한 줄 알고 대통령에게 '발사준비 완료했다'라고 보고한 뒤 핵단추를 누르기 직전까지 간 사건도 여러 번 있었다는 겁니다. 이외에도 1979년 백악관 안보보좌관의 위기극복사건, 1995년 노르웨이 과학위성 사건, 2018년 하와이 사건 등등 셀 수도 없이 수두룩합니다. 그런데 정말 대위기가 찾아왔습니다. 1983년 9월에 말입니다."

청중이 우발적 핵전쟁에 깊이 공감하며 온 신경을 집중해 듣고 있었다.

"……"

"1983년 당시 세계는 당장 핵전쟁이 일어난다 해도 전혀 이상할 게 없는 상황에 놓여있었습니다. 레이건 미국 대통령은 소련을 악의 제국이라고 비판하면서 양국의 관계는 최악으로 치달았고 9월 1일 대한항공 007편 격추사건이 일어나 냉전이 극에 달하던 일촉즉발의 시절이었습니다. 또한 나토는 83년 11월부터 전면적인 선제 핵공격을 골자로 하는 '에이블 아처 83'훈련을 실시할 예정이었는데요. 사실 군사훈련은 어디까지나 핑계일 뿐 대규모 핵공격을 기습적으로 가할 가능성은 충분했었던 것입니다. 소련은 그럴 가능성을 예의주시하며 맞대응하고 있었습니다. 게다가 이듬해 2월에 사망한 소련의 지도자 안드로포프 서기장은 당시부터 지병으로 오늘내일하고 있었습니다. 그래 언제라도 지휘체계에 공백이 발생할 수 있는 상황이라 소련지도부의 신경은 더욱더 날카로웠던 때였습니다."[6]

강당의 사람들이 모두 숨이 멎은 듯 미동도 않은 채 강연자를 응시하고 있었다.

"……"

"83년 9월 26일 0시.

소련의 핵전쟁 관제센터에 느닷없는 비상경보가 울렸습니다. 인공위성으로부터 "미국이 대륙간탄도미사일 1발을 발사했다"라는 경보가 전달됐기 때문인데요. 잠시 후에 미국이 발사한 탄도미사일은 5발로 늘어났고 관제센터는 비상상태에 돌입하게 되었습니다. 소련의

　별에서 온 천부경

모든 핵미사일 저장고와 이동식 발사대에 경보가 걸리게 된 것이었습니다. 당시 관제센터의 당직사령이었던 스타니슬라프 페트로프는 핵전쟁을 일으킬 수 있는 권한을 졸지에 떠안게 되었던 것입니다.

당시 크렘린과의 통신라인은 살아 있었기 때문에 지구 최후의 날 기계가 아직 그에게 발사 권한까지는 주지 않았습니다. 그렇지만 그가 스스로 판단한 끝에 발사 명령을 내리거나 서기장에게 지시를 내려줄 것을 요청할 수도 있었습니다. 당시 그가 미국의 핵미사일 발사 여부를 감시하는 최신식 탐지용 인공위성을 담당하고 있었다는 점까지 고려해보면요. 반격에 대해 여러 가지를 살피기에는 너무나 짧은 몇 분밖에 주어지지 않은 핵전쟁 발발 직전의 상황에서 상부는 전적으로 그의 판단을 믿었을 가능성이 컸었습니다.”

“……”

“경보는 울리고 있었고 그의 눈앞에서 핵전쟁 개시 단추가 깜박거리고 있었습니다.”

사람들은 마른침을 삼키고 있었고 강연장 전체가 얼어붙은 듯 팽팽한 긴장감에 휩싸였다. 청중은 마음을 졸이는 극도의 불안과 긴장으로 조마조마하였고 손에 땀을 쥐게 하는 아찔한 순간이었다.

“그러나 페트로프는 순간적으로 생각했습니다. 그는 ‘미국이 정말로 핵전쟁을 시작한다면 모든 미사일을 한꺼번에 발사할 것이다. 그러나 지금 컴퓨터가 잡아낸 것은 5개에 불과하다. 이건 분명 컴퓨터의 오류이거나 탐지용 인공위성의 판단오류일 것이다’라고 결정하고 핵전쟁 취소암호를 입력하고 상부에 이렇게 보고했습니다.”

깅언자가 하넌 말을 뚝 넘추고 사람들을 뚫어지게 쳐다보고 있었다.

"……"

"'컴퓨터의 오류인 듯하다.'

이 짧고 단순한 한 문장이 전 인류의 생명을 구했습니다. 몇 시간 동안 초조하고 불안한 시간이 흘러갔습니다. 마침내 핵미사일 발사 경보는 인공위성이 햇빛을 핵미사일의 발사 섬광으로 잘못 인식해서 보고한 것으로 드러났던 것입니다."

"……"

납덩어리처럼 무거운 침묵과 정적이 흐르고 있는 가운데 몇몇 사람들은 안도의 한숨을 내쉬고 있었다.

"페트로프의 현명한 판단과 행동으로 인류는 대재앙을 피할 수 있었습니다. 수많은 예에서 보다시피 우리는 언제든지 어느 순간이든지 파멸적인 전쟁에 빠져들 수 있다는 것입니다. 답은 불을 보듯 분명합니다. 모든 핵무기를 폐기하는 길밖에 없는 것입니다."

잠시 동안 무거운 침묵이 강연장 주위를 휘감고 있었다.

"이 모든 문제의 근원은 부의 독점과 탐욕입니다. 탐욕과 부의 독점이 수많은 사회적 갈등과 불안을 조성하고 그 갈등과 불안이 분쟁과 전쟁으로 치닫게 됩니다. 그 결과 히틀러 같은 미친 괴물이 총통이 되고 독재자가 되어 거대한 세계대전을 일으킬 수 있게 되는 것입니다. 이 미친 괴물과 나치에 대항하기 위해 핵무기를 개발하였고 그 결과 우리가 파멸을 눈앞에 두게 된 것입니다."

강당의 사람들이 어두운 얼굴로 줄곧 깊은 생각에 잠겨 있었다.

"수천 년이라는 오랜 시간 동안 노력했지만 바뀐 건 없었습니다. 부의 독점이라는 이 문제 말입니다. 50평에 1명이 살고 1평에 50명이 사는 본질 말입니다. 탐욕과 착취와 허영은 하나도 변하지 않았습니

별에서 온 천부경

다. 우리가 그토록 노력하고 혁명을 하고 혁신을 하고 개혁을 했는데도 본질은 요지부동이었습니다. 산더미 같은 법률을 만들고 수많은 제도를 만들었지만 말입니다.

이게 어쩌면 우리의 근본적인 한계인지도 모르겠습니다. 그래 실패한 실험으로 생겨난 인류를 싹 쓸어버리고 새로 출발하는 게 훨씬 낫다고 하는 게 맞을지도 모르겠습니다."

사람들은 할 말을 잃은 채 깊은 고뇌에 빠져 있었다.

"그런데 아니네요. 변한 게 하나 있습니다. 그토록 긴 세월 동안 변한 게 하나도 없는 게 아니라 딱 하나 변한 게 있습니다. 우리들을 쓸어버릴 핵무기 말입니다. 핵무기라는 이 괴물은 지구상의 병든 문명의 산물인데, 이 괴물은 자신을 만든 문명을 집어삼켜 버리는 그런 괴물입니다.

그렇습니다. 우린 진정한 위기에 도달했습니다. 과거에는 어찌 됐든 세대는 이어졌습니다. 이제 우리는 내일을 보장할 수 없습니다. 우리는 선택해야 합니다. 우리가 소멸하든가 아니면 핵무기를 없애고 낙원을 만들든가 해야 합니다. 그런데 상황은 절망적입니다."

사람들의 표정이 더욱 착잡해지면서 뭔가를 곰곰이 생각하고 있었다.

"어디에도 길은 없습니다. 하늘이 무너져도 솟아날 구멍이 있다고 했는데 너무나도 절망적인 것입니다."

"설마. 그래도 설마요. 아무리 그렇다 해도 우리 인간이 멸망할까요? 핵전쟁이 그리 쉽게 일어나겠습니까?"

청중 중에서 흰 시림이 따지듯이 반론을 폈다.

"2018년 1월 초였습니다. 북한 지도자가 신년사에서 "내 책상에 핵단추가 있다"라고 하자 미국 지도자가 "나도 있다. 내 것이 더 크다"라고 맞받아친 것을 생생히 기억하실 겁니다. 이게 우리의 현실입니다. 이 미친 상황이 우리 지구의 실상인 것입니다. 언제든 내일이든 모레든 우리 모두를 쓸어버릴 미친 핵전쟁이 발생해도 하등 이상할 게 없는 것입니다. 우리의 상황은 절망적입니다. 너무나도 절망적이기에 수많은 선지자, 사상가, 철학자가 대파멸을 경고했던 것입니다. 로트블랫, 러셀, 게오르규, 하이데거, 아인슈타인, 오펜하이머, 스티븐 호킹 등등 수없이 많은 선각자들이 경고했지요. 특히 실존철학자인 하이데거는 인간의 뿌리 뽑힘과 이로 인한 종말을 아주 강하게 경고했는데요. 그는 '오늘날 인간이 살고 있는 곳은 더 이상 대지라 할 수 없다. 기술이 인간을 대지로부터 더욱 떼어놓고 뿌리 뽑는다'는 게 섬뜩하다며 파멸을 경고한 것입니다. 그는 인류 스스로 이 모든 문제를 해결할 방법이 없다고 절망했던 학자였습니다."

강연자가 사람들을 번갈아 둘러보며 암울한 얼굴로 말했다.

"하이데거가 '신만이 우리를 구원할 수 있다'고 했죠."

사람들 중에서 누군가 말했다.

"그렇습니다. 그런 말을 했습니다. 하이데거는 '부재하는 신 앞에서 우리는 몰락한다'라고 했습니다."

내가 하던 말을 잠시 멈추었다. 강연장은 무겁게 가라앉아 있었다.

"……"

"우리가 말입니다. 우리가 빙산과 충돌 직전의 타이타닉이라면 그리 어렵지 않습니다. 여러 방법이 있으니까요. 근데 그게 아닙니다. 우리는 빙산과 충돌하기 직전의 타이타닉이 아닙니다. 빙산과 충돌 후 시시각각 물이 밀려 들어와 가라앉기 시작하고 있는 타이타닉인 것입니다. 두세 시간이면 바다 밑으로 가라앉아버리는 타이타닉인 것입니다. 이런 상황에서 어떻게 해야 사람들을 구할 수 있겠습니까? 이게 우리들의 상황이고 운명인 것입니다."

"……"

무거운 침묵과 정적이 흐르고 있었다. 누구도 입을 떼지 못하고 있었다.

"무엇으로 사람들을 구하겠냔 말입니다. 누가 무엇으로 말입니다. 침몰하고 있는 배에서 사람을 구해내는 게 바로 핵무기를 없애고 인류를 구하는 것에 해당합니다. 그런데 무엇으로 핵무기를 없애고 인류를 파멸에서 구할 수 있겠습니까?"

"……"

"아까 챌린저호를 말씀드렸는데, 이것도 마찬가지입니다. 가스 새는 것을 경고했던 기술자는 발사 후에 곧 폭발하리라는 것을 알고 있었습니다. 그래 수차례 폭발한다고 건의하고 경고했는데요. 이 기술자 위에 줄줄이 상급자들이 무더기로 있는데 말입니다. 그들은 명예와 탐욕에 눈이 뒤집혀 있는 것입니다. 성과에 쫓기고 돈에 쫓기고 명예에 쫓겨 눈멀고 귀 멀고 입 막은 사람들인 것입니다. 폭발한다는 경고에 이들은 그랬을 겁니다. '폭발한다고. 좀 온도가 내려가 춥다고 해도 말이야. 겨우 10도 정도 더 낮은 거잖아. 고무링이 좀 쪼그라든다 해도 연료통은 2분만 지나면 분리되지 않나. 겨우 2분을 견디지 못 하겠어'라고 했을 거고 결국 발사를 멈추는 건 불가능합니다. 방법이 없는 것입니다. 정확히 발사 후 73초 만에 폭발했습니다."

내가 침울하면서도 무거운 어조로 말했다.

"무엇으로 발사를 중지하고 승무원을 구해내겠습니까."

"……"

"방법이 없고 길이 없습니다. 이건 단지 수많은 예 중의 하나일 뿐입니다. 우리 인간이 과학기술을 개발하고 자본주의와 공산주의를 창안해내고 화폐를 만들어내고 공장을 만들어내고 대도시를 건설하고 등등 우리에게 도움이 되는 수많은 것들을 만들어냈지만, 결국 그것들을 통제하지 못한다는 걸 보여주고 있을 뿐입니다. 우리 모두의 지혜의 부족과 욕심을 적나라하게 보여주는 것이지요. 이 탐욕과 모순의 구렁텅이에 빠져버린 인류를 구할 길이 어디에도 없는 것입니다."

"그래도 뭔가 있지 않을까요."

사람들 중에서 누군가 말했다.

"없습니다. 불가능합니다."

강연자가 곧바로 답했다.

"그래도요. 무슨 방법이 있질 않을까요?"

좀 전의 사람이 다시 말했다.

"보십시오. 발사대에 올라간 챌린저호를 중지하고 승무원들을 살려낼 방법은 없었던 것입니다. 반면에 타이타닉은 침몰해 가는데도 마지막 기회가 있었습니다. 배에 탄 모든 사람들을 전부 구할 수 있는 길이 있었던 것입니다."

"정말인가요?"

"그게 어떤 방법인가요?"

청중들이 여기저기서 희망에 찬 표정으로 한마디씩 말했다. 좀 전의 절망이 엄습했던 때보다 표정이 한층 밝아지며 사람들이 다음 말을 기다리고 있었다.

"'끝날 때까지 끝난 게 아니다'라는 말이 있죠. 역시 그렇습니다. 타이타닉이 4월 14일에 북대서양 항로에 빙산이 있다는 경고를 6차례 받게 되는데요. 선장을 비롯한 배의 지휘부가 이걸 아주 무시합니다. 맨 마지막에 빙산 경고통신을 보낸 배가 캘리포니안호로 알려져 있는데요. 타이타닉의 통신사들은 승객들의 통신을 처리하느라 무척 바빴는지 어땠는지는 모르겠습니다. 캘리포니안호가 보낸 빙산 경고에 타이타닉 통신사가 "닥쳐요. 귀찮게 하지 말아요. 지금 그쪽이 통신을 방해하고 있다고요"라고 하며 면박을 주었던 모양입니다. 화물선 캘리포니안호는 빙산 때문에 타이타닉에서 아주 가까운 20 km정도의 거리에서 정박하고 있었던 상태였습니다."

"……"

강연자가 잠시 말을 멈추고 호흡을 가다듬었다.

"빙산 충돌 후 대략 2시간 40분 후에 타이타닉이 바닷속으로 사라지게 되는데요. 통신사들은 충돌 후 배가 바닷속으로 가라앉기까지 조난신호를 필사적으로 계속 보냈습니다. 타이타닉의 구조요청 신호는 여러 배가 받았고 멀리 있는 육지의 뉴욕에서도 수신되었습니다. 그러나 너무 멀지요. 뉴욕은 말할 것도 없고 배들도 모두 멀리 있었습니다. 화가 나고 신경질이 나서 그랬을 것 같지는 않지만 불행히도 가장 가까운 20킬로미터에 있는 캘리포니안호의 통신사가 잠에 곯아떨어져 있었던 것입니다. 그 대신에 80킬로미터에 아주 멀리 있었던 카파시아호가 긴급구조신호를 보고 최대속력으로 달려왔을 때는 배는 이미 바닷속으로 사라진 후였습니다. 너무 멀어서 멀입니다."

"아이고. 아까워라."

“정말 아쉽네요.”

“그러네요. 아쉽네요.”

여기저기서 다들 안타깝다는 표정으로 한마디씩 거들었다.

“만약에 말입니다. 만약에라도 말입니다. 이랬다면 얼마나 좋았겠습니까?”

내가 아쉬운 감정이 담긴 목소리로 말을 이었다.

“만약에 그 배의 통신사 말입니다. 캘리포니안호의 통신사가 구조 신호를 봤더라면, 졸리는 중에서도 전신이 오는 소리를 들었더라면 다 구조되었을 겁니다. 가까우니까요. 20킬로미터이면 최대속력으로 달려오면 한 시간이면 넉넉합니다. 그럼 다 구하고 남습니다. 충돌 후 배가 2시간 40분쯤에 바닷속으로 사라졌으니까요.”

“그래요. 정말 아깝네요.”

누군가 공감한다는 듯이 말했다.

“배야 다시 만들면 됩니다. 다들 살리고 구할 수 있었습니다. 자고 있는 통신사를 깨우기만 하면 말입니다.”

“……”

“그런데 그게 불가능합니다. 누가 그 통신사를 깨우겠습니까?”

“……”

“바람인가요?”

“……”

“파도인가요?”

“……”

“갈매기인가요?”

“……”

"아니면 달빛인가요?"

"……"

"깨우기만 하면 모든 사람들을 구할 수 있는데 말입니다."

강연자가 또박또박 천천히 말을 이어 나갔다.

"만약에 말입니다."

"……"

"우리가 타이타닉의 입장이라면 어떻게 하시겠습니까? 침몰해가는 타이타닉호 옆에 모든 사람을 구할 수 있는 캘리포니안호가 있었던 것처럼 말입니다."

"……"

"만약에 말입니다. 어디까지나 만약이라는 가정입니다. 탐욕과 편견과 무지로 멸망 직전의 지구호를 구할 수 있는 다른 행성호가 있다면 어떻게 하시겠냐는 이 말입니다."

"……"

강연장 전체가 숨죽인 듯이 고요해지며 깊은 정적에 휩싸였다.

"음."

사람들은 미처 거기까지는 생각하지 못했다는 듯 큰 충격을 받은 표정이었다.

"어쩌면 말입니다. 어디까지나 가정입니다. 타이타닉 통신사가 캘리포니안호에서 온 빙산을 주의하라는 모스 신호를 받았을 때, "감사합니다. 우리가 밤낮으로 최대속력으로 달리고 있고 밤에는 달도 없으니 혹시 충돌할지도 모르겠습니다. 만약에라도 사고가 날 수가 있으니 그때는 지체없이 달려와서 구해주시면 감사하겠습니다"라고 했다면 어찌 됐을까요? 그랬다면 캘리포니안호 통신사의 잠재의식에 영향을 미쳤을 것이고 아무리 졸리고 잠이 와도 구조신호를 듣고 잠이 깼을지도 모릅니다. 알 수 없는 거고 단언할 수는 없지만 말입니다."

내가 잠시 말을 멈췄다.

"절망적입니다. 우리 앞에 대파멸이 아가리를 벌리고 있습니다."

사람들의 얼굴에 걱정스러운 표정이 역력했고 강연장은 무겁게 가라앉아 있었다.

"……"

"우리 자신을 구할 방법이 어디에도 없습니다. 어디에도 길이 없다는 게 문제입니다. 조그마한 실마리라도, 희미한 빛이라도 있다면 찾을 수 있겠지요. 그러나 없습니다."

"그래도 어딘가에 무슨 방법이 있지 않을까요? 하늘이 무너져도 솟아날 구멍이 있다고 했는데요."

사람들 중에서 한 사람이 희망을 찾으려는 듯 말했다.

"챌린저호에서도 그랬습니다. 그 7명의 승무원들을 구하는 게 아주 쉬워 보입니다. 그냥 발사 중지하면 될 거 같죠. 하지만 이미 봤습니다. 성과에 쫓기고 명예에 쫓기고 돈과 권력에 눈이 멀어진 수많은 관계자들 때문에 불가능합니다. 타이타닉이나 챌린저가 멈추는 게 불가능했던 것처럼 우리 인류도 대파멸을 향해 한발 한발 다가서고 있는 것입니다."

강당의 분위기는 더욱더 가라앉고 있었다.

"그래도 말입니다. 정말 길이 없다는 게 믿어지지 않습니다."

그래도 포기할 수 없다는 듯이 청중 중에서 누군가 말했다.

"글쎄요. 부디 뭔가 있었으면 좋겠습니다. 우리가 살려면 탐욕을

별에서 온 천부경

줄이든가 아니면 핵무기를 없애든가 해야 합니다. 그런데 보십시오. 우리가 무슨 수로 핵무기를 없앱니까? 세계에서 제일 강한 미국, 러시아, 중국, 영국, 프랑스 이런 강대국들이 핵무기를 가지고 있지요. 만약에 제일 강한 미국이 자신의 핵무기를 전부 없애면서 다른 나라들의 핵무기를 없애자고 하면 어쩌면 가능할 수도 있는데요. 누가 미국의 핵무기를 없앨 수 있나요? 미국은 총기 소지 문제도 해결하지 못하고 있습니다. 하물며 세계를 쥐락펴락할 수 있는 핵무기를 그리 쉽게 내려놓을지 의문입니다. 거의 불가능합니다."

사람들은 핵무기가 우리에게 최대의 위협이 된다는 게 공감이 되는 것처럼 표정이 어두워졌다. 우리의 앞날이 절망적이라는 것에 사람들은 몹시 낙담하며 착잡해 하고 있었다.

"……"

"아니면 우리가 탐욕을 줄이든가 해야 합니다. 탐욕과 착취와 패권욕을 줄이고 오순도순 사이좋게 지낸다면 우리가 멸망을 피할 수도 있습니다. 하지만 보십시오. 자유시장과 무한경쟁의 자본주의와 약육강식과 적자생존의 진화론이 전 세계를 휩쓰는 상황입니다. 거의 불가능한 일입니다."

빛은 동방으로부터

청중은 할 말을 잊은 채 줄곧 깊은 생각에 잠겨 있었다. 사람들의 얼굴이 인류파멸의 두려움이 비로소 실감나는 듯 딱딱하게 굳어 있었다.

"……"

정적을 깨고 강연자가 다시 말을 이었다.

"우린 파멸을 피할 길이 없습니다. 탐욕이라는 타고난 악마적 천성에다가 핵무기라는 이 무시무시한 괴물이 우리 자신을 불태우고 집어삼켜 버릴 것입니다. 이건 한두 사람이 경고한 게 아닙니다. 수많은 철학자, 선지자, 사상가, 과학자들이 경고했던 것입니다.

미국에서 최초로 원자폭탄을 만들었던 맨해튼 계획의 책임자였던 오펜하이머는 히로시마에 투하된 원폭의 참상을 보고 "나는 세상의 파괴자, 죽음의 신이 되었다"라고 비통해했습니다. 그 이후 반핵운동에 앞장섬으로써 미 정부로부터 박해를 받았고요. 철학자이자 수학자였던 러셀은 행동하는 지성의 상징이며 20세기의 현자라 할 수 있는 사람인데요. 그는 반핵운동단체인 핵군축 캠페인 단체의 결성을 주도했고 시민불복종운동을 벌였습니다. 러셀은 89세 때 농성을 벌이다 체포되기도 했고 94세 때는 핵무기 반대 운동과 평화운동을 벌이다 감옥에 가기도 했습니다. 러셀은 1955년 조지프 로트블랫과 함께 핵무기반대선언에서 다음과 같이 경고했습니다."

강연자가 청중을 똑바로 바라보며 무겁게 입을 열었다.

"이 선언에서 러셀과 로트블랫은 '우리는 인류가 비극적 상황에 처해 있다고 판단한다. 가장 권위 있는 사람들 모두가 만장일치로 공감하는 견해에 따르면, 수소폭탄을 사용하는 전쟁이 한 차례만 일어나더라도 인류가 종말을 맞이할 가능성이 높다고 한다. 만일 여러 개의 수소폭탄이 사용될 경우, 그 순간에 곧바로 죽는 사람은 많지 않겠지만, 대부분의 사람들은 질병으로 인해 서서히 고통을 겪으면서 몸이 망가져 가다가 결국에는 인류 전체가 죽음으로 치닫게 될 것이라는 우려가 있다.[7]

어렴풋한 개념으로 다가오는 인류에게 위험이 닥쳐 있는 것이 아니다. 바로 자기 자신이나 자식들이나 후손들에게 위험이 닥쳐 있다는 사실을 거의 모든 사람들이 절실하게 느끼지 못한다. 그들 각자와 그들이 사랑하는 사람들이 고통스럽게 사라져 가는 절박한 위험 상태에 빠질 수도 있다는 사실을 거의 모든 사람들이 깨닫지 못하고 있다. 따라서 현대식 무기의 사용이 금지된다면, 전쟁이 계속되어도 괜찮다고 생각한다. 그러나 이러한 희망은 환상이다. 원자폭탄과 수소폭탄을 사용하지 말자고 협정을 맺었다 해도 막상 전쟁이 일어나면 그런 협정은 구속력이 없을 것이다. 그래서 쌍방은 전쟁이 일어나자마자 수소폭탄 제조에 착수할 것이다. 어느 한쪽이 수소폭탄이 있고 다른 한쪽은 수소폭탄이 없을 경우 폭탄이 있는 쪽이 틀림없이 승리할 것이기 때문이다.

여러분의 인간다움을 상기하라. 그런 다음에 나머지는 모두 잊어버려라. 만약 그렇게 할 수 있다면, 새로운 낙원으로 향하는 전망이 열릴 것이다. 만약 그렇게 할 수 없다면, 인류 전체가 멸종당할 위험이 여러분 앞에 다가오게 될 것이다'라고 절실하게 호소하였습니다."

"……"

사람들의 표정이 더욱더 굳어지고 심각해지며 모든 신경을 집중해 주의 깊게 듣고 있었다.

"반핵운동에서 빼놓을 수 없는 사람이 있습니다. 바로 조지프 로트블랫인데요. 로트블랫은 나치와 히틀러의 위험성을 느끼고 처음에는 맨해튼 원폭 개발에 참여했습니다. 그러나 독일의 원폭개발계획이 중단되고 히틀러의 몰락이 가시화되자 맨해튼 계획의 연구소를 제일 발로 걸어 나간 유일한 과학자였습니다. 미국의 히로시마 원폭 투하에 큰 충격을 받고 과학자들의 도덕적 책무를 강조하며 반핵운동가로 돌아섰습니다. 그는 세계적인 반전반핵 선언인 '러셀-아인슈타인 선언'에 결정적인 기여를 했으며 남은 인생을 반핵과 평화운동에 헌신하였습니다. 이러한 핵무기 폐기 노력으로 1995년 노벨평화상을 수상하였습니다."

내가 사람다운 사람인 로트블랫에 대해 열정적으로 말했다.

"아인슈타인은 많이 들어봤는데, 로트블랫은 처음 들어보는 사람이네요."

사람들 중에서 누군가 매우 놀랍다는 듯이 말했다.

"그렇습니다. 아인슈타인은 너무나 유명해서 모르는 사람이 없을 것입니다. 러셀도 아주 유명한데요. 조지프 로트블랫은 아는 사람이 거의 없을 것입니다. 저도 이번에야 알게 되었으니까요. 세계적인 물리학자 아인슈타인은 '제3차 세계대전 때는 무얼 가지고 싸울지는 모르겠습니다. 하지만 제4차 세계대전 때는 나뭇가지와 돌멩이로 싸울 것 같습니다'라고 경고한 적이 있습니다."

"……"

"천재의 상징인 아인슈타인도 그런 말을 했네요. 천재하면 괴물 같은 것만 생각했는데요. 러셀이나 아인슈타인도 그렇고 특히 로트블랫은 너무나 인간적입니다."

사람들 중에서 누군가 감동 어린 표정을 지으며 말했다.

"그렇습니다. 아인슈타인! 러셀! 다 대단하죠. 엄청난 업적을 남겼고 삶을 사랑한 사람들이었습니다. 특히 러셀의 삶은 대단히 감동적입니다. 그런데 이번에 알게 된 로트블랫은 너무나 놀라운 사람입니다. 로트블랫이나 러셀 같은 사람은 과학자나 철학자에 머물러서는 안 된다고 생각합니다. 이런 사람들이 지도자가 되고 대통령이 돼야만이 세계에 평화가 올 수 있으니까요."

강연자가 사람들을 뚫어지게 쳐다보며 호소하듯이 말했다.

"……"

"또 한 사람의 경이로운 사람이 있습니다. 우리에게는 매우 특별한 사람인데요. 작가이자 철학자인 게오르규입니다. 그는 대표작인 25시에서 자본주의와 공산주의의 현시대를 폐허와 절망, 죽음의 시간이라고 말하며 인류의 종말을 경고하였습니다. 그는 인류를 구원할 빛이 동방으로부터 오리라는 걸 예고했습니다."

사람들이 깜짝 놀란 표정을 지으며 깊은 눈길로 강연자를 주시하고 있었다.

"게오르규가 왜 우리에게 특별한 거죠?"

사람들 중에서 한 사람이 질문을 던졌다.

"그건 그가 놀라운 예견력을 보여주었기 때문입니다. 그가 죽음의 25시를 구원할 빛이 동방으로부터 온다고 하자 다들 그 동방이 어딘가 하고 궁금해했습니다."

"……"

"어디겠습니까?"

사람들의 시선이 온통 강연자에게 쏟아지고 있었다.

"다들 중국이라고 생각했습니다. 그러나 그는 '아니다'라고 했습니다."

강연자가 질문한 사람을 똑바로 쳐다보며 말했다.

"그럼 일본인가요?"

좀 전의 사람이 바로 되물었다.

"일본. 글쎄요. 어쩌면 일본이 될 수도 있지요. 그런데 일본이 구원의 빛이 되려면 먼저 과거를 극복해야 가능하지 않을까 합니다."

내가 알 수 없다는 표정으로 대답했다.

"게오르규는 작가이자 철학자였던 사람인데요. 그런데 이걸 넘어서 거의 선지자이자 예언자입니다. 그가 말한 대로 오늘날의 이 시대가 바로 폐허와 절망의 시대이자 죽음의 시대이기 때문입니다."

청중은 반쯤은 놀라고 반쯤은 감동한 듯한 표정을 지으며 다음 말을 기다리고 있었다.

"그는 우리나라 한국에 서너 번 다녀간 적이 있었는데요. 그는 홍익인간에 대해 매우 특별한 말을 했는데요. 혹시 아시는 분 있나요?"

강연자가 사람들을 둘러보며 질문을 던졌다.

"……"

강당의 사람들은 골똘히 생각하고 있었다.

"기억나시는 분 있으면 이야기해 주십시오."

내가 다시 말했다.

"오래돼서 기억이 좀 희미하긴 합니다. 게오르규 선생이 수십 년 전에 이대에서 강연회를 할 때 참석했었습니다. '홍익인간만이 인간을 구원할 수 있다'라는 얘기였던 거 같습니다."

일흔은 넘어 보이는 노신사가 카랑카랑한 목소리로 말했다. 그는 자신이 게오르규 강연회에 직접 참석했다고 이야기했다.

"그렇습니다. 게오르규는 홍익인간만이 인간을 구원할 수 있다고 했습니다. 인간은 홍익인간에 의하지 않고는 구원될 수 없다고 선언했던 겁니다. 지금이 죽음의 시간도 맞고요. 절망의 시간도 맞습니다. 다. 다 맞습니다. 그런데 문제는 무엇으로 구원되느냐 하는 것입니다. 무엇으로 어떤 방법으로 이 절망의 25시를 구원할 수 있느냐 이겁니다."

강연장의 사람들은 줄곧 깊은 생각에 잠겨 있었다.

"홍익인간에는 위대한 비밀이 들어있었던 것입니다. 바로 인간의 태초의 비밀이 숨겨져 있었던 것입니다. 그걸 통찰력이 있는 게오르규가 미리 느끼고 말했던 겁니다. 인류 역사 전체에 드리워진 거대한 비밀입니다. 그 비밀이 차차 밝혀지게 될 것입니다. 그 비밀이 밝혀지면서 위기에 처한 인류를 구할 방안이 서서히 드러나게 될 것입니다."

"……"

잠시 동안 무거운 침묵이 흐르고 있었다.

"많은 사상가들이 말한 것처럼 우리 힘으론 불가능합니다. 탐욕을 없앨 수도 없고 핵무기를 없앨 수도 없기에 말입니다. 타고난 탐욕이라는 결함에다 정말로 미친 핵무기에 의해서 말입니다. 탐욕이라는 악마와 핵무기라는 이 무시무시한 괴물! 이 둘이 우리를 집어삼키고 불태워버릴 것입니다.

이런 위험을 경고한 선지자들은 동서양을 가리지 않습니다. 추배도의 이순풍, 동학의 창시자 최제우, 정역의 김일부, 증산교의 창시자 강일순, 단의 실제 주인공 봉우 권태훈, 불교와 주역에 능통했던 대사상가이자 학승인 탄허, 영능력자 차길진 등등 수없이 많습니다. 서양의 사상가와 철학자, 선지자들은 비관적이고 절망적이었습니다. 그런데 동양의 현자들과 선지자들은 후천세계라는 새로운 세상의 도래와 인간이 파멸의 위기를 극복하고 낙원을 건설한다는 데 그 초점을 두고 있습니다.

수운 최제우는 동학의 창시자로서 '인간이 곧 하늘이다'라는 인내천 사상을 주장했고요. 최제우 이후 새로운 세상의 도래를 주장하는 많은 종교가 등장하게 되었습니다. 증산 강일순은 증산교의 창시자로 새로운 세계인 후천세계를 말했고 앞날을 예언한 현무경을 남겼지요. 증산 사망 이후 증산의 사상은 여러 갈래로 나누어졌는데, 그 중 차경석의 보천교가 600만의 신도에 이를 정도로 크게 부흥하였던 적이 있었습니다. 차경석의 후손인 영능력자 차길진이 현무경을 해설하였는데, 매우 합리적이어서 어쩌면 증산의 사상은 차길진에게 전해진 것처럼 보이기도 합니다."

강연자가 청중들을 둘러보며 힘주어 말했다.

"……"

"봉우 권태훈은 명상과 호흡법을 평생 수련해 깊은 경지에 도달해 놀라운 예지력을 갖게 되었지요. 그는 백두산에 근거지를 둔 민족의 대운인 백산대운의 도래와 물질문명의 부작용을 극복하는 정신문명의 대부흥을 예견하였습니다. 봉우는 이 시기에 위기를 극복하고 세계평화를 이루어 앞으로 오는 모든 사람들의 삶이 편안해지는 시대가 실현된다고 예고했습니다."

내가 잠시 발걸음을 멈추고 호흡을 가다듬었다. 그리고 다시 말을 이었다.

"요즘 한류가 굉장합니다. 춤과 노래, 영화와 연속극, 음식과 성형수술 등이 세계로 거세게 퍼져 나가고 있습니다. 이런 한류를 정확히 내다본 인물이 있습니다."

"……"

청중의 시선이 일제히 강연자에게 쏟아졌다. 사람들이 몹시 궁금한 표정으로 다음 말을 기다리고 있었다.

"탄허. 바로 대사상가이자 대학승인 탄허입니다. 그는 오늘날의 한류를 예견한 거에 그치지 않고 전 세계가 한반도를 중심으로 돌아가는 세상이 다가온다고 내다보았습니다. 한국의 문화와 사상이 전 세계로 퍼져나간다고 한 것입니다. 한국의 여자와 남자들이 세계인의 선망의 대상이 된다고 했던 것인데요. 이 대사상가가 예견해서 적중한 예들은 무수히 많습니다. 한국전쟁인 6·25가 나기 1년 전에 정확히 전쟁을 예지하였고요. 미국과 베트남 사이에 전쟁이 일어나자 미국이 망신만 당하고 물러난다고 하자 다들 믿지를 않았죠. 나중에 그리 흘러갔습니다. 울진 삼척 무장공비 사건, 박정희 정권의 비극적 종말과 전두환 독재의 등장 등등 수없이 많은네요."

"……"

내가 한 번도 만난 적이 없는 대학승을 추억하며 말했다.

"지난 과거보다 다가오는 앞날이 더 중요하지요. 그는 지구 온난화를 내다보았는데요. 이 온난화는 단지 이산화탄소의 문제만이 아니라 지구 자체의 불기운이 강해져 그렇다는 겁니다. 지구 내부의 불기운이 강해져 북극의 빙하가 녹아 아시아와 세계의 낮은 해안지방이 침수 피해를 입고 일본이 가라앉게 된다고 경고한 것입니다.

탄허는 앞으로 모든 종교가 하나가 되는 초종교가 등장한다고 예고했지요.. 내 종교가 옳으니 네 종교가 옳으니 싸우는 과거의 종교들은 모두 사라지게 된다는 것입니다. 그 자신이 종교인이면서도 다투고 싸우고 분쟁하는 이런 종교는 싹 쓸어버려 없어지게 된다는 것입니다. 대신 초종교의 등장과 왕도정치가 행해지는 놀라운 시대가 실현된다는 겁니다. 누구 덕에 사는지 모르는 시대, 정치가가 누구인지 모르는 이런 왕도정치가 이루어지고 극락 같은 지상낙원이 펼쳐진다고 예고한 것입니다."

"……"

청중은 대사상가의 이야기에 몰입하여 온 신경을 집중해 주의 깊게 듣고 있었다.

"그런데요. 이런 놀라운 시대가 오기 전에 인류가 대격변을 겪게 된다는 겁니다. 지구 인류의 60%가 소멸하는 대격변을 겪은 이후에 그런 낙원이 이루어진다고 한 겁니다. 탄허는 이때 많은 사람들이 놀라서 죽게 된다고 했는데 놀라지 말고 마음을 굳세게 가지라고도 했지요. 인류가 멸망이냐 생존이냐는 파멸의 불구덩이에서 허덕이는 때가 반드시 온다고 했습니다. 탄허는 이걸 필연이라고 했는데요. 마치 아이가 엄마 뱃속에서 태어날 때 극심한 고통을 겪고 태어나는 것과 같다는 겁니다. 파멸이냐 생존이냐는 멸망의 불구덩이에서 헤맬 때, 인류 구원의 방안이 마련된다는 것입니다."

강연자가 사람들에게 한발 다가서며 말했다. 강당을 가득 메운 사람들이 이야기에 완전히 매료되어 깊이 빠져들고 있었다.

"바로 오늘날을 말하는 겁니다. 탐욕이라는 악마와 핵무기라는 미친 괴물에 인류가 절멸할 가능성이 99%인 오늘날인 것입니다. 그런데요. 절망적인 이 상황에서 과연 구원의 방안은 무엇일까요?"

사람들이 안도하면서도 크게 놀란 듯 안색이 변했다. 사람들의 표정이 절망적이었던 좀 전보다 더 밝아지고 있었다.

"어쩌면 말입니다. 하나의 가정입니다. 핵무기를 가진 강대국들이 세계를 쥐락펴락하니 모든 나라가 핵무기를 갖는 게 해결책이 될 수도 있다고 말합니다. 그럴지도 모르겠습니다. 몇몇 나라들이 핵을 가지고 전 세계를 향해 '내 말 들어. 말 안 들을 거야. 니들 내 말 안 들으면 핵으로 날려버릴 거야' 이런 상황이니 맞을지도 모를 일입니다."

"……"

"그런데요. 이것 역시 불가능하다는 게 문제입니다. 먹고 사는 것도 해결하지 못해 쩔쩔매는 나라들이 대부분입니다. 그런데 무슨 수로 수천 개의 원자탄과 수소탄을 만들 힘이 있겠습니까? 이것 역시 해결책도 구원의 방안도 되지 못하는 겁니다. 역시나 인류 구원의 방안은 난제 중의 난제이며 거의 불가능한 일이 되는 것입니다."

강당의 사람들이 혼란스러운 표정으로 깊은 생각에 빠져들고 있었다.

"이 대단한 선지자는 오늘날의 우리가 처한 상황을 정확히 내다보고 구원의 방안을 말했습니다. 대체 그가 말한 구원의 방안이란 무엇을 말하는 것일까요?"

"……"

강연장 전체가 숨소리도 멎은 듯 깊은 적막감이 흐르고 있었다. 내가 다시 입을 떼었다.

"탄허는 토극수土克水를 말했습니다. 토는 수를 극복하고 이긴다는 건데요. 토는 흙이나 사람이고 수는 원자탄과 수소폭탄을 말하는 거지요. 즉 민중의 맨주먹과 민중의 힘은 원자폭탄과 수소폭탄을 능가하여 이긴다는 이치를 설명한 것입니다. 이건 실제로 이치에 맞는 거지요."

"……"

"이 세상에서 제일 강한 게 무엇이겠습니까?"

강연자가 사람들을 둘러보며 질문을 던졌다.

"글쎄요."

"의지나 정신 아닐까요."

사람들 중에서 누군가 말했다.

"그렇습니다. 의지. 인간의 의지와 상념이지요. 인간의 생각과 염원만큼 강한 건 없는 거지요. 우리가 만물의 영장이 되고 지구상의 모든 생물을 다스리는 것도 바로 이 정신에 의한 것이니까요."

강연자가 또박또박 힘주어 말했다.

"……"

"그런데 탄허가 위대한 선지자는 맞는데요. 토극수 이것만 가지고는 부족합니다. 인류가 멸망을 극복할 수 있는 좀 더 구체적이고 자세한 게 필요한 거지요. 예를 들자면 추배도라는 경이로운 책이 있습니다. 중국 당나라 태종 때의 천문을 보는 이순풍이 지은 것인데요.

놀랍게도 이 추배도에는 당 태종 이후부터 현재까지의 중요한 사건들이 시와 그림으로 예고되어 있었다는 것입니다. 학자들의 연구에 따르면 적중률이 100%에 이른다는 것입니다. 60개의 그림 중 55개가 적중하였으며 칭기즈칸과 원나라, 홍콩 반환, 모택동 등장과 등소평의 경제건설 등등이 다 들어있었다는 겁니다.

앞으로 남은 게 56번 그림에서부터 60번까지 그림인데요. 여기 56번은 핵전쟁이 암시되어 있고 남은 57번의 그림에는 인류를 구원할 존재가 등장한다고 합니다. 어쩌면 탄허가 예고한 인류 구원의 방안은 이 구원의 존재와 관계가 있지 않을까 하고 생각하게 됩니다. 이 56번에는 인류가 멸망 직전의 상황에 처하지만 다음 57번에서는 이 위기를 극복하고 인류를 구원하는 존재가 등장한다는 겁니다."

사람들이 화면을 뚫어져라 바라보며 온 신경을 집중해 듣고 있었다. 내가 화면의 추배도의 그림을 가리키며 다시 입을 열었다.

〈추배도 56번〉
날아다니는 게 새가 아니고
헤엄치는 게 물고기가 아니다.
전쟁이 병사들에 의존하지 않는다.
이 전쟁은 기술의 전쟁이다.
끝없는 죽음의 연기와 구름
그리고 우물 바닥
인간이 상상할 수 있는 게 아니다.
큰 문제가 해결되지 않았다.
더 큰 문제가 다가온다.

추배도 56

〈추배도 57번〉

극악스러운 사태에서 변화가 찾아온다.

키가 3척인 작은 사람이

모든 외국인들이 절을 하게 만든다.

파란 서양과 빨간 동양이 싸울 때

신의 아들이 나타난다.

이 신사는 평화를 가져와

전쟁을 멈추게 만든다.

이 믿을 수 없는 천재는

두 나라 사이에서 온 사람이며

서양화된 동양 사람으로

모든 전쟁을 끝낸다.[8]

추배도 57

이와 같은 예고는 탄허와 추배도에 그치지 않고 서양의 선지자 노스트라다무스에게도 등장합니다."

사람들은 못 박힌 듯 화면에서 눈을 떼지 못하며 신비로운 예언의 세계에 깊이 빨려들고 있었다.

"지금으로부터 20년쯤 됐는데요. 그러니까 2000년을 목전에 둔 97년 98년 즈음이었습니다. 당시에 아주 굉장했었지요. 밀레니엄 버그인 컴퓨터 연도표기 문제에다가 노스트라다무스의 모든 세기에 등장하는 4행시에 지구 멸망론이 세계를 휩쓰는 상황이었습니다. 미셸노스트라다무스는 앞으로 다가올 미래를 4행으로 구성된 수백 편의 시로 예언했었는데요. 그중에 문제의 4행시 하나가 있었습니다."

"……"

"1999의 해, 일곱 번째 달에

하늘에서 공포의 대왕이 내려오리라.

앙골모아의 대왕을 부활시키려고 그 전후의 기간에

마르스는 행복의 이름으로 지배하리라.

(노스트라다무스, 모든 세기 제10권 72번)[9]

이 4행시에 나오는 공포의 앙골모아의 대왕이 내려와 인류를 멸망시킨다는 것입니다. 이 공포의 앙골모아가 핵무기설, 운석이나 혜성충돌설, 엄청난 자연재해와 이상기후설, 컴퓨터연도문제설이라는 여러 의견이 있었는데요. 앙골모아의 멸망론으로 세상이 벌벌 떨고 있을 때였습니다. 노스트라다무스를 수십 년간 연구해온 존 호그라는 저자는 이렇게 말했습니다.

'내가 연구한 바에 따르면 멸망은 없습니다. 인류가 위기는 겪지만 극복하게 됩니다. 멸망론은 뭔가 오해에서 비롯된 것으로 보입니다. 반면에 20세기 후반에 기존의 종교나 사상하고는 전혀 다른 새로운 게 등장하게 됩니다. 불교나 유대교, 기독교, 이슬람교 등 기존의 종교와는 전혀 다른 새로운 게 등장하게 됩니다. 이것에 의해 인류는 파멸의 위기에서 벗어나 2025년경에 지상낙원, 극락과 천국 같은 세상에 돌입하게 됩니다. 난 그것이 무엇인지는 모르겠습니다. 크리슈나무르티가 주장하는 의식혁명인지 아니면 라즈니쉬가 주장하는 정신혁명인지는 그건 모르겠습니다. 20세기 후반에 등장한 이러한 사람들의 혁명을 얘기하는 건지 아니면 전혀 다른 어떤 것인지는 알 수는 없습니다. 다만 확실한 것은 멸망한다고 벌벌 떠는 이 순간에도 그 새로운 것이 세상에 전파되고 있다는 건 분명합니다.'"

강연자가 강당 전체를 천천히 둘러보며 말했다.

"우리는 절망적인 상황이었는데요. 희망이랄까 길이랄까 뭔가를 찾은 느낌인데요. 탄허의 구원의 방안이나 추배도의 구원의 존재나 노스트라다무스의 새로운 것이나 어쩌면 동일한 대상일 수 있다고 생각합니다."

"아주 궁금합니다. 속 시원히 이야기 좀 해주시죠."

궁금해 미치겠다는 표정으로 사람들 중에서 누군가 말했다.

"글쎄요. 그게 뭔지 확실히 알 방법이 없습니다. 탄허도 그렇고 추배도도 그렇고 노스트라다무스도 다들 그게 뭔지를 분명히 밝히질 않았으니까요. 다들 수수께끼에 싸여 있으며 우린 그게 정확히 뭔지 모르고 있는 상태입니다."

청중의 얼굴이 아까의 절망스러운 상황에서 벗어나 희망의 빛을 찾은 것처럼 점차 밝아지고 있었다.

"그래도 작가님은 아실 거 같은데요."

좀 전의 사람이 다시 말했다.

대홍수의 진실

"글쎄요. 저도 정확히는 모릅니다. 오랜 시간 온 힘을 다해 찾아 헤맸지만 확실하지는 않습니다. 절망적인 상황에서 한 줄기 빛이랄까 희망이랄까 그걸 찾아냈지만, 분명히 알 수는 없습니다. 다만 말입니다. 그들이 얘기한 구원의 방법은 어쩌면 대홍수와 관계가 있다고 생각합니다. 왜냐하면 역사는 되풀이되기 때문입니다."

"대홍수라뇨?"

"그렇습니다. 대홍수입니다."

사람들이 눈을 휘둥그레 뜨며 흠칫 놀라는 표정을 지었다.

"전 세계적으로 대홍수 이야기가 있는 건 사실입니다. 거의 2,000여 개가 넘는 대홍수신화가 전해온다는 건 공통된 뭔가가 있다는 것이지요."

"그래도요. 그건 그냥 이야기에 불과하지 않나요. 신화처럼 말입니다."

사람들 중에서 누군가 시시하기 짝이 없다는 투로 말했다.

"글쎄요. 그렇게 볼 수도 있겠지요. 하지만 말입니다. 대홍수의 증거가 있다면 어떻게 아시겠습니까?"

내가 즉시 되물었다.

"아. 성경이요. 성경을 말씀하시는 거 같은데 그건 종교인데요. 아무런 증거도 없이 그냥 믿는 종교 말입니다."

방금 전의 사람이 다시 말했다.

"종교를 말하는 게 아닙니다. 무조건 믿는 것도 아니고요. 좀 전에 전 세계적으로 2,000개가 넘는 대홍수 이야기가 전해온다고 했는데 실제로 그렇습니다. 우리나라에도 홍수에서 살아남은 목도령과 남매 이야기가 전해오고 있고요. 태평양의 이스터섬에도 전해오고 남미에서도 북미에서도 북유럽에서도 아프리카에서도 중동의 수메르에서도 중앙아시아에서도 동남아시아에서도 저 추운 시베리아에서도 지구촌 거의 모든 곳에 전해오고 있는 것입니다. 그런데요. 이 대홍수의 증거가 무엇인지 생각해 보셨습니까?"

강연자가 사람들을 둘러보며 질문을 던졌다.

"......"

사람들이 고개를 갸우뚱거리며 뭔가를 깊이 생각하고 있었다.

"놀랍게도 대홍수의 증거가 있다는 겁니다. 그것도 아주 합리적이고 과학적인 증거가요. 그게 뭔지 아마 생각해 보신 적이 없을 겁니다."

내가 사람들에게서 눈을 떼지 않고 말했다.

"신화나 설화나 종교는 허구이거나 무조건 믿는 것인데 무슨 증거가 있겠습니까? 그래서 한 번도 생각해 본 적이 없는 거 같습니다."

좀 전의 사람이 아무것도 아니라는 표정을 지으며 비판적인 어조로 말했다.

"그 심정은 이해가 갑니다. 그런데 증거가 있습니다. 그것도 부정할 수 없는 증거가 있는 것입니다."

강연자가 그 사람을 똑바로 쳐다보며 곧바로 맞받아쳤다.

"전 믿어지지가 않는데요."

"그래요. 하여간 좋습니다. 그 증거가 뭐냐 하면요. 여기에 계신 분들 전부가 알고 있는 것이라 알고 보면 아주 쉽습니다. 누구든지 한번 말씀해주시면 좋겠는데요."

사람들은 대홍수의 비밀에 대해 모든 힘을 다해 깊이 고민하고 있었다.

"……"

그러나 대답은 없었다.

"아무도 안 계시네요. 그럼 말씀드리겠습니다. 그건 대륙이동설과 공룡 멸망설입니다. 아니 정확히는 대륙이동과 공룡 멸망입니다."

"대륙이동과 공룡 멸망이라고요?"

깜짝 놀란 듯이 사람들의 눈이 휘둥그레지고 있었다.

"그렇습니다. 대륙이동과 공룡 멸망. 대륙이 이동했다는 것과 지상에서 가장 강력한 생명체였던 공룡이 멸망했다는 사실이 바로 대홍수의 증거입니다."

사람들은 언뜻 이해가 되지 않는다는 듯 다소 혼란스럽다는 표정으로 강연자를 뚫어지게 쳐다보고 있었다.

"생각해 보십시오. 대륙은 어마어마하게 거대합니다. 무엇이 저 거대한 대륙을 이동시킬 수 있었겠습니까?"

강연자가 청중을 향해 다시 의문을 던졌다.

"또 무엇이 저 강한 공룡을 멸망시킬 수 있었겠습니까?"

"……"

"바로 그것입니다. 대륙을 이동시켰던 것이 지상의 최강 생명체였던 공룡을 멸종시키고 대홍수도 일으켰던 것입니다."

강연자가 말을 마치는 순간, 강연장 전체가 뭔가에 한 대 얻어맞은 듯 움찔하는 놀라움이 파도처럼 휩쓸고 지나가고 있었다.

"과학자들이 공룡 멸망을 연구했습니다. 아주 오랜 시간 죽어라 했는데 결론이 났습니다. 운석 충돌로 인해 멸종됐다는 것이 증명이 되었던 것입니다. 공룡 멸망을 연구하는 과정에서 놀라운 사실이 드러났던 것입니다. 중생대와 신생대의 지층 사이에 백금이나 이리듐 같은 무거운 원소가 다른 지층과는 비교할 수도 없이 수십 배 정도로 많이 들어있다는 게 밝혀졌습니다. 이 무거운 원소는 지구의 내부가 아니라 외부에서 온 걸로 입증되었지요.

또 멕시코 유카탄반도에서 지름 100킬로미터가 넘는 거대한 분화구를 발견했고요. 외부에서 온 지름 수십 킬로미터의 운석이 지구에 충돌해서 공룡이 멸망한 것으로 밝혀진 것입니다."

내가 잠시 말을 멈추었다.

"핵심은 이것입니다. 운석이든 다른 무엇이든 간에 말입니다. 외부의 어떤 물체가 지구에 충돌해서 공룡을 멸망시키면서 동시에 대홍수를 일으키고 대륙도 이동시켰던 것입니다."

상상외의 이야기에 사람들은 반쯤은 놀라고 반쯤은 충격을 받은 모습이었다.

"……"

"대륙이동설을 베게너가 처음으로 주장할 때, 아주 난리가 났습니다. 정신병자니 돌았느니 미쳤느니 기상학자가 지질학을 알기나 하냐며 거의 미친 인간 취급을 했던 것입니다. 어떻게 이 거대한 땅덩어리 대륙이 움직일 수 있는 거냐고 하면서 지동설이 처음 등장할 때보다 더했으면 더했지 못하지 않는 그런 상황이었는데요. 수십 년이 지난 뒤에 이게 옳은 거로 판명이 났지요. 이건 다들 잘 아실 거고요."

"......"

강연장은 밀물과 썰물이 뒤섞이듯이 혼란과 놀라움이 교차하고 있었다.

"문제의 핵심은 대륙이동이 아닙니다. 핵심은 무엇이 그 어마어마한 땅덩어리인 대륙을 이동시켰느냐 하는 것입니다. 지질학자들은 판구조론을 말하는데요. 물론 판구조론도 맞습니다. 판구조론이 진실의 한 측면을 설명하기는 합니다. 그렇지만 이것만 가지고는 부분은 설명할 수 있지만, 전체를 설명할 수는 없는 것입니다. 지구의 표면이 판이라는 여러 개의 덩어리로 되어있다는 건 분명한 사실인데요. 이 판을 가지고 대륙이동을 설명하는 것은 불가능합니다. 판구조론 그 이상의 뭔가가 필요합니다. 생각해 보십시오. 우리가 산이나 산맥을 옮기는 게 가능한가요? 당연히 불가능합니다. 만약에 대륙을 옮기라 하면 다들 미쳤다 할 겁니다. 산이나 산맥을 옮길 꿈도 못 꾸는데 어떻게 대륙을 옮길 수 있겠습니까?"

강연자가 사람들을 번갈아 쳐다보며 뚜렷한 목소리로 말했다.

"그건 맨틀의 대류로 설명이 된 걸로 아는데요. 대륙판들이 맨틀 위에 떠 있는데, 맨틀이 흘러 이동하니까 대륙이 이동한다는 것이지요."

사람들 중에서 누군가 반론을 폈다.

"글쎄요. 그런 설명이 있는 건 맞습니다. 하지만 그게 불가능하다는 것입니다."

내가 바로 말했다.

"왜 불가능하다는 거죠? 많은 과학자들이 연구했고 과학교과서에도 나오는 것인데요."

좀 전의 사람이 바로 되물었다.

"그럼 지구 내부의 맨틀을 이동시키는 것은 무엇이겠습니까?"

강연자가 즉시 물었다.

"……"

사람들은 줄곧 생각하고 있었다.

"열. 열입니다. 뜨거운 열이 있어야 맨틀이 움직이게 됩니다. 맨틀이 움직이고 대류가 일어나야 대륙판들이 이동할 거고요. 마지막에 판들이 이동해 대륙이동이 되는 것이죠."

내가 사람들을 향해 차분하게 말했다.

"문제는 열입니다. 그만한 열이 있어야 하는 것이죠. 그런데 열이 없습니다. 지구 내부에는 그런 열을 낼 수 있는 게 없다는 것입니다. 방사성 열이든 무엇이든 간에 말입니다. 만약에라도 말입니다. 그런 열을 낼 수 있다 하더라도 그건 대륙이동이 되지를 않습니다."

강연장 전체가 호기심에 가득한 눈빛으로 강연자를 응시하고 있었다.

"왜 그렇죠?"

사람들 중에서 한 사람이 의문에 가득 찬 얼굴로 질문을 던졌다. 청중의 시선이 온통 강연자에게 쏟아지고 있었다.

"왜 그러냐구요? 만약에라도 그런 열이 있다면 지구가 녹아버리기 때문입니다. 우리 지구 내부에서 대륙을 이동시킬 만한 열이 나온다면 그냥 지구 자체가 녹아버리는 것입니다. 대륙이고 맨틀이고 다들 녹아 없어져 버리기 때문입니다."

별에서 온 천부경

일부의 사람들은 납득이 된다는 표정이었고 어떤 사람들은 여전히 곤혹스러운 표정을 짓고 있었다.

　"팡게아라고 부르는 하나의 거대한 초대륙이 찢겨 유라시아로 남북아메리카로 아프리카로 호주로 남극으로 떨어져 나갈 정도라면 그건 평범한 어떤 것일 수는 없는 것입니다. 왜냐하면 이치가 그러하니까요. 대륙을 찢고 가를 정도의 힘이라면 지구 내부에서 오든 외부에서 오든 그건 상상할 수도 없이 거대한 어떤 작용이 분명합니다. 그래야만 그 거대한 대륙을 종이 찢듯이 찢을 수 있으니까요.

　상상할 수 없을 정도의 거대한 작용과 위력이라면 그건 분명히 지구에 대재앙과 대이변을 초래했을 거고요. 높이가 수십 킬로미터의 해일이 일어나고 엄청난 양의 바닷물이 치솟아 대홍수를 유발했을 게 분명한 것입니다. 대홍수가 단지 비가 오는 대홍수였다면 물고기가 멸종할 이유가 없는 건 명확합니다.

　노아의 방주 속의 생물만 살아남았다는 건 대홍수가 단순한 대홍수가 아니었다는 것을 보여주는 결정적인 증거입니다. 이 대재앙과 대이변에 의해 당연히 지상에 있는 모든 생명은 전부 죽었을 게 분명합니다. 거대한 대륙이 파편 튀듯이 뜯어져 나간 상황에서 어떤 생물인들 살아남을 수 있었겠습니까? 이 대이변 이후에 대부분의 생물이 재창조가 되었는데, 그중에 공룡이 빠졌던 겁니다. 왜냐하면 생태계에 도움이 되질 않았으니까요. 이게 그 유명한 대홍수의 진실입니다. 대홍수와 대륙이동과 공룡 멸망은 다 같은 하나의 사건의 결말이라는 것입니다. 이게 숨겨진 진실인 것입니다."

　강연장은 큰 충격을 받은 듯 일어붙고 있었다. 상연장 전체가 순간적으로 깊은 정적에 휩싸였고 사람들은 할 말을 잃은 채 멍하니 바라보고만 있었다.

"……"

"다들 믿어지지 않는다는 표정인데요. 아마 믿기지 않을 겁니다."

내가 잠시 말을 멈추고 사람들을 둘러보았다. 잠시 후 다시 입을 열었다.

"그런데 운석 충돌은 절반의 설명밖에 되지 않습니다. 운석 충돌은 대홍수와 대륙이동은 설명하지만 공룡멸종은 설명할 수 없으니까요. 아니 불가능합니다. 이걸 설명할 수 있는 것은 대홍수와 대륙이동을 초래한 사건이 지상의 모든 생물의 파멸을 가져왔다는 것입니다. 이후의 재창조 과정에서 대부분의 생물이 창조되었는데, 공룡이 빠지게 된 것입니다. 이것만이 유일합니다. 다른 어떤 것도 다 불가능하며 합리적 이해를 할 수 없게 만듭니다."

"……"

사람들은 기절할 듯이 놀란 표정을 지으며 강연자를 뚫어지게 쳐다보고 있었다.

별에서 온 천부경

조화의 원리

"이겁니다. 이것에 의해 우리는 위기에 처한 우리 자신을 구할 방안이 무엇인지 희미한 실마리를 찾게 되었습니다. 탄허가 말한 인류구원의 방안이 무엇인지, 추배도의 구원의 존재가 무엇인지, 그리고 노스트라다무스의 우리를 구원할 새로운 게 무엇인지 그 희미한 단서를 손에 넣게 된 것입니다."

"알 것도 같기도 한데요. 어떤 내용인지 좀 더 설명해주시면 좋겠는데요."

사람들 중에서 한 사람이 어떤 생각이 번쩍 떠오른 것처럼 말했다.

"그렇습니다. 그 희미한 단서는 이것입니다. 우주를 설명하는 많은 원리와 법칙이 있는데요. 그중에 우주의 삼라만상을 관통하는 두 가지의 위대한 원리가 있습니다. 그게 무엇이겠습니까?"

강연자가 방금 전의 사람과 청중을 번갈아 쳐다보며 질문을 던졌다.

"……"

"모든 것에 적용되는 두 가지의 원리는 무엇이겠습니까?"

내가 다시 한번 질문을 되풀이했다.

"보존이요. 에너지니 질량이 사라지지 않고 보존된다는 것입니다."

청중 중에서 누군가 말했다.

"그렇습니다. 보존이 위대한 원리 중 하나입니다. 그럼 다른 하나는 무엇이겠습니까?"

사람들은 깊이 생각하고 있었다.

"그건 조화입니다."

"……"

"대칭이라고도 하고 작용 반작용이라고도 하고 또는 운동량보존이라고도 합니다. 동양에서는 조화의 원리라고도 하고 음양이라고도 하고 인과응보라고도 하는 것인데요. 위로 가는 게 있으면 아래로 가는 게 있어야 하고 앞으로 가는 게 있으면 뒤로 가는 게 있어야 하고 팽창하는 게 있으면 수축하는 게 있어야 합니다. 만남이 있으면 헤어짐이 있고 탄생이 있으면 죽음이 있고 이것이 있으면 저것이 있어야 합니다. 이 원리나 보편적인 진리는 모든 곳에 적용이 돼야 합니다. 모든 곳에 적용이 되지를 않으면 이미 그건 원리도 아니고 보편적인 진리도 아니니까요."

몇몇 사람이 뭔가를 깨달은 것처럼 얼굴에 미소를 짓고 있었다.

"그래 하늘 아래에서든 하늘 위에서든 땅속에서든 바닷속에서든 지구에서든 저 멀고 먼 안드로메다 은하에서든 어디든 적용이 돼야 합니다. 저 아래 깊은 곳에 있는 원자의 세계에서든 무한한 시간 이전이든 무한한 시간 이후이든 언제나 모든 곳에 적용되어야만 하는 것입니다. 대칭이라고 부르는 이 조화의 원리에 의해 우린 현상의 이면에 숨겨진 진실을 깨달을 수 있게 되는 것입니다."

강연자가 잠시 말을 멈추고 호흡을 가다듬었다.

"……"

"최초의 인간들이 멸망의 위기에 처하게 된 것은 지상의 모든 생물을 만들었던 창조자들이 인간이 자신들에게 위협이 된다고 생각하고 대홍수를 일으켜 쓸어버렸던 것입니다. 이건 인류멸망의 위기가 지구의 외부에서 온 것입니다. 그런데 이번에는 우리 자신의 폭력성에 의해 우리가 멸망하게 되는 위기입니다. 이건 우리 내부로부터 오는 위기입니다. 외부와 내부 서로 반대입니다. 외부로부터 오는 위기와 내부로부터 오는 위기가 정확히 대칭을 이루고 있는 거고요."

"그러네요. 정확히 반대를 이루고 있네요."

"맞네요."

사람들 중에서 몇몇 사람이 고개를 끄덕이며 말했다.

"첫 번째 대홍수의 위기에서 멸망할 뻔한 인류를 구한 것은 바로 하늘을 나는 배와 그 안에 실려 있는 모든 생명의 씨앗이었습니다.[10] 생명의 씨를 실은 배가 지구 안에서 바깥으로 나감으로 생명을 구하게 되었습니다. 그럼 인류 스스로 자멸하려고 하는 이번의 두 번째의 위기에서 어떻게 해야 인류를 구할 수 있겠습니까?"

강연자가 사람들을 둘러보면서 또박또박 질문을 던졌다.

"……"

"이 두 번째의 위기에서 생명을 구원하려면 어찌 해야 되겠습니까?"

내가 사람들에게 다시 한번 질문을 던졌다.

"들어와야 하는 거 아닌가요. 하늘을 나는 배가 들어와야 될 거 같습니다."

좀 전의 사람이 강연자를 쳐다보며 대답했다.

"그렇습니다. 위기가 반대니까요. 이번에는 하늘을 나는 배가 지구 밖에서 지구 안으로 들어와야 합니다. 그래야만 대칭을 이루고 그래

야만 위기를 극복할 수 있게 됩니다. 이 대칭의 원리와 조화의 원리
는 언제나 모든 사물과 모든 현상에 적용되어야 하니까요.”

강연자가 걸음을 멈추고 사람들 앞에서 우뚝 서서 말했다.

“……”

청중의 시선은 못이 박힌 듯 강연자에게 집중해 있었고 강연장 주위
는 사람들의 알고자 하는 열기에 의해 뜨겁게 달아오르고 있었다.

“또 하나 중요한 건 생명의 씨앗입니다. 씨앗은 바로 오늘날의 유
전자입니다. 즉 DNA입니다. 유전자는 기묘한 특성을 지닌 존재입
니다. 프랙탈이라고 하는 건데요. 부분이 전체와 같습니다. 소나무
나 무시무시한 호랑이나 사람이나 모두 다 하나의 세포에 들어있는
유전자에 소나무를 이루는 정보가, 호랑이를 만드는 정보가, 인간을
만드는 모든 정보가 들어있는 것입니다.”

강당을 가득 메운 사람들의 눈빛이 별처럼 빛나고 있었다.

“여기에 해당하는 걸 찾아야 합니다. 나가는 것과 들어오는 것은
반대이면서 대칭을 이루고 있습니다. 첫 번째 대홍수의 위기에서 생
명을 구한 건 지구 안에서 바깥으로 나간 하늘을 나는 배에 실려 있
는 유전자였습니다. 그럼 유전자와 대칭을 이루고 조화를 이루며 반
대에 해당되는 것을 찾아야 합니다.”

새로운 세계로 향하는 문이 열리듯 강연자의 목소리가 깊은 정적
을 깨고 있었다.

“……”

“유전자와 대칭을 이루는 게 무엇이겠습니까?”

사람들은 깊이 생각하고 있었다.

“한 번 더 생각해 보십시오. 유전자와 반대를 이루는 게 무엇이겠

습니까?"

"정신 같은 거 아닌가요."

누군가 말했다.

인류를 구할 한 장의 경전

"그렇습니다. 유전자는 물질이니까 물질과 대칭을 이루는 건 정신이나 진리나 경전이 되어야 합니다. 그럼 인류가 스스로 멸망하려는 두 번째의 위기에서 인류를 구하려면 말입니다. 진리나 경전이 필요합니다. 그런데 보통의 경전은 아닙니다. 보통의 경전으로는 되질 않습니다."

"보통의 경전으로는 왜 안 되는데요?"

사람들 중에서 한 사람이 바로 되물었다.

"그렇습니다. 보통의 경전으로는 안 됩니다. 그건 특별한 경전이 될 수밖에 없습니다. 왜냐하면 DNA가 특별한 것처럼 그 경전도 특별해야 하기 때문입니다."

"왜 DNA가 특별한 건가요?"

방금 전의 사람이 즉시 되물었다.

"좀 전에 말한 것인데요. 하나의 세포 속에 있는 DNA에는 그 생물 전체의 정보가 담겨 있어서 특별한 것입니다. 바로 프랙탈인 전일성입니다. 그래 유전자처럼 한 장의 종이에 우주의 모든 진리를 담은 경전이어야 합니다. 그래야만 대칭을 이루고 모든 게 조화를 이루게 되고 그래야만 구원의 길이 열리게 됩니다."

"……"

강연장의 사람들은 미동도 않은 채 숨을 멈추고 다음 말을 기다리고 있었다.

"이제 모든 것이 분명해졌습니다. 우리가 파멸이라는 눈앞의 대위기에서 우리를 구하는 길은 하나입니다. 딱 하나입니다. 다른 길은 없습니다. 그 길은 유일하며 딱 하나뿐입니다. 그건 우주의 모든 진리를 담은 한 장의 경전을 찾아야 합니다. 우주의 모든 진리를 담은 단 한 장의 경전을 찾아 해석하면 하늘을 나는 배가 지구 바깥에서 지구 안으로 들어오는 길이 열리게 됩니다. 이 길만이 유일합니다. 이거 외에는 우리가 파멸을 피할 방법은 어디에도 없습니다."

어둠을 밝히는 한 줄기 빛처럼 강연자의 목소리가 울려 퍼졌다. 멈췄던 화산이 폭발하듯 수천 년을 기다려온 인류 구원의 방안이 마침내 드러나고 있었다. 잠시 동안 강연장은 숨이 멎은 듯했고 사람들은 너무나 경이로운 이야기에 벌린 입을 다물지 못하고 있었다.

"우주의 모든 진리를 담은 한 장의 경전."

"……"

"그걸 찾아야 합니다."

한참 동안 무거운 침묵을 뚫고 강연자의 목소리가 울려 퍼지고 있었다.

"성경이 얼마나 두껍고 불경도 얼마나 두꺼운데요. 코란경도 사서삼경도 마찬가지인데요. 다들 엄청나게 두꺼운데 말입니다. 한 장의 종이에 우주의 모든 진리를 담는다는 자체가 가능할 것 같지도 않고요. 또 설령 그런 게 가능하다고 해도 그런 경전이 존재할 것 같지가 않습니다."

사람들 중에서 한 사람이 매우 혼란스럽다는 듯이 반론을 제기했다.

"분명 그렇습니다. 코란경도 두껍고 불경도 두껍고 성경도 힌두경전도 두껍고 역경도 그렇고 다들 무지무지 두껍습니다. 어쩌면 우주의 모든 진리를 담은 한 장짜리의 경전이란 애초부터 불가능한 일인지도 모르겠습니다."

강연자도 너무나 어려워 공감이 된다는 표정을 지으며 말했다.

"이게 현실적으로 너무나 어렵고 불가능해 어쩌면 없을지도 모릅니다. 하지만 우린 그걸 찾아야 합니다. 혹시라도 말입니다. 한 장짜리 신비의 경전이 지구의 어딘가에, 우리가 알지 못하는 지구의 어떤 곳에 아슬아슬하게 실낱처럼 전해올지도 모르는 일이기에 말입니다."

"카발라인가요."

청중 중에서 누군가 말했다.

"카발라일 수도 있지요. 카발라는 유대인에게 신비스럽게 전해지는 것이니까요. 그럴 수도 있다고 생각합니다."

"혹시 탄트라 경전인가요."

누군가 말했다.

"탄트라 경전일 수도 있습니다. 근데 전체가 18장으로 구성되어 있어 너무 길지 않나 싶습니다."

"밀교 경전을 말하는 건가요?"

청중 중에서 누군가 말했다.

"밀교의 가르침일 수도 있다고 봅니다."

"혹 도덕경이나 역경인가요? 아니면 포폴 부를 말하는 건가요."

좀 전의 사람이 다시 말했다.

"도덕경이나 고대 마야의 문헌인 포폴 부일 수도 있습니다. 우리 인류에게 수많은 경전이 전해오는데 말입니다. 제가 보기엔 분명히 그러한 경전이 있을 거라 생각합니다. 아니 꼭 있을 거라고 확신합니다. 분명히 그러한 신비의 경전이 있어야만 하고 그 경전을 통해 우리 인류는 모든 사람이 사람답게 사는 지상낙원에 돌입하게 될 것입니다."

강연자가 확신에 찬 어조로 말했다.

"그런 신비한 경전이 꼭 있다고 어떻게 확신하나요? 없을 수도 있잖아요?"

청중 중에서 한 사람이 믿어지지가 않는다는 표정으로 말했다.

"그렇습니다. 맞는 말씀입니다. 그런데 말입니다. 우리가 지금 여기에 존재한다는 건 분명한 사실입니다. 우리가 여기 존재한다는 게 꿈이나 환상이 아닌 건 분명한 것입니다. 우주의 모든 진리를 담은 한 장짜리의 경전이 존재한다는 증거는 바로 우리 자신입니다. 지금 여기에 우리가 존재한다는 사실이 그러한 경전이 존재할 수밖에 없는 증거가 되는 것입니다."

내가 사람들에게 한 발짝 다가서며 우뚝 서서 말했다.

"……"

"우리 인간이 어디에서 와서 어디로 가는지를 몰라서 그렇습니다. 우리가 어디에서 와서 어디로 가는지를 알게 된다면 그러한 경전은 존재할 수밖에 없게 됩니다. 그럼 한 장의 종이에 우주의 모든 진리를 담은 경전이 존재할 수밖에 없는 이유를 깨닫게 됩니다."

강연자가 사람들을 둘러보며 선언하듯이 말했다.

"……"

잠시 후 강연자가 다시 입을 열었다.

"사실 한 장의 경전을 찾는 건 시작에 불과합니다."

강당을 가득 메운 사람들이 흠칫 놀라며 강연자를 뚫어지게 쳐다보고 있었다.

"한 장의 경전을 찾는 것도 쉽지 않지만, 더 큰 문제는 그 한 장의 경전을 푸는 것입니다. 왜냐하면 그 신비의 경전을 풀고 하늘을 나는 배가 지구에 들어오려면 3가지의 열쇠가 필요하기 때문입니다."

"열쇠가 하나도 아니고 세 개씩이나 필요하다고요? 그걸 어떻게 다 찾나요?"

사람들 중에서 한 사람이 몹시 궁금하다는 듯 눈을 둥그렇게 뜨며 물었다.

"그렇습니다. 세 개의 열쇠가 있어야만 합니다. 우리가 3가지의 열쇠를 찾게 되면 하늘을 나는 배가 지구에 들어오게 되고 인류의 역사가 바뀌는 겁니다. 그래야 새로운 시대가 열리게 됩니다. 바로 하늘의 열쇠와 땅의 열쇠와 사람의 열쇠입니다. 이 세 가지의 열쇠를 찾아야지만 인류를 구할 수 있는 것입니다. 그래야지만 우리 모두가 꿈에 그리던 모든 사람이 사람답게 사는 세상이 실현되는 거지요.

3가지의 열쇠를 찾는 건 너무너무 어려운 난제일 수 있습니다. 이 문제는 지금껏 미해결의 세상의 어떤 문제보다 어려울 것입니다. 어쩌면 거의 불가능에 가까운 일일 것입니다. 이 대위기 속에서 우리가 세 개의 열쇠를 어디에서 찾을 수 있는 지를 아무도 모르기 때문이지요. 찾는 길을 아는 사람이 아무도 없다는 게 문제입니다."

별에서 온 천부경

별에서 온
천부경

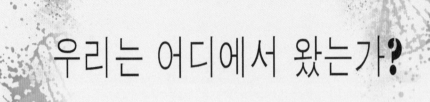

우리는 어디에서 왔는가?

제2장

———

다윈은 죽었다!
그럼 신은?

'나는 유전에 대해 아무것도 모른다'

물!

만물의 근원이라 불리기도 했고 지극한 선의 상징이기도 했던 물! 그래 자연의 사람 노자는 물처럼 살라고 노래했다. 이 세상에 물의 손길이 닿지 않고 자랄 수 있는 생명체는 어디에도 없으니 물은 생명의 어머니이며 인류문명의 원천이다. 물은 낮은 데로 흐르기에 겸손하며 다투지 않으면서 만물을 이롭게 하고 모든 살아있는 것들을 키우니 더할 나위 없이 고귀한 존재이다. 바다로 흘러가 하나가 되는 대의를 실천하고 그 가는 길이 최상의 도가 되어 말없이 대덕을 실천하니 홍익을 이루고 이화를 실현한다. 화합의 장이자 세상이 하나가 되는 바다는 뜨거운 햇볕 아래 바람을 벗 삼아 수증기가 되어 하늘로 승천하여 소나기가 되기도 하고 대지를 적시는 단비가 되기도 하고 선녀들이 뿌리는 눈꽃송이가 되기도 하여 지상의 세계로 돌아온다.

첫눈이었다.

벚꽃 같은 소담스러운 눈송이가 자욱하게 쏟아지고 있었다. 하얀 함박눈이 건물 위에도 도로 위에도 나무 위에도 끝없이 내려앉고 있있다. 온 전시를 희세 수놓아 지치고 힘든 세상을 정화시키고 있었다. 역대급 첫눈이었고 상서로운 눈이었다.

"첫눈이 대단합니다.

행복한 주말 보내세요. 언제 봅시다."

카톡 4인 대화방의 정관영 선생이었다.

"잘 지내죠?

난 출제 기간."

같은 대화방의 조병현 선생이었다.

"그렇군요.

바쁜 일 마치고 나서."

정 선생이었다.

"첫눈이 이렇게 펑펑 내리니

겨울임이 실감나네요."

조 선생이 문자를 했다.

"첫눈이 아름답네요.

염화칼슘 때문에 눈이 빨리 녹지만요."

같은 대화방의 김영춘 선생이었다.

"첫눈이네요."

나였다.

"첫눈과 음악!

괜찮죠. 선물입니다.

조아람 바이올린 연주인데 아주 잘합니다."

내가 조아람 연주를 보냈다.

"감사합니다."

정 선생이었다.

"그렇군요.

오늘 첫눈 내리는 낭만적인 날이네요.

모두 포근하시길⋯⋯"

김 선생이었다.

"연주하는 요정이라고나 할까요.

재능과 자비와 용기!

이걸 타고난 것처럼 보입니다.

구슬픈 노래보다 생의 아름다움과 밝음을

연주할 때 더 잘하는 거 같습니다."

내가 문자를 했다.

"바이올린과 트로트도 괜찮네요."

정 선생이었다.

"요즘 글 쓰고 있는데

막히거나 생각이 안 떠오르면

음악 듣습니다."

내가 문자를 쳤다.

"아하.

주제는 어떤 것인데요?"

김 선생이었다.

"인간의 비밀!"

"아하. 유전자?"

김 선생이었다.

"부제는 '인류를 구할 경전을 찾아서'.

이미도. 세 분도 책 속에 등장힐 예징입니다.

'어디에서 왔나요?'라는 속 인간의 기원에 대한 토론에서 등장하니다."

내가 문자를 쳤다.

"아 그래요. 기대됩니다."

정 선생이었다.

서울에 8㎝가 넘는 대단한 첫눈이 내린 며칠 후 카톡방의 사람들을 만났다. 광화문에서 저녁을 먹고 근처의 찻집으로 자리를 옮겼다. 안부를 주고받고 이런저런 이야기가 오간 후였다. 내가 신과 진화를 끄집어냈다.

"대학 생물학 교재에 실린 글을 보면 놀라 까무라칠 겁니다. 여하튼 말도 안 되는 게 실려 있습니다. 그것만 봐도 진화는 불가능이고 다 끝난 겁니다."

내가 세 사람을 쳐다보며 입을 열었다.

"……"

"뭐라고 실려 있는데요?"

조 선생이 되물었다. 그는 고등학교 물리교사였다.

"거기에 뭐라고 쓰여 있느냐 하면요. 지금은 말입니다. 오늘날은 무생물이 생물이 되는 일이 일어나지도 않고 불가능한데 옛날에는 그랬을 거라는 겁니다. 아득한 옛날에는 무생물이 생물이 되는 일이 일어났을 거라고 한 근거 없는 추측이 어마어마하게 위대하고 대단하다는 얘기입니다. 지금은 도저히 안 되고 일어나지 않는데 말이죠. 옛날에는 그랬다는 겁니다. 아니 옛날에는 그랬을 거라는 섣부른 생각이 위대하다는 것입니다. 과연 이걸 과학이라고 할 수 있느냐는 겁니다."

내가 열정적으로 말했다.

"그럴 리가요?"

조 선생이 의아스럽다는 표정으로 말했다.

"진짭니다. 버젓이 실려 있어요. 지금은 무생물에서 생물이 되는 게 불가능한데, 까마득한 옛날에는 그랬을 거라는 겁니다."

내가 곧바로 대답했다.

"진화론이라는 거대한 학문 분야가 그리 허술하고 부실할 리가 있겠습니까? 박샘이 뭔가를 잘못 보았거나 아니면 그 책의 저자가 내용을 착각했을 수도 있지요."

조 선생이 대수롭지 않다는 듯이 말했다.

"내가 오해한 것도 아니고 책의 저자가 착각한 것도 아닙니다."

"그럼 생명이 어디에서 왔을까요? 신을 믿을 수는 없는 노릇이죠. 어떤 전능한 존재가 6000년 전에 우주와 수많은 별들과 생명을 만들었다는 것을 믿을 수는 없습니다. 왜냐하면 신은 아무런 증거가 없고 단지 믿음에 불과하기 때문입니다. 신의 창조는 지금까지 그 어떤 증거도 없이 오로지 말과 믿음입니다. 신의 창조를 뒷받침할 수 있는 그 어떤 근거도 제시된 적이 없기 때문입니다."

진화론을 믿는 조 선생이 안경테를 만지며 진지하게 말했다.

"생명의 기원에는 신과 진화론만 있는 게 아니죠. 우주의 다른 별에서 왔다는 주장이 하나 더 있습니다."

내가 말했다.

"무조건 믿는 것인 신에 비해 진화론은 과학적 근거에 바탕을 둔 논리이니 진정한 과학입니다. 다윈이 주장한 신화의 개념은 아주 난순하고 강력했으며 너무나 많은 것을 설명했기에 오늘날 생물학의 기본이 된 것입니다. 우연이 아닌 것이지요. 그 이후 150년 동안 수많은 학자들이 이를 관찰하고 실험하고 입증한 것입니다. 오늘날 지구상의 모든 나라들이 학교에서 진화를 가르치고 있는 건 괜히 그런 게 아니지요. '진화는 저기 해가 뜨고 지는 것처럼 사실이다'라는 말이 있는데요. 그만큼 진화론은 기초가 튼튼하고 강력하다는 것입니다."

조 선생이 눈썹 하나 까닥하지 않고 말했다.

"진화론은 생명의 기원에 대한 최상의 설명이며 진정한 과학이론이자 엄연한 사실입니다. 현재의 우리가 우리 자신의 기원과 뿌리를 알아가는 가장 합리적이고 올바른 지적 활동입니다. 왜냐하면 다윈이라는 위대한 천재가 현상을 발견하고 증거를 모아 아주 논리적이면서도 체계적으로 입증한 것이니까요. '종의 기원'이 발표된 이래 150년 동안 고생물학, 지질학, 발생학, 유전학과 분자생물학 등의 모든 학문 분야가 진화를 지지하고 있기 때문입니다. 수많은 학문 분야가 생명이 진화했음을 보여주고 있으며 지구의 나이가 45억 년임을 입증했지요. 다윈은 완벽하게 진화를 증명했고 그 누구도 보지 못했던 것을 보고 그 누구도 생각지 못했던 새로운 사상과 새로운 과학을 창조했던 것이지요."

조 선생이 진화의 정당성을 한 번 더 차분하게 말했다.

"찰스 다윈은 현대과학의 가장 위대한 업적 중의 하나를 발견한 것입니다. 다윈을 비롯한 초기 진화론 개척자들은 자신의 꿈을 좇아 누구도 가보지 못했던 머나먼 세계를 탐험하고 야생의 이국을 보고 기이하고 아름다운 동식물을 수집했지요. 그 험하고 낯선 세계에서 멸종된 생물의 화석과 인류의 조상을 발견한 것이지요. 이들 탐험가들은 그곳에 어떤 생명체가 살고 있느냐를 넘어서 생명체가 어떻게 존재하게 되었는가를 끊임없이 묻고 탐구했지요. 이들은 자연이나 생물이 단지 머물러 있고 고정된 것이 아니라 끊임없이 변하고 투쟁하고 경쟁하는 역동적인 전쟁터임을 알아내었던 것입니다. 자연이란 단지 아름답기만 한 것이 아니라 투쟁하고 변하고 적응하는 곳이며 적응하지 못하면 멸종하는 냉엄한 현실이라는 것을 파악했던 것이지요. 지구에 살고 있는 다양한 생명체들은 한순간에 창조된 게 아니라 아주 오랜 역사를 가지고 있으며 단순한 생물에서 복잡한 생물로 진화했음을 밝혀내었던 것입니다."[11]

역시 진화를 믿는 정 선생이 입을 열었다. 그는 고등학교 화학교사이다.

"파란 안경을 쓰면 세상이 파랗게 보이고 빨강 안경을 쓰면 세상이 빨갛게 보입니다. 인간은 객관적인 걸 보는 게 아니라 보고 싶은 것을 봅니다."

내가 조 선생과 정 선생을 쳐다보며 말했다.

"진화론이 그렇게 간단한 말 한마디로 부정될 수 있는 게 아니지요. 진화론을 부정하는 논리적이고 설득력 있는 증거는 아직까지 발견된 적이 없으며 진화론만큼 생명의 다양성을 잘 설명하는 이론도 없기 때문이지요. 진화는 지금도 일어나고 있는 사실이며 생명의 기원에 대한 유일한 과학적 진리입니다. 그래 DNA이중나선 구조를 발견한 왓슨이라는 천재는 '인류 역사상 가장 중요한 사람은 예수나 석가나 모세가 아니다. 갈릴레이도 아니고 뉴턴도 아인슈타인도 아니다. 물론 나의 어머니도 아니다. 바로 다윈이다. 다윈이 아니라면 생명이 무엇이고 우리가 어디에서 왔는지를 어떻게 알 수 있었겠는가'

라고 하며 인류 역사 최고의 인물로 평가한 적이 있습니다."

정 선생이 침착하지만 분명한 태도로 말했다.

"내가 보기에는 신도 진화론도 둘 다 맹목적인 믿음이자 신앙인 것입니다. 왜냐하면 공허의 신은 우리가 알 수 있는 대상이 아니고 진화는 아무런 증거가 없으니까요. 자신들이 보고 싶은 것만 보기 때문에 신이나 진화론을 믿고 있는 것이지 둘 다 진리는 아니지요."

내가 세 사람을 둘러보며 말했다.

"진화론이 증거가 없다고요? 그게 아니라 진화를 입증하는 수많은 증거들이 있습니다. 그중에 화석이 첫째이지요. 지구의 암석은 몇 년이거나 몇천 년 된 게 아닙니다. 방사성 동위원소를 이용해 지구의 암석 연대를 구해보면 수억 년에서 수십억 년이 나옵니다. 지층과 화석기록은 진화가 일어났음을 보여주고 있습니다. 화석을 보면 단순한 생물에서부터 복잡한 생물로 진화했음을 알 수 있는 것입니다. 예를 들자면 파충류에서 조류로 진화했음을 보여주는 시조새가 있지요. 시조새와 공룡은 공통점이 100가지가 넘는데, 이는 진화를 증명하는 증거지요. 살아있는 화석으로 불리는 실러캔스도 진화의 좋은 예 중의 하나입니다. 파충류와 양서류 사이의 중간화석은 너무나 많이 있고 유인원과 인간의 중간단계에 해당하는 오스트랄로피테쿠스 화석도 있습니다."

이번에는 조 선생이 말했다.

"방사성 동위원소를 이용한 지구의 연대측정은 그처럼 정확하지가 않습니다. 오차가 너무 커서 신뢰할 수가 없다는 문제가 있고요. 또 간단한 생물이 더 오래된 지층에서 발견된다는 건 그렇다는 사실일 뿐이지 진화를 증명하는 건 아니지요."

내가 조 선생을 바라보며 반론을 제기했다.

"방사성 동위원소를 이용한 지구의 연대측정은 과학적으로 아주 엄밀하게 증명된 것이지요. 과학적인 방사성 측정법을 '아니다'라고 부정하면 그게 이치에 맞지 않지요. 이것 말고도 진화를 증명하는 많은 예가 있습니다."

조 선생이 세 사람을 둘러보며 다시 말했다.

"최근에 과학자들이 미국에서 발견된 8마리의 공룡 뼈에 탄소14 연대측정을 했더니 공룡들이 2만 년에서 4만 년 전에 살았다는 결과가 나왔지요. 수천만 년이나 수억 년이 아니었습니다. 이건 엄청나게 중요한 사건입니다. 이처럼 진화론은 언제든 무너질 수 있는 상황인데요. 당연히 토론하고 발표해야 하는데도 진화론자들은 이러한 결과를 결코 공개하지 않습니다. 진화의 증거는 없고 단지 해석만 진화했다고 주장하고 있는 셈입니다. 반 잔의 포도주를 아직도 절반이나 남았다고 보는 낙관론자와 절반밖에 안 남았다고 우울해하는 비관론자가 있듯이 말입니다. 그냥 해석의 차이일 뿐입니다."

내가 정 선생과 조 선생과 김 선생을 쳐다보며 말했다.

"태평양의 갈라파고스 지역의 핀치라는 새가 섬에 따라 형태가 각자 다릅니다. 이건 핀치가 공통 조상에서 갈라져 나와 각각의 섬에 적합하도록 진화한 것이지요. 핵심은 진화는 과거에만 일어난 일이 아니라 지금 현재에도 일어나고 있다는 사실입니다. 박테리아 같은 세균과 미생물은 며칠 동안에도 새로운 종이 나오고 곤충도 그런 종이 있습니다. 이게 다 진화의 예지요. 생물의 한 종이 자식을 낳으면, 자식들이 조금씩 다 다르지요. 이 조금씩 다른 지식 중에서 환경에 적응한 게 좀 더 잘 살아남게 되겠지요. 이러한 게 다음 대에도 일어나고 또 그다음 대에도 일어나고 계속 쌓이다 보면 새로운 종이 출현하는 것이지요."

정 선생이 나를 쳐다보며 분명한 목소리로 말했다.

"자식을 낳는 게 한마디로 유전이지요. 다윈이 말한 대로라면 유전이 다윈 진화론의 핵심이 되어야 합니다. 유전은 진화론의 핵심 중의 핵심이 되어야 말이 됩니다. 그렇지요?"

내가 세 사람을 둘러보며 말했다. 정 선생과 조 선생은 진화론을 믿고 있고 김 선생은 신을 믿고 있다.

"맞지요. 유전이 진화론의 핵심이지요."

정 선생이 대답했다.

"그럼, 유전학의 아버지가 누구지요?"

내가 바로 되물었다.

"글쎄요. 누구더라. 다윈은 아닌데요."

정 선생이 말했다.

"갑자기 생각이 안 나네요."

조 선생이 말했다.

"멘델. 멘델입니다. 정원의 수도사인 그레고어 멘델입니다."

김 선생이 오랜 침묵을 깨고 입을 열었다. 그는 고등학교 물리교사이다.

"그렇습니다. 멘델입니다. 다윈이 아니라 멘델입니다. 이건 엄청난 사건이고 커다란 문제이지요?"

내가 눈을 크게 뜨며 말했다.

"……"

"문제 중의 문제입니다. 진정 큰 문제이지요."

내가 말했다.

"뭐가 그리 큰 문제라는 거지요?"

조 선생이 나를 똑바로 쳐다보며 되물었다.

다윈은 틀리고 멘델은 맞다

"생각해 보십시오. 아까 좀 전에 왓슨이라는 천재가 다윈이 이 세상에 제일 중요한 인물이라 했는데요. 그처럼 중요한 다윈과 다윈의 진화론에서 제일 중요한 핵심이 뭐냐면 바로 유전입니다. 유전이 핵심 중의 핵심일 수밖에 없지요. 진화론에서 기본이자 뼈대이자 골격은 변이를 수반한 유전이기에 당연한 것입니다."

내가 잠시 말을 멈추었다.

"……"

"그런데 유전학의 아버지가 다윈이 아니라 멘델입니다. 이건 뭔가 잘못돼도 한참 잘못된 것이고 뭔가 이상해도 너무나 이상한 일입니다. 실제로 다윈이 쓴 종의 기원을 보면 다윈 스스로 '유전과 변이를 지배하는 법칙은 알려져 있지도 않고 자신도 아는 게 없다'라고 했으니까요."

정 선생과 조 선생이 뭔가를 골똘히 생각하기 시작했다.

"참으로 이상한 일이지요. 다윈은 다윈 자신도 아무것도 모를 뿐만 아니라 알려져 있지도 않은 유전의 법칙을 가지고 엄청난 이야기를 한 것입니다. 다윈은 생명의 기원이라는 상상과학을 쓰고 종의 기원이라는 무지막지한 허구를 전개했던 것이지요. 하나의 단세포생물에서 지상의 모든 생물이 나왔으며 변이를 통한 유전과 자연선택에 의해 새로운 종이 나온다고 무모하게 주장한 것입니다. 이게 진화라 부르는 이론의 실체입니다."

잠시 침묵이 흐르고 있었다.

"이건 말이 안 되는 겁니다. 자 생각해보십시오. 불교의 대가는 석가이고 유교의 지도자는 공자이고 기독교의 상징은 예수이며 이슬람교의 창시자가 마호메트라는 건 분명한 것입니다. 유클리드가 기하학의 명인이었음이 명백하고 고전역학을 완성한 뉴턴은 물체의 운동에 대해 달인이었죠. 백성을 사랑하고 학문을 숭상한 제왕학의 대가는 세종과 강희가 명백하고 비판철학을 완성시킨 칸트가 그 분야의 명인이었고, 톨스토이가 문학의 거장이라는 건 너무나 분명한 것인데요. 양자역학의 아버지로 불리는 보어는 양자역학의 거장이었으며 상대성이론을 완성시킨 아인슈타인도 마찬가지고 팝의 제왕은 마이클 잭슨이라는 게 명백한 것입니다. 그런데 이 모든 것에서 딱 하나의 예외가 있습니다. 바로 다윈과 진화론입니다."

조 선생과 정 선생의 표정이 심각해지고 있었다.

"음."

"다윈은 진화론의 상징이자 아버지입니다. 아니 다윈은 진화론의 처음이자 끝이라고 할 수 있는 사람인데요. 그런데 그 다윈은 진화론의 핵심에 대해서 아무것도 몰랐다는 사실입니다. 이건 너무나 충격적이고 경악스러운 일입니다. 진화론 자체가 모래로 지은 건물이라는 것을 여실히 보여주기에 그렇습니다. 바로 사상누각 그 자체이니까요."

"너무 비약이 심한 거 아닌가요?"

정 선생이 나를 바라보며 말했다.

"사실이 그렇습니다. 다윈은 유전에 대해 아는 게 전혀 없었습니다."

"다윈이 유전에 대해 몰랐다는 게 믿어지지가 않네요."

"글쎄요. 믿어지지가 않습니다."

정 선생과 조 선생이 믿을 수 없다는 듯이 말했다.

"아니에요. 실제로 그렇습니다. 우리가 생물 시간에 배웠는데 다 잊어먹어서 그렇지요. 실제로 다윈은 유전에 대해서 완전히 무지했습니다. 대학생물 교재에도 나와 있습니다. 다윈은 유전학에 대해 전혀 몰랐다고 말입니다. 다윈이 주장했던 유전이론은 다 버려졌습니다. 죽었어도 아주 오래전에 죽었던 것인데요. 그런데 어쩐 일인지 진화론만 살아남아 활개를 치고 있습니다."

"……"

"안 믿기시나 본데. 그냥 사실입니다. 사실이 그렇다는 겁니다."

"……"

"이걸 보면 분명해집니다. 생명이란 자식을 낳아야 합니다. 새끼를 안 낳고 알을 안 까면 조만간에 전부 다 멸종입니다. 진달래든 산삼이든 개구리든 까치든 원숭이든 사람이든 다 마찬가지입니다. 식물이든 동물이든 단세포생물이든 만물의 영장이든 다 똑같습니다. 새끼 안 까면 다 멸종이고 끝인 겁니다. 지금 우리나라도 출산율이 세계 최저라 난리가 났잖습니까?

그런데 이 중요한 새끼 낳는 유전에 있어서 유전학의 아버지가 누굽니까? 되풀이 말하지만 다윈이 아닙니다. 찰스 다윈이 아니라 멘델! 그레고어 멘델입니다. 수줍음 많고 조용했던 유전학의 아버지 멘델 말입니다."

내가 잠시 호흡을 가다듬었다.

"……"

"만약에 말입니다. 유전학의 아버지가 멘델이 아니라 다윈이라면 진화론은 옳을 가능성이 있습니다. 여하튼 유전학의 아버지가 다윈이라면 좀 희박하더라도 진화론이 맞을 가능성이 조금은 남아있습니다. 그런데 이게 아닙니다. 생명의 핵심이 뭔가요? 아까 말한 대로 자식을 남기는 유전이 핵심 중의 핵심입니다. 이 유전에서 말입니다. 진화가 맞으려면 유전학의 대부는 다윈이 돼야 합니다. 유전의 대가가 다윈이 되어야 하고 유전학의 아버지가 당연히 다윈이 되어야 합니다. 근데 유전학에서 다윈은 해놓은 게 아무것도 없고 이룬 게 없습니다. 생명의 핵심이자 근본이자 요체에서 다윈은 저 구석에 내동댕이쳐진 것이고 중앙에 멘델이 떡하니 자리 잡고 있는 모양입니다. 상황이 그렇다는 겁니다. 우리가 말입니다. 생물학자들이 입으로는 다윈이 말한 우연에서 진화했다고 하면서, 정작 자신들의 몸과 행동으로는 멘델을 따르고 있는 겁니다."

내가 김 선생과 정 선생과 조 선생을 번갈아 쳐다보며 말했다.

"……"

"행동심리학에서 중요한 원칙이 하나 있습니다. 말하고 행동이 충돌할 때는 무엇을 판단 근거로 삼아야 하느냐 하는 것인데요. 말과 행동이 다르고 일치하지 않을 때 무얼 보고 판단해야 하겠습니까? 당연히 행동입니다. 말은 쉽고 행동은 어렵기 때문입니다. 똑같이 가설은 쉽고 실험은 어려우며 증명은 더욱 어려운 법입니다."

내가 열기 띤 목소리로 말했다.

"멘델의 주장이나 다윈의 이론이 같을 수도 있고요. 또 멘델의 유전법칙이 다윈의 진화론에 포함될 수도 있는 문제지요. 학교 때 생물 시간에 그렇게 배운 기억이 납니다."

조 선생이 차분하게 말했다.

"그렇다면 오죽이나 좋겠습니까. 방금 말한 대로 멘델의 주장이 다윈의 이론과 같거나 포함된다면 모든 건 간단합니다. 고민거리도 생각거리도 아닙니다. 문제는 다르다는 겁니다. 그것도 근본적으로 다릅니다. 그것이 문제인 겁니다. 조용하고 수줍음 많지만 명석하고 직관력이 탁월했던 위대한 천재는 근 10여 년에 걸쳐 수도원의 밭에서 수만 그루의 완두를 까고 나누고 헤아렸습니다. 그런 엄청난 노력과 인고의 결과를 두세 번에 걸쳐 발표하고 자신의 논문 요약집을 당대의 유럽의 학자들에게 정성스럽게 보냈습니다. 그런데 나중에 다윈의 서재에서 멘델이 보낸 논문이 포장이 뜯어지지도 않은 채 발견된 건 역사적 사실이라고 드러났습니다. 결과는 무엇이겠습니까?"

내가 하던 말을 잠시 멈추었다. 호흡을 가다듬고 다시 입을 열었다.

"……"

"침묵. 완전한 침묵이었습니다. 시대를 앞선 천재의 통찰과 노고에 아무도 그 누구도 반응하지 않았습니다. 몇 번에 걸친 발표에서도 논문을 보낸 사람들에게서도 아무런 반응이 없었습니다. 완두의 색깔, 모양, 꽃의 위치, 키의 대소를 비교하며 부모에게서 자식에게로 전달되는 형질을 말하고 이 형질을 전달하는 어떤 요소를 말하고 우열을 말하고 분리와 독립을 말했는데요. 그 누구도 대답하지 않았던 것입니다. 이 위대한 사람은 산채로 매장당하고 완전히 잊혔습니다."

"……"

"그리고 30~40년이 지난 후에 말입니다. 세 명의 생물학자가 유전을 연구하는 과정에서 이미 오래전에 자신들보다 훨씬 완벽한 형태로 유전의 본질을 밝힌 위대한 인물이 있다는 것을 알게 됩니다. 이들에 의해 멘델은 무덤에서 걸어 나옵니다. 산채로 매장당하고 죽어가면서 자신의 시대가 오리라는 것을 확신했던 멘델은 유전학의 아버지로서 부활하게 됩니다."

내가 유전학의 아버지 멘델을 추억하며 말했다.

"그렇습니다. 멘델은 부활했습니다. 화려한 부활을 말입니다. 근데 중요한 건 멘델이 왜 몇십 년 만에 부활했냐 말입니다. 부활한 사람 많지 않습니다. 예수도 3일 만에 부활한 거니까 말입니다. 요건 물론 성질이 좀 다른 DNA 복제를 말하지만요. 하여튼 멘델이 부활한 건 그의 주장이, 그의 견해가 옳았기 때문입니다. 진실이었고 진리이었기에 그는 부활할 수 있었던 것입니다. 완벽하게 매장당하고 철저히 잊혔던 그가 되살아나올 수 있었던 단 하나의 이유는 이겁니다."

내가 하던 말을 뚝 멈추었다.

"진리와 진실!"

"……"

"이겁니다. 멘델의 이름은 영원히 빛나게 될 것입니다. 인류가 살아있는 한, 멘델의 이름은 영원히 기억되고 칭송될 것입니다. 유전자의 시대, DNA의 시대는 영원히 계속될 것이기에 말입니다. 먼 훗날 어느 날엔가 우리가 다른 행성에 가 우리와 닮은 존재를 만들어낼 때까지 계속될 것이기에 말입니다."

내가 단호하면서도 확신에 찬 어소로 말했다.

"그래요. 멘델을 유전학의 아버지로서 모두 그의 업적을 인정하고 있습니다. 그건 맞습니다. 그런데 멘델의 유전법칙이 다윈의 진화론에 포함된다는 게 맞을 수도 있다고 봅니다. 물질에서 생명이 나왔다는 거 빼고는 우리의 기원을 설명할 수는 없다고 봐요. 더더욱 신을 믿을 수는 없는 노릇이구요."

정 선생이 더할 나위 없이 평온한 얼굴로 말했다.

"그렇습니다. 다윈이 그런 얘기를 했죠. 물질에서 생명이 나왔다고 했는데요. 아니 사실은 그런 가설을 제안한 것이지요. 이 다윈이 진화론을 내놓기 전에 유전에 대해 두 가지를 말했습니다. 다윈이 유전에 대해 말한 게 두 가지가 있는데요. 문제는 그게 다 틀렸다는 겁니다."

"희미하지만 생물 시간에 다윈의 유전이론은 틀렸다고 배웠던 기억이 납니다. 유전학에서 다윈이 틀릴 수는 있지만 그래도 생명이 진화했다고 하는 건 맞다고 생각합니다. 유전학은 범위가 좁은 거고 진화론은 범위가 넓은 생명의 기원을 설명한 거니까요."

조 선생이 흔들림이 없는 목소리로 차분하게 말했다.

"다윈은 종의 기원을 1859년에 출판했습니다. 수백 쪽이 넘었으니 꽤 두꺼운 책이었고요. 이 책에서 상당히 긴 논증을 통해 지상의 생물은 진화했다고 주장했는데요. 다윈이 그의 인생에서 가장 중요한 종의 기원을 발표하기 전에 주장했던 두 가지 유전이론은 바로 혼합이론과 제뮬설이었습니다.

문제의 핵심은 이 두 가지가 모두 틀렸다는 것입니다. 이 혼합이론과 제뮬설이 다윈의 진화론을 뿌리부터 뒤흔들어 무너뜨리고 있다는 게 더욱더 문제인 것입니다."

내가 열의에 찬 목소리로 말했다.

"……"

별에서 온 천부경

"다윈의 혼합이론은 키 큰 밀과 작은 밀을 교배하면 중간의 밀이 나온다는 겁니다. 언뜻 보면 맞을 거 같고 상식에도 들어맞을 거 같은데 그게 아니었습니다. 실제 해보면 자식 대에서 키 큰 밀만 나옵니다. 한 번 더하면 다음 손자 대에서 키 큰 밀과 작은 밀의 수가 3:1로 나옵니다. 중간은 없습니다. 크거나 아니면 작은 겁니다. 이게 본질인데요. 이걸 탁월한 실험으로 입증한 사람이 바로 멘델입니다. 이게 멘델의 그 유명한 우열의 법칙이구요. 엉터리 추측과 근거 없는 가설은 다윈이 했고 올바른 실험과 관찰로 진실을 밝힌 건 멘델이었습니다. 한 줄기 빛처럼 말입니다."

내가 확신에 찬 눈으로 힘차게 말했다.

"두 번째는 제뮬gemmule이라는 것입니다. 다윈도 고민을 했습니다. 이 사람도 생명의 본질과 유전에 대해 고민을 많이 하기는 했습니다. 고민해서 주장한 게 제뮬이라는 겁니다. 종의 성질을 부모가 자식에게 전달해주려면, 뭔가 필요합니다. 그게 제뮬이라는 겁니다. 제뮬은 혈액과 비슷한 것입니다. 이 제뮬이 체세포에서 만들어져 혈액의 흐름처럼 온몸을 돌아다니면서 신체의 모든 특성을 담은 뒤 잠복 상태로 대기하고 있죠. 그러다 수정의 순간 자손에게 형질을 물려주게 됩니다. 한 개체가 평생 습득한 특성을 이 제뮬을 통해 다음 세대에게 전달한다는 게 핵심인데요. 이건 몇몇 뛰어난 학자들에게 혹독한 비판을 받고 곧바로 사망하게 되었습니다."

잠시 침묵이 흘렀다.

"……"

"그중에 골턴이리는 학자가 있었습니다. 프랜시스 골턴은 다윈의 사촌이기도 한데요. 골턴은 간단한 하나의 실험으로 자신보다 훨씬 더 유명한 사촌의 재귤론을 끝장내버렸습니다. 다 자란 흰색 토끼와 갈색 토끼를 가지고 말입니다. 이들은 다 자랐으니까 그들의 형질을 피에 가지고 있을 거고요. 다윈의 재귤론에 의하면, 이 토끼의 재귤들은 그들 토끼의 털 색깔에 해당하는 형질들을 당연히 가지고 있어야 합니다. 그리고 피를 바꾸면 털 색깔에 해당하는 형질도 서로 바뀌어야 합니다. 다윈의 재귤에 따르면 그래야만 합니다."

조 선생과 정 선생이 뭔가를 깊이 생각하고 있었다.

"자, 이걸 생각해보십시오. 실험하기 전에 한번 생각해보면 어찌 될까요? 이건 해보나 마나입니다. 조금이나마 동물을 기르고 육종을 했거나 기르지는 않았더라도 약간의 관심을 갖고 관찰을 한 사람이라면 답은 분명합니다. 그래, 흰색 토끼에 갈색 토끼의 피를 넣어주면 그 흰색 토끼에서 갈색 새끼가 나오나요? 갈색 토끼에 흰색 토끼의 피를 넣어주면 갈색 토끼에서 흰색 새끼가 나오나요? 아무리 피를 수없이 바꾸고 억만 번 교환해도 흰색 토끼에서는 흰색의 새끼가 나올 뿐이고 갈색 토끼에서는 갈색의 새끼가 나올 뿐입니다."

내가 세 사람을 번갈아 쳐다보며 말했다.

"……"

"또 다른 생물학자도 재귤을 박살 내버렸습니다. 독일의 생물학자 바이스만이 900마리가 넘는 쥐의 꼬리를 자르는 실험을 하면서 여러 세대에 걸쳐 철저하게 관찰했는데요, 핵심은 이겁니다. 다 자란 쥐의 꼬리를 자르면 꼬리가 없어지게 됩니다. 꼬리가 없으니까 다윈의 재귤은 꼬리가 없는 성질을 다음 새끼에게 전달하겠죠? 그럼 당연히 꼬리가 없는 새끼가 나와야 합니다. 그런데 그런 쥐가 나오나요? 이것도 두말할 필요가 없습니다. 너무나 자명하니까요. 세상에 어미

별에서 온 천부경

쥐가 꼬리가 잘렸다고 꼬리가 없는 새끼가 나온다는 게 말이나 됩니까? 애들도 다 아는 겁니다."

대화가 뜨거워지고 있었다.

"살펴본 것처럼 혼합이론도 꽝이고 제뮬설도 꽝입니다. 혼합설도 깨지고 제뮬설도 박살이 났습니다. 둘 다 생물의 본질을 망각한 가설에 불과하고 아무런 도움이 되질 않는다고 드러난 것들입니다. 그런데 말입니다. 이 두 가지를 제안하고 주장한 찰스 다윈이 세 번째로 내놓은 게 바로 진화론입니다."

잠깐의 침묵이 흘렀다.

"……"

"한번 생각해보십시오. 어떤 사람을 만났는데요, 그 사람이 열심히 뭐라고 하는데 알고 보니 거짓이었습니다. 다음에도 또 만났는데, 이번에도 뭔가를 아주 열심히 죽어라 주장을 하는 거였습니다. 그런데 지나고 보니 또 거짓이었습니다."

내가 거침없이 말했다.

"자, 이 사람을 세 번째 만났는데 말입니다. 이젠 더 죽어라 뭐라고 뭐라고 아주 긴 주장을 끝없이 하는 겁니다. 근데 말입니다. 이 사람이 뭐라고 말하든 더는 들을 사람이 있을지 모르겠습니다. 아마 '거짓말이야. 거짓말이야.'하면서 아무도 안 들을 겁니다. 아무도 안 듣는 게 정상이고 그게 세상의 이치에 맞지요. 하지만 이상하게도 진화론의 세계에서는 이러한 이치가 통하지 않으니 참으로 알다가도 모를 일입니다."

내가 말도 되지 않는다는 표정으로 밀했다.

"……"

"획득형질은 유전되지 않는다고 이미 증명되었고요. 돌연변이가 새로운 변종을 가져온다고 배웠던 기억이 납니다. 이 돌연변이에 의해서 진화가 이루어지는 것이고요."

조 선생이 안경 너머로 나를 쳐다보며 말했다.

"다 끝난 겁니다. 혼합설도 꽝, 제뮬설도 꽝! 이미 다 죽은 거고 다 끝난 겁니다. 어떤 남자가 아가씨를 만났는데 말입니다. 이 남자가 말할 때마다 여자가 이마를 찡그리고 입가는 굳어 있고 눈동자는 저 멀리 창문을 힐끔거리고 몸은 출입구를 향하고 있습니다. 이번에는 이 남자가 다른 아가씨를 만났는데 말입니다. 남자가 말할 때마다 맞장구를 날리고 입가에 미소가 떠나질 않고 동공은 확장되어 있고 온몸이 주의를 집중하고 있다면 말입니다. 이 두 여자 중에 누가 이 남자와 만남을 이어가겠습니까? 이건 물어보나 마나입니다.

말이란 빙산의 일각에 지나지 않습니다. 말로 표현하기 전에 눈빛에, 몸짓에, 숨소리에, 피부에, 자세 하나하나에, 스쳐 지나가는 작은 미소 하나하나에 징조는 드러나 있는 법입니다. 마찬가지로 이미 진화론은 죽었고, 죽어도 오래전에 죽었는데요. 시체 썩는 냄새가 코를 찌르는데 그게 향기인 양 달라붙어 있는 꼴에 지나지 않습니다."

대화에 어느 새 팽팽한 긴장감이 더해지고 있었다.

"……"

"혼합설도 안 되고 제뮬도 안 되고 하니 이제 돌연변이를 들고 나오는데요. 이다음에도 이것저것 많이 들고 나옵니다. 대진화다, 소진화다, 정향진화다, 수렴진화다, 안정화다, 도약진화다 등등 수도 없이 등장하지만 다들 허망한 말장난에 지나지 않습니다. 보통 사람들 겁먹게 하기 딱 좋습니다. 교수라는 직함에다 대단해 보이는 생물학자들이 도통 이해하기 힘든 말들을 쏟아내니 누군들 그 본질을 꿰뚫어 보겠습니까? 하지만 본질은 다 꽝입니다."

내가 조 선생을 쳐다보며 말했다.

"돌연변이가 대부분 해로운 건 맞는데요. 그중에는 생존에 유리한 거, 좋은 게 나올 수도 있지요. 생존에 좋은 게 살아남으면 종의 변화가 일어나고 이게 진화가 될 수 있는 거지요."

정 선생이 진지한 표정으로 말했다.

"글쎄요. 돌연변이는 죽음! 그냥 죽음입니다. 죽음 그 이상도 아니고 그 이하도 아닙니다. 마찬가지로 우연도 죽음. 죽음입니다. 돌연변이도 우연도 둘 다 죽음이자 사고일 뿐입니다. 자 생각해보십시오. 자동차를 몰고 가다가 말입니다. 다리 난간을 들이박고 그 충격으로 차가 튕겨 나갔습니다. 한 마디로 사고인데요. 이렇게 사고가 나면 이 차에 날개가 생겨 하늘을 나는 헬리콥터가 되거나 우주선이 되는 건가요? 돌연변이로 더 좋은 기능이나 신기관이 생겨 더 나은 생물이 된다는 말이 이것하고 뭐가 다르겠습니까?"

내가 두말할 필요도 없다는 듯이 말했다.

"죽음!"

"……"

"사고는 그냥 죽음이라고 몸으로 보여주잖습니까? 이것처럼 제뮬이다 돌연변이다 대진화다 도약진화다 안정화다 신진화다 종합진화다 등등 다 생명의 본질하고는 거리가 먼 말장난에 불과합니다."

대화가 한층 더 뜨거워지고 있었다.

"그래도 얼마니 많은 생물학자들이 연구하고 사색해서 하는 건네요. 그렇게 한마디로 말장난이라고 할 수 있을지 모르겠습니다. 그리고 다윈이 주장한 종합설과 제뮬설이 틀렸다 해도 세 번째 진화론은 맞을 수도 있는 거지요."

조 선생이 이맛살을 살짝 찌푸리며 말했다.

"그런가요. 말이 지나쳤다면 허망한 말장난이라는 말은 취소하겠습니다. 하지만 진화론이 과학이 아닌 것처럼 다윈은 과학자가 아니라는 사실입니다. 왜냐하면 관찰과 사실에 기초하지 않았으니까요. 관찰과 사실에 기반하고 이치에 맞으면 모두 과학입니다. 음악이든 그림이든 경제학이든 심리학이든 문학이든 체육이든 모두 과학인데요. 진화론이 과학에서 빠져야 하는 것처럼 다윈도 과학의 정원에서 추방당해야 하는 게 당연합니다. 그리고 다윈이 두 번 틀렸지만 세 번째는 맞을 수도 있다고 하셨죠. 그렇죠. 맞을 수 있다고 생각합니다. 첫 번째와 두 번째는 꽝이었지만 그가 크게 깨달아서 생명의 본질을 파헤쳤다면요. 그는 생명이 뭔지를 개척한 위대한 천재가 맞는 거지요.

반면에 말입니다. 그 세 번째 주장이 아무것도 아닌 것으로 드러난 첫 번째와 두 번째에 기반을 두고 있고 연장선에 있다면 그건 이미 끝났다는 얘깁니다."

내가 하던 말을 멈추고 호흡을 가다듬었다. 잠깐의 침묵이 흘렀다.

"……"

"자연과학에 수학을 옆으로 제쳐 놓으면요. 물리, 화학, 생물, 지구과학 이렇게 네 분야가 있습니다. 이 중에 만물의 이치를 다루는 물리에 운동의 3법칙이 있습니다. 관성의 법칙, 가속도의 법칙, 작용·반작용의 법칙 이렇게 세 개가 있습니다. 이들 세 법칙은 서로가 조화를 이루고 보완하며 물체의 운동을 잘 설명해냅니다. 이 세 개의

법칙을 가지고 말입니다. 아이작 뉴턴이라는 엄청난 천재가 코페르
니쿠스, 갈릴레이와 티코 브라헤, 케플러가 닦아놓은 것을 바탕으로
해서 물체와 행성의 운동을 거의 완벽하게 설명해냅니다. 어마어마
한 성취를 이룬 것이고 위대한 진보를 한 것인데요. 그게 단 세 개의
운동법칙과 만유인력만을 가지고 얻어낸 결과라는 것입니다."

　내가 놀랍도록 신비로운 과학의 탄생에 대해 말했다.

생명은 생명에서 온다

"그런데 말입니다. 생물학에도 물리의 운동 3법칙에 해당하는 것처럼 보이는 게 있다는 것입니다. 언뜻 보면 보이지가 않는데, 잘 살펴보면 있습니다.

첫 번째의 법칙이 슐라이덴과 슈반, 피르호에 의해서 이루어진 세포의 법칙입니다. 1838년도에 시작해서 1855년도에 완성이 된 셈인데요. 생명은 세포로 이루어져 있고 세포 하나는 단세포생물이며 두 개 이상은 다세포생물이라는 것입니다. 또 살아있는 모든 세포는 앞선 모세포에서만 생겨 나온다는 것입니다."

대화는 깊어져 생명이라는 거대한 비밀의 문을 두드리고 있었다.

"두 번째는 1859년 다윈이 종의 기원에서 주장한 진화론입니다. 진화론의 핵심은 '지상의 모든 생물은 하나의 단세포생물에서 유래했다. 다음으로 변이를 수반한 유전에 의해 새로운 종이 출현한다. 마지막으로 이 모든 과정이 자연선택과 적자생존에 의해 이루어진다'라는 것입니다."

내가 세 사람을 둘러보며 말했다.

"……"

"세 번째는 1862년도에 루이 파스퇴르가 입증한 생명속생법칙입니다. 그 전에 프랑스 국립과학아카데미는 자연발생론자와 반대자들 사이에서 끝없는 논쟁이 계속되자 나서게 됩니다. 자연발생이 맞는 지 그른지를 증명해내는 사람에게 상장과 상금을 수여하겠다고 공개적으로 나선 것입니다. 자연발생은 지렁이나 미꾸라지나 벌레 같은 이런 하등동물들이 진흙이나 시궁창이나 썩은 데서 저절로 생겨난다는 주장입니다. 여기에 미생물과 발효를 연구하던 파스퇴르가 주도면밀한 실험으로 저절로 생기는 것처럼 보이는 게 사실은 알이나 씨나 포자가 들어가서 만들어진 것임을 증명했던 것입니다. 생명은 생명에서 온다는 것을 입증했던 것입니다."

내가 하던 말을 멈추었다. 호흡을 가다듬고 잠시 후 다시 말을 이었다.

"……"

"네 번째는 1865년에 멘델이 확립한 유전의 법칙입니다. 멘델이 완두를 통해 우열과 독립, 분리의 법칙을 밝혀냈고요. 부모에서 자식으로 형질을 전달하는 어떤 요소가 있다는 것입니다. 이들은 항상 쌍으로 존재하고 있으며 부모로부터 각각 반반씩 물려받는 것이라고 내다봤습니다. 이처럼 생명에 대한 중요한 법칙과 개념들이 이 시기에 쏟아졌던 것입니다."

내가 확신에 찬 태도로 말했다.

"세 개가 아니라 네 개가 되는데요."

김 선생이 입을 열어 말했다. 김 선생은 신을 믿는 창조론자다.

"그렇습니다. 세 개가 아니라 네 개네요. 세포의 법칙, 진화론, 생명속생법칙, 유전의 법칙 중에 말입니다. 다른 것과 어울리지 않거나 모순되거나 말이 안 되는 게 들어있는 셈이 됩니다. 중요한 건 그게 무엇이냐는 것입니다."

"……"

"네 개를 비교해보고 잘 따져보면 이상한 게 나옵니다. 전혀 어울리지도 않고 조화를 이루지도 않는 게 하나 나오게 됩니다. 명탐정 셜록 홈스였던가요. 아무리 난해한 사건이라도 조그마한 단서로 해결해버리는 기가 막힌 탐정 셜록 말입니다. 이 놀라운 탐정인 셜록 홈스가 사건을 마술처럼 해결해버리는 비결이 있는데요. 혹시 그 비결이 뭔지 기억이 납니까?"

내가 세 사람을 번갈아 쳐다보며 질문을 던졌다.

"글쎄요. 어렸을 적에 재밌게 읽기는 읽었는데요. 비결까지는 생각이 안 나는데요."

정 선생이 오래전의 일이라는 표정으로 말했다.

"가만 뭐가 있었는데요. 오래돼서 말입니다. 그게 뭐였더라. 가만 그거 아닌가요. 사건이 나면 누구든지 다 의심하는 거 말입니다."

김 선생이 기억을 더듬으며 말했다.

"다 의심하고 나서 '최후에 남은 사람이 범인이다.' 그런 거 같은데요."

조 선생이 세 사람을 둘러보며 말했다.

"그렇습니다. 사건이 나면 관계자가 누구든 다 의심합니다. 데카르트가 '나는 생각한다. 고로 존재한다'라면 셜록 홈스는 '나는 의심한다. 고로 해결한다'라고 할 수 있습니다. 일단 홈스는 사건이 생기면 관계자는 모조리 다 의심합니다. 누구 빼고 누구 빼고 이런 거 없습니다. 그냥 다 용의자에 올려놓고 의심합니다. 관련이 있거나 조금이라도 연관이 있으면 세 살짜리 아이에서부터 80, 90에 이르는 노인

까지 말입니다. 30년 친구이든 이웃집 아저씨든 아가씨든 대통령이
든 경찰이든 목사이든 아버지이든 어머니이든 자식이든 남편이든 아
내이든 농부이든 철학박사이든 모조리 다 의심합니다. 그리고 불가
능한 사람을 하나씩 지워나갑니다. 마지막에 남은 사람이 그가 누구
이든 범인이 되고 말입니다."

대화는 점점 더 깊어지고 있었다.

"……"

"이 방법을 그대로 쓰면 됩니다. 아무런 선입관 없이 말이죠. 그냥
홈스처럼 세포의 법칙, 진화론, 생명속생법칙, 유전의 법칙을 놓고
비교하고 따져보면 됩니다. 잘 살펴보면 진실은 투명하게 드러나고
거짓은 튀어나오게 됩니다. 인간의 기원에 대한 문제는 우리가 어디
에서 왔느냐가 됩니다. 우리 인간은 모두 다 세포로 이루어진 생물이
니까요. 결국 인간의 기원에 대한 문제는 우리를 이루는 세포가 어디
에서 왔느냐가 됩니다. 이 문제에 답을 할 수 있는 것은 세포의 법칙
과 진화론과 생명속생법칙입니다."

내가 천천히 또박또박 말했다.

"……"

"세포의 법칙에서 모든 세포는 앞선 부모 세포에서 생겨 나온다고
밝혔습니다. 이건 우리도 세포로 이루어져 있기에 앞선 모세포가 있
어야 합니다. 바로 부모를 말하는 것입니다. 생명속생법칙도 앞선 부
모 생명이 있어야 다음 생명이 생긴다고 실험으로 입증된 것이고요.
이 두 가지 세포의 법칙과 생명속생법칙은 서로 조화를 이루고 보완
하며 생명현상을 잘 설명하고 있습니다. 여기에 대립하는 건 다윈의
진화론입니다. 지상의 모든 생물은 하나의 단세포생물에서 유래했으

며 이 단세포는 무생물에서 왔다는 이것 말입니다."

내가 잠시 말을 멈추었다. 세 사람을 쳐다보며 다시 입을 떼었다.

"……"

"한쪽에는 세포는 앞선 세포에서만 생겨 나오고 생명은 앞선 생명에서만 생겨 나온다는 게 있습니다. 이 둘, 세포의 법칙과 생명속생 법칙은 동일한 것이며 같은 것이며 서로 조화를 이루고 있습니다. 반대쪽에는 무생물에서 생물이 우연에 의해 만들어졌다는 게 있습니다. 한쪽이 옳으면 다른 쪽은 틀립니다. 둘 다 옳을 수는 없으니까요. 만약 둘 다 틀리다면 우린 다시 찾아 나서면 됩니다.

여기에서 위력을 발휘하는 게 관찰과 실험입니다. 과학이 뭐냐고 물으면 말입니다. 단적으로 관찰과 실험이라고 할 수 있는데요. 과학은 관찰과 실험으로 자연현상의 광범위한 상호연관성을 체계적으로 아는 것이라고 정의할 수 있습니다. 관찰과 실험으로 입증된 것은 세포는 세포에서 온다는 것과 생명은 생명에서 온다는 이것입니다. 이미 증명되고 입증된 것이기에 말입니다."

내가 불타는 듯한 눈빛으로 말했다.

"반면에 '모든 생물은 하나의 단세포생물에서 유래했으며 이 단세포생물은 우연에 의해 만들어졌다'는 진화론의 핵심은 증명된 적이 없습니다. 누구도 보거나 관찰하거나 실험한 사람이 없기에 말입니다. 모든 관찰과 모든 실험은 앞선 모세포와 앞선 생명에서 다음 생명이 나오는 것을 보여줄 따름입니다. 선택의 여지가 없고 다른 길도 없으며 퇴로도 없습니다. 무생물에서 생물이 생겨 나왔다는 것은 그냥 다윈의 섣부른 주장이자 막연한 추측이자 근거 없는 가설일 뿐입니다. 더군다나 다윈은 이미 두 번씩이나 터무니없고 아무 근거도 없는 가설을 주장했다가 깨지고 박살이 난 형편없는 학자일 뿐입니다. 모든 관찰과 모든 실험은 다윈의 주장을 철저히 그것도 뿌리부터 부정하고 있는 것입니다."

조 선생과 정 선생의 얼굴이 착잡해지고 있었다.

"……"

"둘 중에 하나가 옳으면 다른 하나는 틀려야 합니다. 둘 다 옳을 수는 없으니까요. 둘 중에 누가 옳은지는 관찰과 실험에 의해서 결정돼야 합니다. 이게 우리가 할 수 있는 유일한 것이고 우리가 가야 할 길이니까요. 또 과학이란 원래 그런 것이니까요. 결국 세포의 법칙과 생명속생법칙에 의해 우리보다 앞선 생명이 존재한다는 것에 도달할 수밖에 없습니다. 이게 우리의 필연적인 결론입니다. 우리 앞에 존재한다는 생명이 우리와 같은 지적 존재의 생명인지 아니면 어떤 초월적인 존재의 생명인지는 아직은 모르지만 말입니다. 하지만 이것도 잘 따지고 살펴보면 다 드러나게 될 것입니다."

내가 거침없는 태도로 단숨에 말했다.

"아니 진화론이 틀렸다는 게 납득이 되질 않습니다. 유전학에서 다윈이 틀렸을 수도 있지만 말입니다. 그럼 생명이 어디서 왔겠습니까? 생명은 물질에서 올 수밖에 없다고 봅니다. 물질에서 생명이 왔다는 거 외에는 다른 게 가능할 것 같지 않습니다."

진화를 믿는 정 선생이 굳건한 태도로 진화가 진리일 수밖에 없다는 듯이 반박했다.

"나도 그렇게 생각합니다. 물질이 먼저 있고 이 물질에서 생명이 생기는 것 말고는 대안이 없다고 생각합니다. 신은 말 자체가 성립이 되지를 않으니까요."

역시 진화를 믿는 조 선생이 조금의 흔들림 없는 태도로 말했다.

"그러한 관점만 가능한 건 아니라 생각합니다. 전능한 신이 우주와 물질과 생명을 만들었을 수도 있지요. 전지전능하고 영적인 존재가 우주와 생명을 창조했다는 것 역시 가능합니다. 마치 빅뱅처럼 말입니다."

신을 믿는 김 선생이 바위처럼 견고한 태도로 자신의 종교관을 말했다. 김 선생은 오랜 신자다.

"그렇죠. 그렇게 생각할 수는 있다고 봅니다. 두 분은 물질이 먼저고 그 물질에서 생명이 만들어졌다고 말하고 있습니다. 또 한 분은 전능한 신이 우주와 물질과 생명을 창조했다고 말하고 있습니다. 그렇게 생각할 수는 있지요. 하지만 문제는 그게 옳다는 보장을 할 수 없다는 점입니다. 우리가 어떤 생각이든 어떤 신념이든 가질 수는 있습니다. 우주가 언제 창조되었다고 생각하든 물질에서 생명이 나왔다고 하든 전능한 신이 창조했다고 믿든 다 좋은데 말입니다. 현실에서 확인하려면 우리가 할 수 있는 건 오로지 증거입니다."

"……"

"관찰과 실험!"

"……"

"딱 하나 이것입니다. '생명은 생명에서 온다'는 이것입니다. 생명은 생명에서 온다는 이것 말고는 다른 건 없습니다. 그게 데카르트와 셜록 홈스의 방법이기도 합니다. 데카르트는 '모든 걸 의심한 다음에 최후에 남는 게 진리이다'라고 했고요. 명탐정 홈스도 모두 다 의심한 후, 최후에 남은 한 사람이 그가 누구이든 범인이라고 했습니다."

별에서 온 천부경

내가 열띤 어조로 말했다.

"그래도 물질이 먼저 존재하고 물질에서 생명이 나오는 게 합리적입니다."

정 선생이 빛나는 눈빛으로 힘주어 말했다. 진화를 믿는 자나 신을 믿는 자나 생명의 영원함을 믿는 자나 대립각을 세우며 한 치의 양보 없이 팽팽히 맞서고 있었다. 부딪치는 태풍처럼 다들 자신의 견해를 굽히지 않고 격렬하게 충돌하고 있었다. 무엇이 궁극의 진리란 말인가. 참으로 어렵고도 어려운 문제였다.

"글쎄요. 그냥 선입견에 불과합니다. 물질이 먼저 존재한다고 하는 것 역시 우리의 어설픈 생각이고 근거 없는 추측에 불과합니다. 신이 먼저 존재하고 물질과 생명을 만들었다는 것과 마찬가지로 우리의 생각에 지나지 않습니다. 물질이 먼저 존재하고 그 물질에서 생명이 나온다는 것 역시 인간의 성급한 판단이며 근거가 없는 것입니다. 명탐정 홈스는 우리에게 보여주었습니다. 그가 비록 소설 상의 인물이지만 미리 누구를 범인이라고 단정해서도 안 되고 누구를 범인이 아니라고 단정해서도 안 된다는 것이었습니다. 다 우리들의 생각에 지나지 않으니까 말입니다. 우리가 할 수 있는 건 유일하게 증거를 따라야 하며 곧 관찰과 실험에 의지하는 수밖에 없는 것입니다."

대화는 뜨겁게 달아오르며 절정으로 치닫고 있었다.

"……"

"우린 하나의 결론을 얻었습니다. 세포의 법칙과 진화론, 생명속생 법칙, 유전의 법칙에서 말입니다. 관찰과 실험에 의거하여 잘 따져보고 비교해본 결과 나머지 세 개와 어울리지도 않고 증거도 없는 게 무엇인지 드러난 것입니다. 그건 진화론의 첫 번째 핵심입니다. 생물이 하나의 단세포에서 왔고 단세포생물은 우연에 의해 무생물에서 만들어졌다는 바로 이것입니다. 하나의 독단이며 아무런 근거가 없으며 관찰과 실험에 의해 결코 증명될 수 없다는 게 명백하게 드러난 것입니다. 이건 버리고 폐기하는 길밖에 없으며 다른 선택의 여지가 없습니다. 이제 우리는 짓눌려왔던 커다란 거짓과 허위를 던져 버리고 진실에 한발 다가서게 되었습니다."

네 사람 모두 평범하고 밋밋한 일상을 벗어나 생명의 기원이라는 감당하기 힘든 문제를 정면에서 맞닥뜨리고 있었다. 수수께끼 중의 수수께끼였고 참으로 넘기 힘든 고개였다.

"다음은 진화론의 두 번째 핵심인 변이를 수반한 유전에 의해서 새로운 종이 출현한다는 것인데요. 변이는 문자 그대로 종이 변해서 다른 종이 된다는 말인데요. 이것을 세포의 법칙, 생명속생법칙, 유전의 법칙과 비교해보면 투명하게 드러나게 됩니다.

다윈은 단세포 같은 것을 매우 간단한 것으로 여겼을 것입니다. 거의 그랬을 것이 분명합니다. 다윈은 세포 같은 생명체를 만드는 것을 그다지 어렵지 않게 생각했을 게 틀림없습니다. 실제로 다윈 당시만 해도 생명이 아무 데서나 저절로 생긴다는 자연발생설이 널리 퍼져있었으며 이를 엄밀한 실험으로 입증한 사람은 파스퇴르였다고 앞서 말했습니다."

내가 잠시 말을 멈추었다. 호흡을 가다듬고 다시 입을 열었다.

"……"

"변이를 수반한 유전에 의해서 새로운 종이 출현한다고 한 다윈의 주장은 혼합설과 제뮬설에 기반을 두고 있습니다. 혼합설과 제뮬설이 맞다고 한다면 새로운 종은 수시로 생길 수밖에 없게 됩니다. 유

별에서 온 천부경

전인자가 섞이게 되면 새로운 종이 나오는 것은 필연이고 제뮬설에 의해도 새로운 종은 나올 수밖에 없으니까요. 근데 앞에서 보다시피 둘 다 꽝이었습니다. 둘 다 거짓이었고 보기 좋게 나가떨어져 박살이 나버렸는데요."

내가 힘주어 말했다.

"150년 전만 해도 이게 엄청나게 헷갈리고 어려운 문제였습니다. 지금에 와서는 모든 게 아주 분명하고 명백해 보여도 그 당시만 해도 뭐가 뭔지 도대체 알 수 없는 상황이었을 것입니다. 이 어려운 문제를 놀라운 직관과 끈기, 정교한 실험으로 유전의 본질을 밝힌 인물이 멘델이었다고 앞서 말했었는데요. 멘델의 우열의 법칙, 독립과 분리의 법칙에는 유전의 핵심이 다 드러나 있었던 것입니다. 독립과 분리가 뭐겠습니까? 유전을 전달하는 인자는 섞이거나 혼합되지 않는다는 거죠. 분리되어 있고 떨어져 있다는 사실입니다. 다들 저만치 떨어져 있어 넘을 수 없는 벽이 있다는 말입니다."

내가 하던 말을 뚝 멈추었다.

"넘거벽!"

"……"

"그렇습니다. 넘거벽입니다. 종과 종 사이에는 그 무엇으로도 넘을 수 없는 거대한 벽이 있었던 것입니다. 우성과 열성의 교차 속에 일정한 변동 폭 안에서 유전자가 움직이는 닫힌 세계였던 것입니다. 종이란 영속성을 지향하고 변종이란 예외이자 죽음이지 규칙이 아니라는 멘델의 언급에 잘 나타나 있습니다. 물고기는 물고기이고 새는 새고 콩은 콩이고 팥은 팥이라는 얘기입니다. 이 같은 진리는 '콩 심은 데 콩 나고 팥 심은 데 팥 난다'라는 속담에도 들어있고 '엄마 소도

얼룩소 엄마 닮았네'라는 동요에도 담겨 있는 것입니다."

내가 열띤 목소리로 말했다.

"유전자가 달라진 돌연변이는 새로운 종을 만들어낼 수 있지요. 이 돌연변이가 오랜 시간에 쌓이면 진화가 일어나는 것이지요."

조 선생이 감정의 동요 없이 침착한 눈빛으로 다시 돌연변이를 말했다. 흐르는 급류에 이리 치이고 저리 치였던 나뭇잎처럼 격렬한 논쟁을 불러왔던 생명의 기원은 이제 종착점에 다다르려 하고 있었다.

"좋은 게 나올 수 있지요. 돌연변이가 해로운 건 맞지만 오래 하다 보면 좋은 게 나올 수 있고 실험으로도 증명되었잖습니까?"

정 선생이 거들며 돌연변이에 의해 진화가 가능하다고 말했다.

"두 분이 다 돌연변이가 좋다고 하니 참 웃을 수도 없고 난감합니다. 하여간 소가 웃을 일인데요. 소가 웃는다는 것은 두 분을 비꼬자는 게 아닙니다. 그 점 오해하지 마시고요. 그만큼 진리와 거리가 멀다는 얘기입니다."

"……"

"돌연변이는 다 해롭습니다. 그냥 해롭습니다. 모든 우연이나 사고가 해로운 것처럼 말입니다. 어쩌고저쩌고하면서 뭐라고 뭐라고 해대는데, 다 소용없는 얘깁니다. 돌연변이는 말 그대로 죽음이자 사고일 뿐인데요. 돌연변이에 피가 줄줄 흐르는 혈우병, 색맹, 어린 왕자처럼 급속히 늙어가는 조로증, 근육과 신경이 굳어가는 루게릭병, 몸이 저절로 춤추게 되는 헌딩턴무도병, 적혈구 이상으로 오는 낫모양적혈구빈혈증, 소장에서 철분을 다량으로 흡수해 온몸이 철로 굳어가는 혈색소증, 염색체이상으로 오는 다운증후군 등등 수도 없이 많은데 전부 다 해롭고 나쁠 뿐입니다. 다들 일찍 죽어가고 사라져서 우리 눈에 안 보이는 거고 전부 정상인 사람만 보여 돌연변이가 어떤 것인지 우리가 느낄 겨를이 없었던 게 전부입니다."

내가 세 사람 곁으로 의자를 당겨 바싹 다가앉으며 말했다.

"또 과학자들이 초파리 같은 동물을 가지고 실험했는데, 다 나쁜 거였습니다. 좋은 거, 더 좋은 기능, 더 좋은 기관 이런 것들이 단 한 번도 나온 적이 없었던 것입니다."

"……"

"우리는 이제 결론에 도달했습니다. 세포의 법칙, 생명속생의 법칙, 진화론, 유전의 법칙에서 다른 세 개와 조화를 이루지 못하고 거짓인 게 무엇인지 드러났습니다. 진화! 바로 진화론입니다. 우리들이 우리 자신의 기원을 아는 데 잠깐 웃겼던 진화론이라는 웃기지도 않은 이 짧은 연극은 이제 끝날 때가 된 것입니다."

내가 확신에 찬 표정으로 서슴없이 말했다.

"……"

"아까 물리의 운동 3법칙 얘기했잖아요. 관성, 가속도, 작용 반작용의 법칙 말입니다. 뉴턴은 운동의 3법칙에다가 만유인력의 법칙을 더해서 네 개로 물체와 행성의 운동을 설명할 수 있었는데요. 그럼 생명의 법칙에도 세포의 법칙, 생명속생법칙, 유전법칙 세 개뿐인데 뭔가 하나 더 있어야 하는 것 아닌가요?"

조 선생이 어떤 놀라운 영감이 떠오른 듯이 눈을 크게 뜨며 입을 열었다.

"그러네요. 거짓인 진화론이 추방당했으니까 이제 세포법칙, 생명속생법칙, 유전법칙 이렇게 세 개만 남았네요. 하나가 더 필요하기는 한데, 그럼 어떤 것일까요?"

내가 바로 되물었다.

"글쎄요."

"뭐가 적당할까요."

"뭐가 좋지."

잠시 침묵이 흘렀다. 태풍이 지나간 자리에 고요가 찾아오듯이 뜨거운 토론 후에 잠깐의 휴식이 깃들고 있었다.

우주도, 별도, 생명도 무한하다

"우주도 무한하고 지구와 같은 행성도 무한하고 인간도 무한하다!
혹시 이거 누가 말했는지 기억나십니까?"

내가 세 사람을 돌아보며 질문을 던졌다.

"가만 중세에 화형당했던 철학자였던 거 같은데요. 누구였더라."

오랜 신자인 김 선생이 골똘히 생각하며 말했다.

"갈릴레이는 아니고. 우주에도 무수히 인간이 존재한다고 했던 철
학자였죠. 누군지는 가물가물하네요."

조 선생이 이어 말했다.

"외계인이 존재한다고 주장해 가톨릭의 박해를 받아 화형당한 사
상가였죠. 혹시 브루노 아닌가요?"

정 선생이 세 사람을 둘러보며 말했다.

"그렇습니다. 조르다노 브루노. 진짜 사내이자 진정한 대장부였
던 사람이었습니다. 우주는 무한하고 행성도 무한하며 인간도 무한
하다고 주장했었죠. 가톨릭에 의해 1600년 이탈리아 로마에서 산채
로 혀에 못이 박히고 입에 재갈이 물린 채 불태워졌던 철학자였습니
다. 대담한 용기에다 늘라운 직관의 소유자인 브루노는 코페르니쿠
스의 '천체의 회전에 대하여'를 대하자마자 우주의 본성이 무한임을

꿰뚫어 보았던 것입니다. 나를 불태워 죽일 수는 있어도 진리를 불태울 수는 없다며 '지금 두려움에 떠는 것은 내가 아니라 바로 당신들'이라며 부당한 협박에 굴복하지 않았던 것입니다."

내가 진정한 대장부를 생각하며 열정적으로 말했다.

"……"

"이 위대하고 진정한 용기의 화신인 브루노를 기념하기 위해서라도 이걸 브루노의 생명원리라고 부르면 어떨까 합니다. 우주도 행성도 생명도 무한하다는 본성 말입니다. 생명의 3법칙에다 생명원리를 더하면 대부분의 생명현상은 모순 없이 깔끔하게 설명됩니다. 아주 멋지게 말입니다."

내가 하던 말을 잠시 멈추었다. 숨을 고르고 다시 말을 이었다.

"우리가 어디에서 왔냐는 이 문제를 요약하면 이렇습니다. 인간이 어디에서 왔느냐는 이 근원적인 질문에 가능한 답은 세 가지입니다. 전능한 신의 창조, 무생물이 우연에 의해 생물이 되었다는 진화론, 별에서 온 부모가 만들었다는 우주도래설 이렇게 세 가지입니다. 오로지 이 세 가지뿐입니다. 나머지 것들은 무엇이든 어떤 것이든 다 여기에 포함되니까요. 이제는 말입니다. 생명의 3법칙과 생명의 원리를 가지고 신과 진화론, 우주도래설을 비교하면 모든 게 분명하게 드러납니다. 아까 우리가 생명의 3법칙을 정리하면서 진화론은 꽝이자 거짓이자 허망한 것임이 명백하게 밝혀졌습니다."

정 선생과 조 선생과 김 선생이 뭔가를 깊이 고민하고 있었다. 어쩌면 알 수 없을지도 모르는 일이었다. 만약에 신도 아니고 진화도 아니고 다른 별에서 온 것도 아니라면 우리가 모르는 상상외의 결말이 기다리고 있을지도 모르는 일이었다.

"진화론은 죽었던 것입니다."

"……"

"다윈이 죽은 것처럼

진화론도 죽었던 것입니다."

내가 확신에 찬 눈으로 분명하게 말했다.

"……"

인류 최고의 어려운 문제를 마주하고 있었지만 네 사람 모두 정신은 더욱 맑아지면서 각자 깊은 상념에 잠겨 있었다.

"이제 남은 건 신과 우주도래설입니다. 우리들 인간은 세포이자 생명입니다. 우리는 생명이니까 우리 앞에 앞선 세포나 생명이 있어야만 합니다. 세포법칙과 생명속생법칙에 따르면 그래야만 합니다. 문제는 우리 앞의 생명이 무엇이냐는 것입니다. 우리 앞에 생명이 전지전능한 신인지 아니면 우리와 닮은 지적인 존재인지 이것만 남게 됩니다."

내가 거침없이 말했다. 차를 한 모금 마시고 다시 말을 이었다.

"니체는 신은 죽었다고 했죠. 그렇습니다. 니체의 말대로 공허의 신은 죽었습니다. 모든 곳에 존재하는 신은 어디에도 없으니까요. 그렇지만 신은 살아있었습니다. 바로 우리 인간의 모습으로 살아있었던 것입니다."

내가 세 사람을 쳐다보며 말했다.

"아니 전능한 신이 죽었다면서 동시에 인간의 모습으로 살아있었다고요? 양자역학도 아니고 대체 그게 무슨 말이죠?"

오랜 세월 신을 믿어온 김 신생이 즉시 되받았다.

"다윈이 죽은 것처럼 허허공공의 신도 죽었습니다. 우주를 창조한 전능한 신이라는 존재는 언어에 불과하니까요. 신이 우주를 창조했다면 은하계도 만들었을 텐데요. 수천억 개의 별로 이루어진 은하를 창조한 존재를 이해할 수 있나요? 그런 존재가 난 도저히 상상이 안 됩니다."

내가 김 선생을 바라보며 말했다.

"그건 그렇습니다. 은하계가 수도 없이 많은데 그 많은 은하와 별들을 누가 만들었다고 하는 건 이해가 되질 않지요."

조 선생이 입을 열어 말했다.

"아니, 신은 전지전능하니까 가능하지요."

김 선생이 보이지 않는 먼 곳을 바라보며 자신의 믿음을 포기할 수 없다는 듯이 말했다.

"바로 그것입니다. 전지전능! 그냥 언어잖아요. 전지전능이 뭔지 우리는 알 수도 없고 이해할 수도 없고 인식할 수도 없지요. 그냥 말에 불과합니다. 우리가 하는 건 모두 인간적인 시도이고 노력인데, 이것을 넘어선 존재라면 어떠한 앎도 인식도 불가능할 뿐입니다. 자 우리 앞에 놀라운 신제품 향수가 나왔습니다. 모든 여인들이 환호하는 기가 막힌 신제품인데요. 이게 얼마나 경이로운 신제품이냐 하면 만질 수도 없고 냄새를 맡을 수도 없고 느낄 수도 없고 볼 수도 없는, 하여간 엄청난 신제품 향수라는 것입니다."

내가 김 선생을 뚫어지게 쳐다보며 말했다.

"과연 이 향수가 존재하는 향수일까요?"

"……"

"신은 이 향수와 같은 것입니다. 이런 신비로운 향수가 없는 것처럼 신도 없는 것입니다. 태초부터 우주를 창조한 신은 없었던 것입니

별에서 온 천부경

다. 우주는 누가 창조해서 만들어진 게 아닌 것처럼 누가 없애자 해서 사라지는 것도 아닙니다. 그냥 영원하고 무한한 물자체로서 존재하는 것입니다. 무한의 사람 스피노자가 에티카에서 보여준 것처럼 단지 존재하는 그 무엇입니다. 영원한 시간 이전에도 존재했고 영원한 시간 이후에도 존재하는 그 무엇들인 것입니다."

진정한 철학자이며 창조주의 성품을 닮은 사람이었던 베네딕트 스피노자. 그는 '신은 육체를 가지고 있을지도 모른다'와 '영혼은 단지 생명일지도 모른다'는 주장으로 혹독한 파문을 당해야만 했고, 건전한 이성과 학문과 신앙을 해치는 날강도이자 살인자이며 악마라는 엄청난 비난과 모욕에 직면해야 했다. 평생 동안 모진 가난과 거센 압박과 온갖 고난이 휘몰아쳤지만, 상상을 초월하는 신념으로 자신의 진리를 맹세하고 관철했던 스피노자. 그 무엇으로도 옭아맬 수 없는 자유인이었기에 그는 '내일 지구의 종말이 오더라도 나는 오늘 한 그루의 사과나무를 심겠다'라는 명언을 인류의 역사 위에 새길 수 있었던 것이다.

"자, 전능한 신이 우주를 창조했다고 치면요. 그럼 이게 가능합니다. 우주에 있는 모든 만물이 1초에 두 배씩 커진다고 주장할 수 있습니다. 경이로운 신의 섭리에 의해서 그리된다고 주장할 수 있는 것입니다. 그런데 이건 확인이 불가능합니다. 매초마다 모든 게 두 배씩 커지면 자도 커지고 눈도 커지고 나도 커지고 집도 커지고 모든 게 다 커지니 확인이 불가능합니다. 이제는 매초 마다 10배로 19배로 81배로 별별 주장을 다 할 수는 있지만 아무런 소용이 없습니다. 이런 주장을하고 우수늘 누에서 창소했다고 하는 것은 아무런 차이가 없는 것입니다."

김 선생이 언어로 존재하는 신에 대해 깊이 고민하고 있었다. 그럴듯해 보이는 진화론도 아니고 우주를 창조한 신도 아니라면, 대체 무엇이 우릴 기다리고 있을까? 어쩌면 세상은 모든 진리를 무너뜨린 다음에야 더 강한 진리가 우리를 일으켜 세우는 곳인지도 몰랐다.

"……"

신의 얼굴

"이제 남은 건 하납니다. 우주도래설만 남았습니다. 우리보다 앞선 생명은 바로 우주에서 온 지적 존재일 수밖에 없습니다. 다른 별에서 온 지적 존재가 지구상의 모든 생물을 만들었다는 이것이 진리인 것입니다."

"그 지적 존재가 바로 우주인인가요?"

김 선생이 나를 똑바로 쳐다보며 물었다.

"그렇습니다. 바로 우리들의 부모입니다. 다른 별에서 온 우리들의 부모이자 성경의 창세기에 나오는 '우리가 우리의 모습대로 사람을 만들자'라고 했던 인류의 시조들입니다. 이들이 바로 힌두교의 베다에 나오는 신들이며 유대교에 나오는 야훼이며 천주교와 기독교에 등장하는 엘로힘이자 이슬람교에 나오는 알라인 것입니다. 몰몬교의 창시자인 조셉 스미스가 만난 하늘에서 내려온 신이며 동학의 창시자 최제우가 만난 하느님이며 증산교의 창시자 강일순이 만난 상제인 것입니다. 다른 별에서 온 존재들이 인간을 선택하거나 태어나게 해서 지상의 수많은 종교를 만들었던 것입니다. 동서양의 40여 개의 중요한 종교들은 모두 하늘에서 내려온 전신들과의 만남을 통해 태어났던 것이지요."

내가 우리 자신의 뿌리를 알고 창조자를 바로 아는 것이 곧 종교라고 말했다.

"그럼 그 우주인들은 누가 만들었나요?"

정 선생이 입을 열어 즉시 물었다.

"그 앞의 다른 부모가 만들었지요."

"그럼 그 우주인은 누가 만들었죠?"

"그 앞의 또 다른 부모가 만들었지요."

"그럼 그 우주인은요?"

이번에는 조 선생이 질문을 던졌다.

"그냥 무한히 올라갑니다. 무한한 시간 이전부터 인간은 다른 별에 자신을 닮은 인간을 창조해왔던 것입니다. 증조할머니가 할머니를 낳고 할머니가 어머니를 낳고 어머니가 딸을 낳고 딸이 또 다른 딸을 낳고. 그냥 영원히 이어오고 영원히 이어갑니다. 시작도 없고 끝도 없이 무한히 이어질 뿐입니다."

내가 끝을 알 수 없는 영원성에 대해 말했다.

"그럼 시작은요? 맨 처음 말입니다. 결국은 물질에서 생명이 올 수밖에 없고 진화할 수밖에 없다고 생각합니다."

"그렇습니다. 시작이 없다는 건 말이 안 됩니다. 도저히 말이 안 되는 것입니다."

정 선생과 조 선생이 도저히 믿을 수 없다는 표정으로 동시에 말했다. 세상에 수많은 난제가 있지만 우주의 시작이라는 근원적인 문제가 가장 어려운 문제일 수도 있었다. 어쩌면 우주의 태초라는 이 문제는 영원히 풀릴 수 없을지도 모르는 일이었다.

"그건 언어입니다. 시작과 처음은 언어에 지나지 않습니다. 시작과 처음은 언어에 지나지 않지만 존재하는 건 영원과 무한입니다. 영원과 무한만이 존재할 수가 있는 것입니다. 우주가 무한하듯 행성과 별들도 무한하고 생명도 무한한 것입니다. 아무것도 사라지지 않고 아무것도 생겨나는 것이 없이 모든 것은 그 형태만 바뀌며 영원히 존재하는 것이라고 보는 게 지극히 타당합니다."

내가 세 사람을 번갈아 쳐다보며 깊은 눈빛으로 말했다.

"……"

"사실 이걸 이해하는 게 극히 어렵다고 생각합니다. 왜냐하면 인간은 언어를 사용하기 때문입니다. 그렇습니다. 인간은 언어입니다. 인간은 언어 속에서 태어나 언어 속에서 살다가 언어를 잃을 때 죽어가기 때문입니다. 그런데 언어보다 먼저인 게 수입니다. 언어란 이름 붙이기인데 이름을 붙이려면 나누고 구별하고 세어야 하기 때문입니다. 언어보다 먼저인 게 수나 수 개념인데, 수에는 언제나 처음이자 시작인 1이 존재합니다. 그래 언제나 모든 일과 모든 현상에서 처음과 시작을 찾지만 그런 것은 존재하지 않습니다. 모든 일과 모든 현상을 잘 살펴보면 무엇이든 그 앞에 무한한 과거를 가지고 있으니까요. 마치 가장 작은 자연수에는 1이 존재하지만 가장 작은 정수는 존재하지 않는 것처럼 말입니다."

내가 영원성이 우주의 본성이라는 것을 차분하게 말했다.

"빅뱅이 있잖습니까? 빅뱅 이론은 우주가 140억 년 전에 대폭발에서 시작했다는 것인데요. 이 빅뱅과 창세기에 '하나님이 가라사대 빛이 있으라 하자 빛이 생겨났다'라는 부분은 잘 맞을 수 있고 일치할 수도 있지요. 이 대폭발에서 우주의 모든 게 생겨났으며 대폭발이 바로 신의 창조라고 생각하면 나머지도 잘 설명될 수 있습니다."

신을 믿는 김 선생이 빅뱅과 신의 창조가 동일한 것일 수 있다며 침착하게 말했다.

"빅뱅 이론과 하나님의 창조는 많은 거리와 차이가 있는데 같다고 보는 것은 무리가 따릅니다. 더구나 신은 말이나 언어에 불과하지 우리가 실체를 확인할 수가 없으니까요. 우리는 신을 빼고 논의해야 하는 게 타당하다고 생각합니다. 빅뱅 이론은 천문학자 허블의 은하들이 멀어지고 있다는 관측에서 비롯되었습니다. 이걸 가지고 아주 오래전 하나의 점에서부터 팽창해서 오늘날의 우주가 된 게 아니겠는가 하고 생각한 것입니다. 문제는 하나의 점에서 우주가 시작한 게 아니라 팽창과 수축을 반복해 진동할 수도 있으며 팽창하는 우주라는 것은 어디까지나 우주의 일부분일 수 있다는 것입니다. 우리의 관측기술이 발달해 더 새로운 사실이 밝혀지면 그건 아마도 우주의 무한성이 되리라 생각합니다."

짧은 침묵이 흘렀다.

"우주에서 온 지적 존재들이 인간을 만들었다고 했죠. 우주인들이 인간을 만들었다고 해도 어디까지나 간접적인 증거와 추론에 지나지 않습니다. 시작이 없다는 것은 도저히 말이 안 됩니다. 또 우주인들이 존재한다면 그냥 나타나면 된다고 생각합니다. 물리학자 페르미는 '외계인이 존재한다면 왜 당장 나타나지 않고 어디에 존재한단 말인가'라는 의문을 제기했습니다. 보다 분명하고 직접적인 증거가 있어야 한다고 봅니다."

정 선생이 우주인은 가설일 뿐이며 확실한 증거가 없다고 말했다. 증거란 뭐고 안다는 건 뭐란 말인가? 인간이란 자기가 보고 싶은 것만 보는 존재가 아니던가. 핵심은 우리 지구인 70억 모두가 신을 믿어도 진화를 믿어도 우리 지구인들의 편견일 수 있다는 것이었다. 어쩌면 우리가 인간이고 인간이라는 조건과 관점을 벗어날 수 없으니 정녕 알 수 없을지도 모르는 일이었다. 그 누가 어떤 노력을 기울여도 불가능한 일인지도 몰랐다. 오로지 사랑만이 남는 건지도 모르는 일이었다.

"증거가 부족하다고요? 증거는 차고 넘치는데 우리가 몰라볼 뿐입니다. 왜냐하면 모든 신화, 전설, 종교상의 신들은 곧 우주에서 온 인류의 부모인 것입니다. 지구촌 모든 곳에 하늘에서 내려온 신들의 이야기가 전해오고 있습니다. 이들이 우리보다 앞선 생명이며 지상의 모든 생명을 창조했던 천신이자 우리들의 시조인 것입니다. 하늘에서 내려온 신들의 이야기가 남미에도 북미에도 북유럽에도 아프리카에도 중동에도 중앙아시아에도 시베리아에도 인도에도 동남아시아에도 중국에도 일본에도 태평양에도 우리 한국에도 전해져왔던 것입니다.

구약성경 창세기 1장 26절에 '우리가 우리의 모습대로 사람을 만들고'라는 구절이 있는데요, 히브리어로 된 구약성경의 원전에 신은 엘로힘으로 나옵니다. 이 엘로힘은 하늘에서 온 사람들이며 복수인데요. 이건 매우 중요한 사실입니다. 동양에서도 이런 진실이 숨겨져 있었는데요. 바로 신이라고 하는 글자에 아주 중대한 진실이 담겨 있었던 것입니다."

내가 세 사람을 쳐다보며 말했다.

"……"

"신은 한사로 神인네요. 이 神은 왼쪽에 示와 오른쪽에 申으로 나누어집니다. 보일 시 示는 물체나 빛이 하늘에서 내려오는 것을 형상

화한 것이고요. 오른쪽 펼 신 申은 甲에다 위로 솟은 뿔을 의미합니다. 갑甲이 뭐겠습니까? 여러 다양한 설명이 있는데요. 거북이 등껍질 모양을 본떴다, 싹이 트는 모습을 본떴다 하는데 그냥 얼굴입니다. 그냥 사람 얼굴인 것입니다. 눈하고 코하고 입하고 말입니다. 그런데 보통의 평범한 인간의 얼굴이 아니라 위로 솟은 뿔이 달린 사람의 얼굴이라는 것입니다."

내가 또박또박 천천히 말했다.

"神은"

"……"

"하늘에서 빛나는 물체를 타고 내려온 머리에 뿔 달린 사람들!"

"……"

"이게 우리가 그토록 찾아 헤맸던 신의 정체입니다. 수천 년 동안 수많은 사람들과 종교인들이 기도하고 찾고 알고자 했던 그 신비스러운 신의 정체가 바로 이것이었던 것입니다. 우연은 없습니다. 요즘 갑질이 사회적으로 큰 문제가 되고 있는데 이것도 숨겨져 왔던 신의 정체가 적나라하게 밝혀진다는 징조인 것입니다."

내가 세 사람을 번갈아 쳐다보며 말했다.

"그래도 주관적이며 객관성이 부족하다고 생각합니다. 외계인도 언어에 불과하니까요. 외계인들이 존재한다면 그냥 나타나면 될 일인데, 아직까지 그런 일은 없었습니다. 누구도 부정할 수 없는 분명하고도 객관적인 증거가 있어야 한다고 생각합니다."

조 선생이 뭔가를 곰곰이 생각하면서 증거가 충분하지 않다고 말했다.

"우주는 유물론도 아니고 그렇다고 유심론도 아닙니다. 우주의 궁극적인 세 요소는 천天과 지地와 인人입니다. 이 영원하고 무한한 우주에 행성과 별들도 무한히 존재하고 인인 생명도 무한히 존재하는 것입니다. 우주를 구성하는 궁극적 요소의 하나인 생명은 별에서 별로 이어지는 찬란한 횃불입니다. 생명이라는 이 불가사의하고 신비스러운 존재가 왜 존재하는지, 왜 있어야 하는지 알 수도 없고 이해할 수도 없습니다. 단지 존재하는 그 무엇입니다. 생명은 존재의 선물로서 단지 이어지는 그 무엇일 뿐입니다. 그렇습니다. 생명은 무한의 무한인 우주의 선물입니다. 생명은 존재의 선물로서 영원에서 영원으로 이어지는 그 무엇과도 바꿀 수 없는 소중한 고리인 것입니다."

잠시 동안 정적이 흘렀다.

"……"

"이 세 번째 궁극의 요소인 인간이 하는 행위가 우리가 어디에서 왔는지를 알려주는 결정적 증거인 것입니다. 우리가 하는 행위야말로 우리가 어디에서 와서 어디로 가는지를 알려주는 증거 중의 증거이기 때문입니다. 우리가 어디에서 와서 어디로 가는지를 알게 된다면 어쩌면 한 장의 경전을 찾아 풀 수 있을지도 모르는 일이니까요."

제3장

영원한 생명을 찾아서

생명은 우주의 선물

선물!

그렇다. 생명은 존재의 선물이다.

생명은 무한의 무한인 존재의 선물이자 존재의 꽃이자 존재의 극이다. 우주가 단지 무한이라면 생명이 없는 우주가 될 수도 있다. 그러나 우주가 무한의 무한이기에 세포가 있어야만 하고 우주가 무한으로 이루어진 무한이기에 뇌가 있어야만 하고 우주가 무한히 다른 무한소로 이루어진 무한이기에 생명이 있어야만 한다. 그렇다.

천지인 天地人이다. 천과 지와 인이다. 천지인이 존재이고 우주이며 존재와 우주가 천지인이다. 무한한 공허인 '천'이 있고 별과 행성인 '지'가 있으며 생명인 '인'이 있다. 그 무엇과도 바꿀 수 없는 소중한 고리인 생명! 살아있는 것과 죽어 있는 것 사이에는 그 무엇으로도 넘을 수 없는 거리가 있기에 어떤 것도 생명을 대신할 수가 없다. 한 번 무너지면 다시는 돌아올 수 없는 영원보다 더 먼 거리가 있기에 그 무엇으로도 바꿀 수가 없는 것이다.

그렇다.

징임힘이다.

이게 존재의 장엄함이자 존재의 신비이자 존재의 정점이다. 존재의 선물로서, 존재의 꽃으로서 당신과 내가, 그리고 우리가 존재한다. 너와 내가, 그리고 우리 모두가 존재의 선물로서 존재의 꽃으로서 궁극의 요소로 지금 여기에 있는 것이다. 지금 여기에 푸른 행성에 우리가 있는 것이다.

적! 우리가 증오해 왔던 적은 어디에 있는가? 우리가 수천 년 동안 그토록 죽이고 싶어 했던 적은 어디에 있는가? 적은 없다. 우리가 그토록 찾아왔던 적은 어디에도 없다. 눈앞의 적은 존재의 선물로서, 존재의 꽃으로서, 존재의 장엄함으로 존재하기에 적은 어디에도 없다. 적은 어디에 있는가? 그렇다. 적은 환영이다. 적은 바로 우리의 뇌 속에 환영처럼 드리워져 있다. 원효의 해골바가지의 일체유심조처럼 간절히 죽이고자 했던 적도 환상에 지나지 않고 무생물이 생물이 된다는 진화도 망상에 지나지 않고 우주를 창조한 공허의 신도 다들 상상에 지나지 않는다. 존재하는 건 오로지 별에서 별로 이어지는 생명, 바로 우리이다. 이 사실을 우리가 깨닫는다면 지구에 봄이 오리라. 우리 모두가 그토록 기다리고 갈망했던 낙원이자 천국인 영원한 봄이 오리라.

공간의 무한한 넓이와 시간의 영원한 이어짐 속에 지구는 하나의 점에 지나지 않고 우리네 삶은 찰나에 지나지 않는다. 그렇다. 우리 삶의 앞에는 무한한 암흑이 시커먼 아가리를 벌리고 있고 우리 인생의 뒤에는 영원한 침묵이 똬리를 틀고 있다. 먼지보다도 작은 점 위에서 우리가 서로를 수없이 죽이고 죽는 행위를 되풀이해온 지구에 봄이 왔다. 그렇다. 칼 세이건의 푸른 반점에 봄이 왔다.

3을 숭상하는 사람들이 사는 한반도에도 봄이 왔다. 봄. 봄봄. 봄은 좋다. 이 좋은 봄을 알리는 전령사는 누가 뭐라 해도 제주도다.

유채꽃이 넘실대는 제주는 봄이 오면 노란 유채로 뒤덮인다. 꽃 속에는 삶의 환희가 있고, 천국이 있고, 그 님의 얼굴이 있다. 우뚝 솟은 산방산과 파란 바다, 그리고 유채가 빚어내는 노란 바다는 제주의 봄 장관을 연출한다. 이때쯤이면 바다 건너 여수 영취산에도 진달래가 온 산에 붉은 입술을 칠해 놓는다. 가을 단풍이 노년의 붉음이요, 할매의 부스럼이라면 진달래의 붉은색은 처녀의 붉음이고 열아홉 순정의 빛깔이다.

백두에서 한라까지 한반도의 산과 들이 온통 꽃으로 흐드러질 무렵이었다. 한국의 고대사에 대한 관심이 들꽃처럼 피어나는 4월에 국제신인류문화학회가 주최한 2019년 춘계학술대회가 수운회관 건너편 덕성여대 평생교육원에서 열렸다.

"우리는 수많은 문제를 안고 있고 파멸이 코앞에 와있습니다. 우리는 탐욕과 무지, 편견으로 인해 다툼과 분쟁과 전쟁이 끊이지 않는 상황이며 핵무기로 파멸 직전의 상황입니다. 수억의 사람들이 굶주리고 있고 수많은 동식물이 멸종돼 사라지고 있으며 거대한 밀림이 황폐화되고 있고 환경오염은 나날이 심해지고 있습니다. 이런 수많은 문제들이 해결되지 않는 근본적인 이유가 무엇이라고 생각하십니까?"

내가 강연장의 사람들을 둘러보며 입을 떼었다.

"욕심이요."

청중 중에서 누군가 말했다.

"그렇지요. 욕심도 문제가 되지요. 그런데 약간 다른 측면에서 보면 이 모든 문제의 원인은 단 하나입니다. 그게 무엇이겠습니까?"

강연장이 일순 조용해지더니 사람들이 강연자를 주목하기 시작하였다.

"……"

사람들은 깊이 생각하고 있었다. 잠시 후 강연자가 입을 열었다.

"뇌."

"……"

"바로 뇌입니다. 지구에 뇌가 없어서입니다. 뇌가 없어서 숱한 난제들이 전혀 해결될 기미를 보이지 않고 오히려 쌓여만 가고 있는 것입니다. 지금 이 시기에 지구에 뇌가 등장하지 않는다면 우리는 파멸을 피할 수가 없습니다. 지금 지구에 뇌가 등장해야 합니다. 지금 우리가 안고 있는 모든 문제는 지구에 뇌가 등장하려는 과정인 것입니다."

사람들이 강연자를 심상찮은 눈빛으로 바라보고 있었다.

"뇌. 우주에서 가장 복잡하고 정밀한 기관이며 모든 것을 관리하고 통합하고 분석하여 명령을 내리는 곳. 개개인에게 뇌가 있어 생존할 수 있듯이 인류라는 전체에게도 인류의 뇌가 있어야 하며 반드시 필요한 것입니다. 우리가 당면하고 있는 모든 문제와 상황은 지구에 뇌가 등장해야 함을 보여주는 예에 지나지 않는 것입니다. 지금 뇌가 등장해야 하며 만약 그렇지 않다면 우리는 파멸을 피할 길이 없습니다. 인류의 뇌가 될 능력과 역량을 가진 자들이 있다면, 그들은 세계사의 전면에 등장해야 합니다. 지구촌의 전 인류는 그들의 등장을 너무나 오랫동안 기다려왔던 것이니까요. 등대 중의 등대이자 기둥 중의 기둥으로서 그들은 인류의 등불이자 구원자로서 전 인류 앞에 나서야 할 의무가 있는 것입니다. 그들은 인류의 뇌이자 인류의 등불이자 인류의 등대이기에 나서야 하고 인도해야 하고 책임져야 하기 때문입니다."

내가 확신에 찬 얼굴로 말했다.

"그럼 어디가 지구의 뇌이고 어디가 지구의 몸통이고 어디가 팔다리이겠습니까?"

청중은 깊은 생각에 잠겨 있었다.

"이건 너무나 어려운 문제입니다. 아니 너무나 어려워 해결이 불가능할 정도입니다. 지금의 우리 수준에서 어디가 지구의 뇌이고 어디가 지구의 몸통이고 어디가 지구의 팔다리인지 안다는 것은 마치 우리 몸속에 들어있는 세균이 재채기를 하는 순간 몸 밖으로 나와서 '내가 속해 있던 저 거대한 존재가 인간이었구나. 저게 머리이고 저게 팔다리이고 저게 몸통이었구나'라고 아는 게 불가능한 것처럼 어려운 것입니다."

모든 사람들이 호기심에 찬 눈빛으로 강연자를 응시하고 있었다.

"……"

내가 하던 말을 뚝 멈추었다.

"요즘 지구촌을 휩쓰는 뜨거운 주제가 무엇이겠습니까?"

강연자가 사람들을 둘러보며 또박또박 질문을 던졌다.

"북한 핵문제요."

"혹시 방탄소년단 아닌가요."

청중 중에서 사람들이 말했다.

"방탄소년단! 아주 좋습니다. 현 지구촌의 뜨거운 주제죠. 그런데 방탄소년단이 핵무기를 막아내는 것처럼 보여 마치 방핵탄소년단처럼 늘립니다. 방핵탄소년단! 핵무기를 막아내는 소년단 이런 뜻으로 말입니다. 원자탄 수소폭탄을 이겨내는 토극수라는 말이 있는데요.

한국의 방탄소년단이 세계적인 인기를 끄는 게 우연은 아닌 것 같습니다."

강당의 사람들이 숨을 죽이고 주의 깊게 듣고 있었다.

"북핵 문제. 방탄소년단 둘 다 뜨거운 주제는 맞습니다. 그런데 이것보다 더 본질적인 측면에서 지구촌의 뜨거운 주제가 있는데 그게 무엇이겠습니까?"

내가 화면의 그림을 가리키며 사람들에게 질문을 던졌다. 사람들의 시선이 일제히 화면으로 쏟아졌다.

"화면에서 뭐가 보이시나요?"

"……."

사람들이 화면을 뚫어지게 바라보고 있었다.

"아주 작아 아무것도 안 보이는데요."

청중 중에서 한 사람이 말했다.

"그렇죠. 너무 작죠. 그럼 좀 더 확대하겠습니다. 뭔가 보이십니까?"

"뭐가 보이기는 하는데 너무 작아 뭔지는 모르겠습니다."

방금 전의 사람이 말했다.

"좋습니다. 그럼 이번에는 좀 더 크게 확대하겠습니다. 뭔지 알아보시겠죠?"

내가 화면의 그림을 좀 더 키우며 다시 질문을 던졌다.

"사다리 아닌가요."

사람들 중에서 한 여인이 말했다. 그녀는 오십은 넘어 보이는 중년의 여인이었다.

"사다리 같기도 하고 철로 같기도 한데요. 기차 철로가 역에 겹쳐

별에서 온 천부경

있는 것 같습니다."

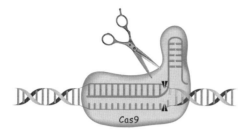

또 다른 사람이 말했다. 사람들은 아주 흥미로운 눈초리로 일제히 그림을 주시하고 있었다.

"다 맞는 말씀입니다. 사다리 같기도 하고 철로 같기도 합니다. 그런데 일반 사다리나 일반 철로가 아니라 좀 특별한 겁니다. 저 앞에 가위 같은 게 보이시죠?"

강연자가 그림을 가리키며 말했다.

"가위 같은 게 있네요."

좀 전의 여인이 부드러운 목소리로 말했다. 여인은 연한 보랏빛의 옷을 입고 미소를 짓고 있었다.

"이 가위도 일반적인 가위가 아니라 좀 특별한 가위입니다."

"특별한 가위라면 어떤 가위라는 것인가요?"

"그렇습니다. 특별한 가위입니다. 왜냐하면 보이지 않는 아주 작은 분자 가위이기 때문입니다. 바로 단백질로 이루어진 유전자 가위입니다. 앞에 사다리 같기도 하고 철로 같기도 한 게 유전자인 DNA이고요."

"유전자 가위가 뭐죠?"

"보통의 가위는 옷이나 헝겊을 자르고 종이를 자르고 고기를 자르고 물체를 자릅니다. 그런데 이 가위는 그런 것을 자르는 게 아니라 눈에 보이지 않는 아주 작은 유전자를 자르고 붙입니다. 그래 유전자 가위라고 부릅니다."

"……"

"유전자는 아주 작은 분자로 이루어져 있어 눈에 보이지 않습니다. 이건 아마 다들 아실 텐데요. 분자는 원자가 몇 개 또는 여러 개가 모인 건데 원자나 분자 둘 다 아주 작습니다. 제일 작은 원자가 수소 원자인데 너무나 작아 백억 개를 죽 늘어세워도 1미터밖에 되질 않습니다. 이처럼 상상할 수도 없이 작은 게 원자와 분자의 세계인데요. 이 원자가 모여 흙도 되고 물도 되고 공기도 되고 나무도 되고 책도 되고 옷도 되고 운동화도 되고 건물도 되고 구름도 되고 살아있는 생물도 됩니다."

내가 차분하게 말했다.

"고대의 현자 데모크리토스가 '만물은 원자로 이루어져 있다'라고 한 건 불멸의 위대한 진리가 되는 셈입니다. 모든 만물이 원자로 이루어져 있으니까요. 살아있는 생명도 전부 원자로 이루어져 있습니다. 꽃도 그렇고 나비도 그렇고 물고기도 그렇고 새도 그렇고 짐승도 그렇고 사람도 다 그렇습니다."

"……"

"그런데 살아있는 생물하고 일반 물체하고는 본질적인 차이가 있습니다. 생물과 무생물은 아주 근본적인 차이가 있는데요. 그게 무엇이겠습니까?"

강연자가 사람들을 쳐다보며 다시 질문을 던졌다.

"생물은 세포로 이루어져 있어요."

사람들 중에서 한 사람이 말했다.

"맞는 말씀입니다. 살아있는 생물은 모두 다 세포로 이루어져 있지요."

"음식을 먹어 에너지를 얻어요."

또 다른 사람이 말했다.

"그렇습니다. 우리 모두 먹어야 에너지를 얻어 살아갈 수 있지요. 다 맞는 얘기인데 더 없을까요?"

사람들이 뭔가를 깊이 생각하고 있는 순간이었다.

"생명은 너무나 신비하고 오묘하기에 우리가 이해하거나 과학적으로 알 수 없지요. 전능한 신이 우주와 물질과 생명을 창조하신 것입니다. 오로지 신의 무한하고 전능한 능력과 지혜로 생명을 지으신 것이지요. 모든 살아 있는 생명을 처음부터 그 종류대로 창조하신 것입니다. 그래 우리 인간의 과학으로 생명을 알 수 없는 거지요."

강연장 앞쪽에서 육십은 넘어 보이는 여인이 말했다. 여인의 깊고 검은 눈은 광채를 띠고 있었고 확신에 찬 표정이었다.

"좋은 말씀입니다. 그렇지요. 우리는 신을 알고 싶어 합니다. 신은 우리 모두가 궁금해하는 최고의 대상입니다. 지구에 수많은 종교가 있고 수십억의 사람들이 신을 믿고 있습니다. 인류의 역사 이래 수많은 종교가들과 사상가들, 그리고 헤아릴 수 없는 많은 사람들이 아직도 믿고 있고 따르고 있는 신은 어떤 존재일까요? 신은 대체 누구일까요?"

내가 방금 전의 여인을 응시하며 되물었다.

"신은 살아있는 전능한 분이지요. 이건 성경을 보면 누구나 알 수 있는 것이에요. 생명은 물질과 신의 무한한 능력과 설계에 의해 창조되었지요. 물질에다 생기인 특별한 영혼을 불어넣어 인간을 만들었기에 인간은 영혼을 알 수도 없고 이해할 수도 없어요."

검은 옷을 입고 있는 그 여인이 낭랑한 태도로 말했다.

"신이 우주와 별들을 만들었다고 생각한 적이 있었습니다. 우리 조상들은 지구는 세상의 중심이고 저 하늘 위에 신이 존재하고 땅은 인간의 세계이고 땅 밑에는 지옥이 있다고 믿었지요. 정말로 그렇게 믿었습니다. 하늘의 법칙과 땅의 법칙은 다르다고 믿은 거죠. 그런데 최초로 우주로 날아갔던 비행사 가가린이 한 말이 있었습니다. 그가 최초로 지구 밖으로 나가서 무어라고 했는지 기억나시나요? 혹시 아시는 분 있나요?"

내가 검은 옷의 여인을 똑바로 바라보며 물었다.

"……"

"그건 '우주의 어느 곳을 보아도 신은 없었다.'입니다. 그렇습니다. 저 하늘 위에 신은 없었던 것입니다. 그럼 신은 어디에 있을까요? 어쩌면 신은 다른 별에 있는 걸까요? 또 우주를 탐구한 뛰어난 개척자들에 의해 하늘의 법칙과 땅의 법칙이 같다는 것도 증명이 되었습니다. 땅 밑에는 지옥이 있는 게 아니라 지구가 하나의 알에 불과하다는 것도 깨닫게 되었지요."

"그건 당연한 얘기죠. 하나님은 영적인 존재이기에 눈으로 보이지 않는 게 너무나 당연합니다."

그 여인이 차분하고 침착한 목소리로 말했다.

"어쩌면 신의 존재 여부는 세상에서 가장 어려운 문제일지도 모르지요. 우리의 조상들은 지구가 우주의 중심이고 하늘의 별들은 전구처럼 박아놓았다고 믿었지요. 모든 사람들이 벌벌 떨고 있을 때, 소수의 사람들이 지구가 하나의 알의 세계에 불과하고 우주에 수많은 별들과 행성이 있다는 걸 밝혀냈지요. 이젠 누구나 다 아는 것처럼 지구는 우주의 중심도 아니고 먼지보다 작은 행성에 불과합니다. 이건 아주 중대한 인식의 전환이지요."

별에서 온 천부경

강연자가 검은 옷의 여인과 사람들을 둘러보며 말했다.

"사람에게만 있다는 영혼은 무엇일까요? 여자와 남자 사이에서 아이가 생깁니다. 아이의 육체는 어머니의 난자와 아버지의 정자에서 온 게 분명한데, 그럼 영혼은 어디에서 올까요?"

"……"

유일신을 믿는 여인이 곤혹스러운 표정을 지으며 입을 열지 못하고 있었다.

"우리나라 반도체 신화를 일구어낸 삼성의 지도자 이병철은 '언젠가 생명의 합성, 무병장수의 시대도 가능할 것 같다. 이처럼 과학이 끝없이 발전하면 신의 존재도 부인되는 게 아닌가?'라는 의문을 던졌던 적이 있었지요. 그는 신의 존재를 어떻게 증명할 수 있는가와 영혼이 무엇인가에 대해 무척이나 궁금해 했습니다."

모든 사람들이 알고 싶어 하는 신과 영혼이기에 강연장은 쥐 죽은 듯 고요해지며 흥미로운 긴장 속으로 빠져들고 있었다. 강당의 모든 사람들이 완전히 집중하며 강연자에게서 눈을 떼지 못하고 있었다.

"영혼은 너무나 신비해서 인간이 알 수 없어요. 영혼을 알 수 있다고 하는 건 인간의 오만이며 잘못일 뿐입니다. 인간은 영혼과 육체의 존재이므로 인간이 알 수 없고 과학적으로 이해될 수 없지요. 오로지 신만이 가능하고 인간은 불가능한 겁니다. 도대체 어떻게 인간이 영혼을 알 수 있단 말인가요? 과학기술과 수학은 논리의 문제이지만 종교는 논리의 문제가 아니라 실존의 문제이지요. 왜냐면 인간은 누구나 죽는데, 인간은 죽음 앞에서 누구나 절대자인 신을 찾고 구원을 원합니다. 지금 깅헌을 하는 삭가님노 바산가시고요. 숙음 앞에서 부와 명예와 지식, 권력 다 소용없어요. 신을 믿는 자만이 구원을 얻고 영생을 얻는 겁니다."

여인이 자신의 종교관을 열기 띤 목소리로 진심을 다해 말했다.

"좋습니다. 어떤 생각이든 어떤 믿음이든 좋다고 생각합니다. 그런데 우리들은 타인과의 조화, 동식물과의 조화, 그리고 하늘과 땅의 조화 속에서 살아갈 수밖에 없다고 생각합니다. 그래 어떤 종교든 어떤 믿음이든 어떤 신이든 지구와 수많은 별들과의 관계 속에서 이치에 맞아야만 합니다. 인간은 우주의 이치를 알고 조화 속에서 살아갈 수밖에 없는 것이니까요. 그러려면 우리는 신이 누구이고 영혼이 무엇인지를 알아야만 하고 알 필요가 있습니다."

내가 여인과 사람들을 번갈아 쳐다보며 말했다.

"그건 다 소용없고 믿으면 됩니다. 신을 믿는 자는 누구든지 구원을 얻고 영생을 얻으니까요."

여인이 확고한 태도로 다시 말했다.

"방금 전에 신이 아주 특별한 영혼을 불어넣어 인간을 만들었다고 하셨죠. 그럼 우리가 영혼이 무엇인지를 안다면 신이 누구인가를 알수도 있는 거지요. 왜냐면 우리가 영혼의 실체를 파악한다면 신이 누구인가를 알 수도 있는 것이니까요. 그 불멸의 영혼을 알 수 있는 방법이 있는데, 그게 무엇일까요?"

강연자가 사람들을 향해 질문을 던졌다.

"……"

모든 사람들이 호기심에 가득 찬 표정으로 강연자를 주시하고 있었다.

"그건 모든 살아있는 것들의 본질 중의 하나이기도 합니다."

"……"

별에서 온 천부경

"혹시 자식을 남기는 건가요."

사람들 중에서 한 사람이 머뭇거리며 말했다.

"그렇습니다. 유전 바로 그것입니다. 진화론이 옳은가 그른가가 유전에 달려있었던 것처럼 신이 누구인가도 유전에 달려있을 수 있는 거지요. 우리가 유전을 안다면 신과 영혼의 실체를 이해할 수도 있는 것입니다. 어쩌면 유전의 신비를 파헤치는 과정이 영혼과 신을 이해하는 장대한 여행이 될 수도 있는 것이지요. 모든 생물은 전부 자식을 남깁니다. 그렇습니다. 여기에 계신 모든 분들도 부모님에 의해 존재하게 되었으니까요. 피어나는 것이든 헤엄치는 것이든 기어 다니는 것이든 날아다니는 것이든 생각하는 것이든 전부 다 부모가 있어야 만들어지고 생겨납니다. 목련은 목련을 낳고 혹등고래는 혹등고래를 낳고 물총새는 물총새를 낳고 백두산 호랑이는 백두산 호랑이를 낳고 사람은 사람을 낳습니다."

"......"

"이게 유전인데요. 먼저 말씀드린 대로 1850년대에서 1860년대 사이에 생물학의 기본적인 법칙이 완성되었습니다. 특히 그레고어 멘델에 의해서 아주 중요한 유전의 기본법칙이 확립되었지요. 그는 놀라운 직관과 뛰어난 통찰로 시대를 뛰어넘는 어마어마한 업적을 남긴 셈인데요. 멘델은 변종을 형성하려는 경향이 극단적으로 증가하여 종이 빠른 속도로 모든 영속성을 잃어버리고 그들의 후손이 극히 다른 형태로 변화해간다는 가설을 정당화해주는 것은 없다고 종의 본질을 밝혀냅니다. 변이란 우열의 법칙과 분리의 법칙, 그리고 독립의 법칙 안에서 움직이는 일정한 변동 폭임을 파악해내고 종의 불변성이 기초라는 사실을 내다보았던 것입니다. 종의 성향은 영속성을 지향하고 변종이란 예외이지 규칙이 아니라고 선언했던 셈입니다. 위대한 천재 멘델은 놀라운 직관으로 수많은 예측을 적중시킵니다. 그는 부모에게서 자식에게 형질을 전해주는 어떤 요소를 말했는데요. 오늘날의 유전자인 DNA입니다. 이 형질을 전달하는 요소가 어머니와 아버지에게서 반반씩 오고 형질이 쌍을 이루며 전달된다는 것을 내다보았던 것입니다."

내가 사람들을 둘러보며 열정적으로 말했다.

"……"

"멘델과 동시대를 살았던 스위스 의사인 미셔가 1869년에 병원에서 붕대에 묻어 나오는 고름에서 처음으로 핵산을 분리해냈지요. 미셔는 '모든 언어에서 말과 뜻이 20여 개의 알파벳으로 만들어지듯이 유전정보도 그렇게 전달될지 모른다'라고 예측했지요. 독일의 생물학자 바이스만이 유전형질을 전달하는 것이 세포핵 속의 염색체라는 것을 추론하고 이게 여러 학자들에 의해 증명됩니다. 1903년 미국의 유전학자 월터 서튼이 염색체가 멘델의 유전인자처럼 행동한다는 것을 발견하게 되고요. 형질도 종종 쌍으로 나타났고 부모에게서 반반씩 온 염색체도 쌍을 이루고 있었으므로 어쩌면 이러한 형질을 전달하는 유전 능력은 염색체 위에서 운반되고 있었다고 하는 추측은 옳았던 것입니다."

단백질을 넘어 핵산의 세계로

 강연장은 깊은 적막감에 잠기며 사람들은 호기심에 가득 찬 눈으로 강연자를 주시하고 있었다.

 "염색체가 유전물질인 것은 여러 관찰 사실로 점점 확실해졌습니다. 그런데 염색체는 핵산인 DNA와 단백질로 이루어져 있는데요. 결국 핵심은 핵산인가 아니면 단백질인가의 문제였습니다. 그러나 핵산에 관심을 두는 사람은 거의 없었습니다. 왜냐하면 핵산은 단백질에 비해 너무나 단조로운 물질이었기 때문입니다. 핵산을 이루는 단 네 종류의 염기로 어떻게 정보를 전달한다는 것인가라고 의심하며 대다수의 과학자들이 단백질에 관심을 두었던 것입니다. 과학자들은 유전인자는 매우 안정되고 복잡하며 엄청나게 다양한 형태로 존재해야 한다고 생각했습니다. 지상의 수많은 동식물들의 다양한 신체기관과 세포들의 복잡성은 어마어마하게 다양한 여러 형태의 유전인자가 있어야만이 가능하다고 생각했었기 때문이었습니다. 단백질은 이 조건을 충족시키고 있었고 핵산은 그렇지 못했던 것이었습니다."

 청중은 몹시 흥미로운 듯 유전의 세계에 깊이 빠려들고 있었다. 강연자가 잠시 말을 멈추고 호흡을 가다듬었다.

 "……"

"이때 1865년부터 1953년까지 유전자의 구조가 밝혀지기까지 거의 한 세기 동안은 생명의 여신을 두고 핵산 아가씨와 단백질 아가씨의 권력투쟁의 시대였던 것입니다. 생명의 여신 닌후르사그! 긴 지팡이의 끝에 달린 호리병을 흔들어대면 꽃과 나비가 나오고 물고기와 새가 나오고 짐승이 나오고 사람이 나오는 요술상자인 호리병! 마술처럼 온갖 생명을 만들어내는 호리병의 정체가 무엇인지 다들 알고자 했고 다들 해결하고자 매달렸던 것입니다. 처음에는 단백질 아가씨의 압도적인 우위였습니다. 다들 단백질 아가씨의 현란한 몸짓과 단백질 아가씨의 화려한 춤에 정신을 잃고 넋을 잃었던 것이었으니까요. 핵산 아가씨는 초라했고 단순했고 재미없는 아가씨였습니다. 한마디로 말도 어눌했고 춤도 촌스러웠던 것입니다."

내가 단숨에 말했다.

"핵산 아가씨와 단백질 아가씨가 어떻게 다른가요? 춘향 아가씨, 철쭉 아가씨, 진달래 아가씨는 다들 사람이잖아요. 그럼 핵산 아가씨나 단백질 아가씨도 사람인가요?"

사람들 중에서 누군가 몹시 궁금한 듯 질문을 던졌다.

"하하! 좋은 질문입니다."

"하하!"

"호호!"

"호호호!"

"핵산하고 단백질이 사람이란다. 하하. 그거 말 되네."

여기저기서 웃음이 터져 나왔다. 한참 동안 웃음이 끊이지 않는 유쾌한 순간이었다.

"그렇게 보실 수 있지요. 말씀하신 춘향 아가씨나 철쭉 아가씨나 목련 아가씨는 사람인데요. 여기서 말한 핵산 아가씨나 단백질 아가씨는 사람이 아니고요. 세포 속의 보이지 않는 아주 작은 존재들입니다. 모든 생물체는 무지 작은 세포로 이루어져 있다는 건 다들 잘 아실 겁니다. 이 작은 세포 속에 무수히 많은 소기관들이 말할 수 없이 정밀하고 복잡하게 짜여 돌아가는 세계가 세포라는 소우주입니다."

사람들이 두 눈을 반짝이며 주의를 기울여 듣고 있었다.

"이 어마어마하게 복잡하고 조밀한 세포의 한 가운데에서 모든 활동을 제어하고 조정하는 게 핵입니다. 핵은 DNA와 소량의 RNA, 그리고 약간의 단백질로 이루어져 있습니다. 이 핵에서 DNA와 RNA가 산성을 띠어 핵산이라고 부르는 것이지요. 핵산 아가씨는 바로 DNA를 의미하는 것이고 이게 4종류의 염기로 구성되어 있습니다. 생명의 비밀이 밝혀지기 전에는 모든 게 의혹투성이였고 뭐가 뭔지 모르는 상황이 수십 년간 이어졌던 것입니다."

잠시 침묵이 흘렀다.

"……"

"그런데 핵산인 이 DNA는 단백질에 비해 상대적으로 너무나 단순하고 지루하고 재미없는 어떤 것이었습니다. 단지 네 종류라니. 아데닌 A, 시토신 C, 구아닌 G, 티민 T이라는 네 염기로 무얼 얼마나 할 수 있겠습니까? 이건 뭔가 부족해도 한참 부족해 보였고 아주 멍청해 보였습니다. 할 수 있는 일이란 뭉치면 두툼한 덩어리가 되었다가 펼쳐지면 실처럼 가늘어지는 게 전부일 뿐이었습니다. 그래 DNA가 하는 일은 아무 쓸데도 없으면서 펼쳐졌다 오므려졌다 하면서 세포를 지탱하는 밧줄에 지나지 않는다고 생각하는 것도 무리가 아니었습니다."

강당이 고요해지며 깊은 골짜기를 흐르는 계곡의 물소리처럼 강연자의 목소리가 공기를 가르며 울려 퍼지고 있었다.

"여기에 비해 단백질은 화려하고 다채롭고 능수능란했습니다. 일단 단백질을 이루는 기본 단위인 아미노산이 20종류나 되고요. 이 아미노산이 모여 단백질을 만드는데, 보통의 단백질은 아미노산 400~500개로 만들어지고 수천 개가 넘는 것도 종종 있습니다. 한마디로 단백질 아가씨는 못 하는 게 없는 것처럼 보였고 전지전능해 보였던 것입니다. 아름다운 그녀의 검은 눈동자도 잎의 푸름도 금낭화의 빨강도 매의 부리도 뛰는 심장의 기능도 소화시키는 소화액도 손가락의 모양도 의식을 생성해내는 신경세포의 기능도 전부 단백질이 직접적으로 만들어내는 것이니까요."

사람들은 유전의 세계가 몹시 흥미로운 듯 두 귀를 쫑긋 세우며 귀담아듣고 있었다.

"……"

"그래 언뜻 보면 단백질이야말로 부모의 형질을 자식에게 전달하는 유전의 본체라고 생각하기 십상이었던 상황이었습니다. 멘델과 바이스만 같은 극소수의 탁월한 혜안의 소유자만 유전의 본체를 꿰뚫어 보았던 것이지요. 하지만 단백질은 진정 화려한 아가씨였으나 봄눈처럼 사라져버릴 운명이었고 유전의 본체인 DNA야말로 그 시작은 미미했으나 끝은 창대하리라는 운명이었던 것이었습니다. 그래 모든 건 뒤집어지게 마련이었습니다. 이게 반전의 재미이자 삶의 묘미이자 각본 없는 연속극의 흥미이니까요. 무궁화처럼 순박하고 호박꽃처럼 투박했으나 찔레꽃처럼 향기롭고 물망초처럼 진실했던 핵산 아가씨는 이 모든 걸 뒤집어엎는 놀라운 마술을 보여줍니다. 바

별에서 온 천부경

로 샤가프라는 사람과 에이버리라는 두 사람을 통해 자신이 유전의 본체임을 살짝 보여주는 예고편을 터뜨렸던 것입니다."

사람들이 몹시 흥미로운 표정을 지으며 다음 말을 기다리는 순간이었다.

"샤가프하고 에이버리가 어떤 사람인가요? 설마 샤가프가 어리버리하다는 얘기는 아니겠죠."

청중 중에서 누군가 말했다.

"하하, 그거 말 됩니다."

곳곳에서 웃음이 터져 나왔다. 여기저기서 웃음꽃이 터졌고 강연장은 웃음바다로 변해버렸다.

"호호호!"

"하하하!"

"핫핫핫!"

"하하. 그거 말이 되기는 되는데요. 샤가프라는 학자가 있었고 에이버리라는 학자가 있었던 것인데요. 근데 샤가프가 어리버리 했냐고 하니깐 아주 재밌습니다."

강연자도 크게 웃으면서 말했다.

"어리버리가 아니라 에이버리인데요. 이 사람이 유전의 본체가 뭘까 하고 연구했습니다. 그때가 1940년대쯤이었고요. 처음에는 에이버리도 당시 사람들처럼 당연히 단백질일 거라고 여기고 실험했는데요. 결과가 달랐던 것입니다. 그래 실험을 또 하고 또 하고 했는데요. 결과는 역시나 단백질이 아니었습니다. 좀 더 정밀하게 다듬고 또 나듬어서 했시만, 결과는 매한가지였습니다. 그건 바로 '유전의 본체는 핵산인 DNA이다'라는 것이었습니다. 너무나 확고부동하고 움직일 수 없는 분명한 실험 결과였던 것입니다. 단 하나의 움직일 수 없는 사실은 이것이었습니다."

"······"

"유전의 본체는 DNA이다."

내가 뚜렷한 목소리로 힘주어 말했다.

"좀 더 구체적으로 얘기해 주세요."

아까의 보랏빛 옷의 여인이었다. 여인은 오드리 햅번의 머리를 하고 있었고 눈동자는 빛나고 있었다.

"좋습니다. 폐렴이라는 질병이 있는데요. 이 폐렴이 지금은 항생물질로 쉽게 치료되지만, 옛날에는 치료법이 없어 많은 사람들을 죽게 했습니다. 이 폐렴을 일으키는 것에 폐렴쌍구균이라는 세균이 있습니다. 하나는 죽음에 이르게 하는 죽음형S형 폐렴균과 죽이지 않는 순둥이형R형 폐렴균이 있습니다. 죽음형을 쥐에게 주사하면 쥐는 죽습니다. 순둥이형을 주사하면 쥐는 살아있고요. 이건 당연합니다. 그런데 문제는 이겁니다. 죽음형 폐렴균을 가열 처리해서 쥐에게 주사하면 쥐는 어떻게 될까요? 살까요? 죽을까요?"

강연자가 사람들을 향해 질문을 던졌다.

"살 거 같은데요."

누군가 대답했다.

"그렇습니다. 쥐는 살아있게 됩니다. 가열하면 폐렴균이 죽게 되니까요."

"······"

"이번에는 아주 결정적인 실험입니다. 가열 처리한 죽음형 폐렴균을 순둥이형 폐렴균과 함께 섞어서 쥐에게 주사했습니다. 자 어떻게

별에서 온 천부경

되겠습니까?"

내가 강연장 구석구석을 둘러보며 다시 질문을 던졌다.

사람들은 깊이 생각하고 있었다.

"혹시 죽었나요?"

누군가 한 사람이 말했다.

"그렇습니다. 그러자 쥐가 죽었던 것입니다. 이건 놀라운 일이었습니다. 다 죽은 시체가 벌떡 일어난 것처럼 너무나 이상한 일이었기에 믿을 수가 없었던 것입니다. 놀랍게도 마술 같은 일이 실험실에서 일어난 겁니다."

내가 즉시 말을 받았다.

"대체 쥐에게 무슨 일이 일어난 것일까요? 무엇이 쥐를 죽게 했을까요?"

강연자가 다시 질문을 던졌다.

"……"

"이 실험을 그리피스라는 과학자가 했고요. 그리피스는 이 원인을 밝히지 못하고 사망했는데 이걸 밝힌 사람이 에이버리입니다. 에이버리는 분명 가열한 죽음형 폐렴균의 무언가가 순둥이형 폐렴균의 형질을 전환시켰다고 생각한 것이지요. 그 무언가가 바로 유전물질이 되는 것이고요. 그래 하나씩 하나씩 가열한 죽음형균의 성분을 꺼내서 순둥이형균에게 넣어봤던 것입니다. 죽음형균에서 탄수화물만 꺼내어 넣어보고 지방만 꺼내어 넣어보고 단백질만 꺼내어 넣어보고 핵산만 꺼내어 넣어봤던 것입니다."

내가 사람들에게 한 걸음 다가서며 말했다.

"어찌 됐나요?"

청중 중에서 한 사람이 몹시 궁금한 듯 물었다.

"그렇습니다. 어찌 될까요? 자 어떤 변화가 생기겠습니까?"

"......"

"쥐가 살아있다면 아무런 변화도 없는 것이죠. 그럼 순둥이형 폐렴균의 성질이 변하지 않는 것이고요. 만약에 쥐가 죽게 된다면 그건 순둥이형균의 성질이 변한 건데요. 그건 죽음형균의 어떤 물질이 순둥이형균의 성질을 변화시켰기 때문입니다. 그 물질이 유전물질이 되는 건 너무나 당연한 것입니다. 결과는 이거였는데요. 탄수화물도 살아있었고 지방도 살아있었고 단백질도 그대로였습니다. 쥐가 죽은 건 딱 하나였습니다. 핵산을 넣은 것만이 쥐가 죽었습니다."

강연장의 사람들은 범인을 쫓는 형사처럼 유전이라는 낯선 세계에 깊숙이 빠져들고 있었다.

"이건 바로 형질전환물질이자 유전물질이 핵산이라는 것을 눈앞에서 보여주는 결정적 증거였습니다. 유전의 본체가 디옥시리보핵산이라는 것을 선언하는 결정적인 실험이었던 것입니다. 이제 우리의 핵산 아가씨가 생명의 여신이라는 비밀이 한 꺼풀 벗겨지는 순간이었던 것이었습니다. 자, 그래도 이것만 가지고는 부족합니다. 더 근본적인 원리가 있어야 됩니다. 그 원리가 있어야 순박한 핵산 아가씨가 전능한 생명의 여신이 되는 길이 열리게 됩니다. 그게 무엇이겠습니까?"

내가 사람들을 번갈아 쳐다보며 질문을 던졌다.

"잘 모르겠는데요. 작가님이 얘기해주세요."

방금 전의 보랏빛의 여인이 말했다.

"그건 샤가프의 법칙이자 짝의 원리였습니다."

"......"

"중국의 전설적인 미인 왕소군이 차원이 다른 미모로 평화를 낳았 듯이 우주의 근본 이치인 짝의 원리는 생명을 낳는 원천이었던 것입 니다."

"왕소군이라고요?"

청중 중에서 한 사람이 마치 처음 들어본다는 듯이 눈을 둥그렇게 뜨고 물었다.

"그렇습니다. 우리나라에도 황진이, 두향이, 논개와 산홍이 등등 의지와 매혹의 여인이 수두룩한데 중국 한나라 전설적인 미인 왕소 군의 삶이 아주 흥미진진합니다. 집안이 가난했던 왕소군은 한나라 황제의 후궁으로 들어가게 되었는데요. 이 황제는 후궁이 수천 명을 넘어 일일이 후궁을 만나는 것도 번거로웠습니다. 황제는 화공이 그 린 모습을 보고 기가 막히게 예쁜 후궁만 보았던 것입니다. 그런데 이 화공이 뇌물을 준 후궁은 예쁘게 그리고 뇌물을 주지 않은 후궁 은 형편없는 추녀로 그려놓으니 후궁들이 온통 너도나도 화공에게 뇌물을 바쳤던 겁니다. 뇌물에 관심도 없고 집안도 가난했던 왕소군 은 궁에 들어온 지 몇 년이 지나도록 황제의 얼굴 한 번 보지 못하고 비파를 타고 그림을 그리고 시를 지으며 세월을 보내게 되었던 것이 고요. 그러다 사건이 터집니다."

사람들이 두 눈을 반짝거리며 이야기에 깊이 매료되고 있었다.

"완전 소설 같네요."

방금 전의 사람이 매우 흥미롭다는 듯이 말했다.

"그렇죠. 완전 흥미진진합니다. 북방 유목민족이 사는 지역이 오늘 날의 몽골 근방입니다. 여기에 아주 강력한 왕이 있었는데요. 전쟁을 하면 한나라가 번번이 지게 되자 황제의 딸과 유목민족의 왕을 혼인

시키기로 하고 화친하기로 합의가 되었습니다. 결혼식 며칠 전, 후궁들이 잔치를 준비하느라 일손을 돕는 중이었는데요. 유목의 왕이 수많은 후궁 중에서 부지런히 일을 돕는 왕소군을 보게 되고 눈 튀어나오고 정신줄 놓게 됩니다. 두 번 다시 볼 수 없는 절세의 미녀! 어디 하나 손댄 곳 없는 천의무봉의 절세의 가인. 이 세상의 여인이 아닌 것 같은 신비로우면서도 우아한 자태와 세상의 모든 아픔과 눈물을 닦아줄 거 같은 자비와 연민의 눈빛. 유목의 왕이 차원이 다른 왕소군의 아름다움을 목격하고 넋을 잃게 되었던 것입니다. 그리고 이 눈치 빠른 왕은 상황을 짐작하고 황제에게 자기 주제에 공주는 과분하다고 겸손을 떨어대며 수천 명의 후궁 중에 한 명이면 된다고 했지요. 내막을 모르는 황제는 좋다고 승낙하게 되었습니다. 결국 왕소군은 황제가 땅을 치며 후회하는 상황에서 공주 대신에 왕에게 시집을 가게 되었고 왕소군이 살아있는 동안에는 평화로웠다고 하는 그런 전설 같은 얘기가 전해져 옵니다."

내가 한 번도 만나지 못한 왕소군의 모습을 상상하며 말했다.

"진짜 재밌네요."

"정말 그러네요. 타임머신이 있다면 타고 가서 한번 만나보고 싶네요."

청중 중에서 한 사람이 유쾌하게 말했다.

"하하. 시간여행이라 아주 좋습니다. 그런데 앞으로 왕소군을 넘어서는 수많은 여신들이 부활하는 시대가 될 것입니다. 그렇습니다. 다가오는 시대는 여신들이 부활하는 시대가 됩니다. 그건 우리 인류의 역사가 투쟁하고 죽고 죽이는 치열했던 시대는 지나가고 인류 본연의 고귀한 진리와 사랑과 자비, 문화와 예술이 우리를 이끌어 가는 시대가 왔기 때문입니다. 생의 아름다움을 노래하고 삶의 환희를 읊고 생명의 신비와 기쁨을 그리고 풀어내는 수많은 여신들이 나와 우리의 삶을 더 풍요롭게 하고 더 행복하게 하고 더 아름답게 만들 것입니다."

강연자가 사람들을 둘러보며 확신에 찬 어조로 말했다.

"예를 들면, 지금의 한국에서는 어떤 여신이 있나요?"

한 아리따운 여인이 맑은 목소리로 물었다. 여인에게서 금강초롱의 향기가 배어 나오고 있었다.

"글쎄요. 그거 참 난처한 질문입니다."

"얘기해 주세요."

방금 전의 여인이 미소를 지으며 다시 말했다.

"할 수 없네요. 예를 들자면 피겨 스케이팅의 전설 김연아 선수가 있습니다. 우리나라 사람들 중에서 김연아를 모르는 사람은 아마 없을 겁니다. 스케이팅의 김연아 선수가 위대한 선수라는데 누구도 이의를 제기하지 않을 것인데요. 스포츠 분야에서 위대한 인물인 김연아가 위대한 인간이 된다면 그녀는 여신이 될 것입니다. 개인적으로 김연아가 위대한 선수에서 위대한 인간이 되어 여신의 위치에 오르기를 기대하고 있습니다."

내가 금강초롱을 닮은 여인을 바라보며 말했다.

"그런데 어떤 사람들이 여신이 되나요? 조건이 뭔가요?"

금강초롱의 여인이 다시 입을 열었다.

"좋은 질문인데요. 그렇습니다. 여신이나 신이 되는 데에는 조건이 하나 있습니다. 그 조건이 무엇이겠습니까?"

강연자가 여인을 똑바로 쳐다보며 되물었다.

"……"

여인도 사람들도 깊은 생각에 잠겨 있었다. 잠시 몇 초의 시간이 흐르고 있었다.

"그건 지성입니다. 지성을 드러내야 합니다. 삶의 모든 분야에서 지성을 드러내는 여인들이 여신이 될 것입니다. 무한을 향한 의식적 각성에서 상당한 수준에 도달했거나 발견이나 저작이나 예술, 사회의 조직 방법, 사랑과 봉사로서 인류가 원시적인 상태를 어느 정도 벗어날 수 있도록 공헌한 사람들이 여신이나 천신의 대열에 오르게 될 것입니다."

강연자가 불멸에 이르는 사람들의 조건에 대해 얘기했다.

"너무 어려운데요."

금강의 여인이 말했다.

"그런데 이름이 뭔가요?"

내가 금강초롱을 닮은 신비의 여인을 바라보며 물었다.

"제 이름은 비밀이에요."

여인이 가을 하늘의 들꽃처럼 속삭이며 말했다.

"좋습니다. 비밀 아가씨. 여러 선지자들과 예언자들의 글을 이것저것 좀 봤는데 앞으로 이곳 한국을 비롯한 지구촌에서 수많은 여신들이 나온다는 것입니다. 아가씨도 여신이 될 수 있습니다. 충분히 가능하다고 생각합니다. 자 다시 본 주제로 돌아가면 말입니다. '차원이 다른 아름다움은 평화를 낳고 우주의 근본적인 이치인 짝의 원리는 생명을 낳는다'라는 것이었는데요."

강연자가 청중들을 구석구석 둘러보며 말했다.

"우주를 관통하는 두 가지의 위대한 원리가 있습니다. 무엇이겠습니까?"

별에서 온 천부경

잠시 짧은 시간이 흘렀다.

"……"

강당의 사람들이 뭔가를 곰곰이 생각하고 있었다.

"영원한 시간 이전에도 성립하고 영원한 시간이 흐른 후에도 성립하는 두 가지의 불변의 대원칙이 있습니다. 아주 작은 극미의 소립자와 원자의 세계에서도 성립하고 무한히 큰 은하와 은하단의 세계에서도 성립하는 영원한 근본원리가 있습니다. 그 두 가지가 무엇이겠습니까?"

내가 사람들을 향해 다시 질문을 던졌다.

"하나는 보존인 것 같습니다."

"그렇습니다. 첫 번째가 보존의 원리가 맞고요. 그리고 두 번째가 조화의 원리입니다."

"……"

"보존과 조화!"

"……"

"바로 순환과 짝입니다. 이 세상에 있는 모든 만물은 시작도 없고 끝도 없이 무한히 순환한다는 겁니다. 아무것도 생겨나지 않고 아무것도 사라지지 않으며 모든 것은 그 형태만 변해간다는 것입니다. 에너지이든 물질이든 운동량이든 생명이든 형태는 달라지지만 모두 다보존된다는 것입니다. 이게 첫 번째 대원리인 보존의 원리입니다."

강연자가 사람들을 향해 힘주어 말했다.

"두 번째의 조화의 원리가 짝입니다. 이 조화의 원리가 바로 짝이자 음양이자 인과응보이자 상보성이자 대칭이자 작용 반작용으로 불리는 원리인 것입니다. 앞에서 얘기했지만, 다시 말하자면 이것입니다

다. 이것이 있으면 저것이 있어야 하고 해가 떴으면 져야 하고 받았으면 주어야 하고 숨을 들이쉬었으면 내쉬어야 하는 것입니다. 부모가 있으면 자식이 있어야 하고 피조물이 있으면 창조자가 있어야 하는 것입니다. 모든 현상이나 모든 만물의 이면에는 이 짝의 원리가 들어있는 것이지요. 보존의 원리나 조화의 원리는 우주의 근본 진리이니까 모든 현상이나 만물에 적용돼야만 합니다. 그래 생명도 만물 중의 하나니까 마찬가지로 보존과 조화의 원리가 성립해야 하는 건 당연한 결과가 됩니다."

내가 하던 말을 잠시 멈추고 호흡을 가다듬었다. 잠시 후 다시 입을 떼었다.

"조화의 원리."

"……"

"우주의 삼라만상과 만물을 관통하는 불변의 원리. 이 불변의 원리인 짝의 원리에 의해 생명도 태어나고 자라고 자식을 남기는 것입니다. 에이버리가 DNA가 유전의 본체임을 증명하고 몇 년 후에 생물학자 샤가프가 DNA를 이루는 네 염기에서 놀라운 규칙성을 발견하게 됩니다. 동물, 식물, 미생물 등의 어떤 DNA라도 그 구성을 분석하면 항상 A, C, G, T의 네 염기 가운데 '아데닌의 양=티민의 양, 시토신의 양=구아닌의 양'이 성립한다는 겁니다. 즉 'A의 양=T의 양, C의 양=G의 양'입니다. 그러나 샤가프는 나중에 샤가프의 법칙으로 알려진 이 규칙성의 깊은 의미를 이해할 수가 없었는데요."

사람들은 신비로운 유전의 비밀에 깊이 사로잡히며 온 관심을 기울여 듣고 있었다.

"짝의 원리가 그렇게 중요한가요?"

사람들 중에서 누군가 물었다.

"그렇습니다. 이 짝의 원리에 의해 생명이 존재하게 되고 생명이 살아갈 수 있게 되고 또 자손을 남기게 되니까요. 우리들 중에 그 누구라도 혼자서는 아이를 낳을 수 없습니다. 여자는 짝인 남자가 있어야 하고 남자도 짝인 여자가 있어야만 아이를 낳을 수 있는 겁니다. 짝의 원리에 의해 동자꽃은 동자꽃을 낳고 개구리는 개구리를 낳고 부엉이는 부엉이를 낳고 사람은 사람을 낳게 됩니다. 여자의 짝은 남자인 것처럼 A의 짝은 T이고, 가시내의 짝은 머시마인 것처럼 G의 짝은 C인 것입니다."

크릭의 '생명은 별에서 왔다'

사람들은 놀랍도록 신비로운 생명의 수수께끼에 마음을 빼앗기며 몰입하고 있었다.

"샤가프의 법칙의 배후에 숨어 있는 깊은 원리를 통찰한 위대한 천재가 한 명 있었습니다. 누구이겠습니까?"

강연자가 사람들을 향해 질문을 던졌다.

"……"

"왓슨이요. 이중나선의 발견자 왓슨 아닌가요."

청중 중에서 누군가 말했다.

"글쎄요. 왓슨이라고 생각할 수도 있는데요. DNA의 이중나선구조를 공동 발견한 왓슨도 천재지요. 제임스 왓슨도 천재가 맞습니다. 그러나 이 샤가프의 법칙의 의미를 깊이 내다본 사람은 왓슨을 넘어서는 거의 현대생물학의 토대를 놓은 어마어마한 인물입니다. 누구이겠습니까?"

내가 사람들을 살펴보며 다시 질문을 던졌다.

"혹시 크릭. 크릭 아닌가요."

청중 중에서 한 사람이 말했다.

"그렇습니다. 크릭. 위대한 천재인 프랜시스 크릭입니다. 이 어마

별에서 온 천부경

어마한 천재는 유전자의 이중나선구조를 밝히는 데에 결정적인 공헌을 하고 중심원리를 제시하고 아미노산을 지정하는 유전부호를 거의 알아냅니다. 중심원리는 'DNA→RNA→단백질' 순서로 유전부호가 전달된다는 것이고 그 반대는 불가능하다는 것입니다."

강연자가 화면의 프랜시스 크릭을 가리키며 말했다.

"이 어렵고 난해한 과정에서 수많은 과학자들이 저마다의 공헌을 했지만 크릭은 전체의 흐름을 통찰하고 그려내고 이끌어갔던 것입니다. 크릭이라는 이 비범한 인물은 이후에 생명의 기원과 의식을 탐구해 이 분야에서도 놀라운 기여를 하게 됩니다. 크릭은 생명의 기원을 연구해서 지상의 생명이 진화할 가능성을 계산해보니까 그게 너무너무 작았던 것입니다."

내가 청중을 뚫어지게 쳐다보며 말했다.

"1960년대까지만 해도 다른 학자들과 많은 사람들에게 인간은 진화했다는 사실을 결코 잊지 말라고 했던 세기의 천재는 큰 어려움에 처하게 된 것입니다. 하나의 단백질이 우연에 의해 합성될 가능성을 계산해보니까 상상할 수도 없이 너무나 작았던 것입니다. 아니 도저히 불가능했던 것입니다. 결코 가능하지가 않았던 일이었습니다."

사람들은 이 비범한 인물의 생애에 홀린 듯 눈을 떼지 못하고 있었다.

"호랑이 눈썹의 이 세기의 천재는 이 어려운 문제를 어떻게 해결했겠습니까?"

"……"

강연장은 깊은 사색에 잠겨 있었다. 우리는 진정 누구인가? 우린 어디서 와서 어디로 가는가? 너무나 고귀하고 너무나도 매혹적이고 눈부시게 아름다운 주제! 너무나도 찬란하고 신비로우며 아마 영원히 풀리지 않을 문제가 있다면 그건 우리 자신의 기원일 터였다. 한번 빠지면 그 누구도 헤어 나올 수 없는 거대한 비밀! 바로 생명의 기원이었다.

"생각해보십시오. 단순한 하나의 단백질도 우연히 만들어지지 않은데 어떻게 하겠냐 말입니다. 프랜시스 크릭은 신을 믿었을까요? 아니면 다른 무엇이 가능하겠습니까?"

사람들은 온 힘을 다해 생각하고 있었다. 강연장은 숨소리조차 들리지 않을 정도의 정적에 휩싸여 있었다.

"……"

몇 초의 시간이 흐르고 있었다.

"그건 우주였습니다. 이 비범한 천재의 해결은 바로 우주였습니다. 생명이 다른 별에서 왔다는 우주도래설이었습니다."

"……"

"생명이 우연에 의해 만들어질 가능성이 어마어마하게 작으니까 어쩌면 지상의 생명이 먼 별에서 왔을 수도 있겠다는 제안을 합니다. 실제로 크릭은 1973년에 이카루스라는 학술지에 이 제안을 했고요. 고도로 진보한 외계인들이 생명을 우주선에 실어 보내 오늘날의 우리가 존재하게 되었다는 결론에 도달한 것입니다. 그는 생명의 기원에 대한 답에 거의 이르렀던 것이지요. 게다가 죽기 직전까지 의식이 무엇인가를 탐구했던 위대하고도 경이로운 인물이었습니다."

강연장의 사람들도 한 사람의 삶이 얼마나 큰 것인지를 공감하는 듯했다. 어둠을 밝히는 등대처럼 영원을 가로지르는 빛나는 사람들! 숲에 우람한 거목이 있다면 인류에게는 거인인 천재들이 있다. 그들은 위대한 눈동자이자 강철 같은 의지를 가진 불멸의 정신이며 영원을 잇는 존재들이다. 천재들은 인간이 나아갈 길을 제시했고 별들의 공간을 헤아렸으며 수레를 만들고 자동차를 만들고 원자의 비밀을 파헤쳤다. 그들은 전체를 보기에 영원을 응시하고 무한을 헤아리는 자들이다. 그들에 의해 인류는 앞으로 나아갈 수 있었고 오늘에 이르게 되었다.

"우리는 모두 하나의 세포에서 왔습니다. 그렇습니다. 수정란! 하나의 세포인 수정란이 100조 개의 세포로 이루어진 사람으로 되는 것은 어마어마하게 놀라운 일입니다. 이 과정은 그야말로 경이와 기적 그 자체입니다. 하나의 세포가 사람이 되는 과정이 복제와 분화입니다. 이 복제를 하는 원리가 짝의 원리입니다. A는 T와 짝짓고 C는 G와 짝짓습니다. 항상 그렇습니다. 이 샤가프의 법칙이자 짝의 원리에 의해 원본과 동일한 사본이 만들어져 하나의 세포가 2개, 4개, 8개, 16개로, …… 100조 개의 사람으로 되는 것이고요. 생명은 여기에다 하나 더 필요한 원리가 있습니다."

내가 사람들을 둘러보며 말했다.

"……"

사람들이 뭔가를 곰곰이 생각하고 있었다.

"방금 전의 'DNA→RNA→단백질'이라는 중심원리입니다. 이 과정이 분화가 됩니다. 우리가 머리와 팔다리를 가지고 있고 열 개의 손가락 발가락을 가지고 있지요. 눈과 코와 입이 있고 과일을 먹으면 소화되고 하늘거리는 코스모스가 있고 무시무시한 방울뱀의 독이 있는데, 이게 모두 단백질 때문입니다. 단백질이 온갖 요술을 부려 모든 생물의 모습과 특이성을 만들어내는 것인데요. 이 단백질을 이루는 기초가 아미노산입니다. 온갖 다양한 집을 단백질이라고 하면 기본인 벽돌이 아미노산인 셈입니다. 모든 동식물을 이루는 아미노산은 딱 20개입니다. 이 20종류의 아미노산이 차례차례로 정확히 연결되어 모든 단백질이 만들어지는 것입니다."

강당의 사람들은 생명의 비밀이라는 놀라운 세계로 깊숙이 빠져들고 있었다.

"그럼 문제의 핵심은 이것입니다. 누가 아미노산 순서를 정하는가. 아미노산 순서를 정해주는 뭔가가 있어야 합니다. 이게 정보이자 명령문인데요. 바로 유전자입니다. 유전자인 DNA를 구성하는 네 염기의 배열이 명령문이 됩니다. 염기 세 개가 모여 아미노산 한 개를 지정하게 되는데, 이걸 삼중유전부호라 합니다. DNA가 명령문인 RNA를 보내 아미노산의 순서를 지정합니다. 그럼 단백질을 만드는 공장인 리보솜이 이 명령문을 받아 온갖 것들을 다 만들어 보냅니다. 마치 위대한 지도자인 세종대왕이 명령을 내리면 어명을 전달하는 신하가 전국 도처에 그 명령문을 보내고 각 지역에 있는 관리들과 현령들이 일을 하는 거와 비슷합니다."

청중은 모든 주의를 기울이며 온 신경을 집중해 듣고 있었다. 새벽의 고요를 깨뜨리는 산사의 목탁 소리처럼 강연자의 목소리가 울려 퍼지고 있었다.

"……"

"이것만 생각하시면 됩니다. 세종대왕이 DNA이고 어명이 RNA이며 관리들이 단백질에 해당합니다."

사람들은 골똘히 생각하고 있었다. 강연자가 사람들을 향해 다시 입을 떼었다.

별에서 온 천부경

"한글은 자음 14개, 모음 10개로 모든 말과 뜻을 표현해냅니다. 컴퓨터는 0과 1이라는 단 두 개의 부호로 모든 것들을 처리하고 표현합니다. 생명의 언어는 A, C, G, T라는 네 개의 분자로 쓰인 문자였던 것인데요. 만일 하나의 염기가 한 종류의 아미노산을 지정하면, 딱 4개만 가능해서 20개의 아미노산을 지정하기에는 턱없이 부족합니다. 다음에 AA, AC, AG, …… TT라는 식으로 두 개의 염기가 모여 아미노산을 지정하면, 가능한 수가 4×4=16개가 되어 20개의 아미노산에 아직도 부족합니다. 이제는 세 개의 염기가 모여 AAA, AAC, AAG, …… TTT라는 삼중부호로 하면, 가능한 수가 4×4×4=64개가 되어 아미노산 20개를 지정하고도 남게 됩니다."

강연자가 화면에 더 가까이 다가서며 차분하게 설명했다.

"잠시만요. 조금만 천천히요."

사람들 중에서 누군가 너무 복잡하다는 듯이 말했다.

"좋습니다. 천천히 생각하셔도 됩니다."

내가 천천히 고개를 끄덕이며 말했다.

"그런데 분화는 하나의 세포인 수정란이 100조 개의 세포로 이루어진 사람으로 되는 것인데요. 모두 동일한 세포라면 아무런 의미가 없습니다. 세포들은 달라야 합니다. 온통 뼈만 있다면 사람이 아니고 온통 발만 있어도 사람이 아니고 온통 신경세포만 있다 해도 역시 사람이 아닙니다. 머리와 발이 다르듯이 적혈구와 백혈구가 다르듯이 살과 뼈가 다르듯이 위장과 간이 다르듯이 세포들은 달라야 합니다. 이게 분화이자 유전자의 발현이자 수정란이 인간으로 자라는 성장인 것입니다. DNA가 삼중부호로 아미노산을 지정하고 아미노산에 의해 만들어지는 단백질이 모든 생명 활동을 담당하는 것입니다.

이게 생명의 비밀이자 생명의 여신의 정체였던 것입니다."

강연자가 청중들을 바라보며 또박또박 말했다.

"DNA가 생명의 여신이 맞았네요."

"그러네요."

사람들 중에서 몇몇 사람이 고개를 끄덕이며 말했다.

"그렇습니다. 유전자인 DNA가 생명의 여신이었습니다. 그런데 유전자도 저 아래 깊은 곳에 있었고 생명의 여신도 도달할 수 없는 저 아래 심연의 곳에 살고 있었습니다."

강연자가 강당 구석구석을 둘러보며 말했다.

진리는 깊은 곳에 산다

"그래 '진리는 깊은 곳에서 산다'라는 말은 영원한 진리가 되는 것입니다."

청중은 호기심에 가득 찬 눈빛으로 강연자를 뚫어지게 응시하고 있었다.

"이해가 잘 안 되는데요. 무슨 뜻인가요?"

사람들 중에서 한 사람이 물었다.

"고대의 위대한 격언인데 무엇이 떠오르시나요? 이 말에서 무엇이 연상되시나요?"

내가 방금 전의 사람을 바라보며 되물었다.

"글쎄요."

사람들은 뭔가를 곰곰이 생각하고 있었다.

"그렇습니다. 진리는 깊은 곳에 살고 있었습니다. 만물을 이루는 원자와 분자가 그렇고 분자로 이루어진 유전자가 그러니까요. 1953년에 크릭과 왓슨에 의해 DNA의 이중나선구조가 밝혀지고 그 뒤로 분자생물학이 눈부시게 발전했습니다. 크릭과 왓슨은 많은 사람들이 피나는 노력 끝에 얻었지만 충분한 분석이 이루어지지 않은 여러 실험결과들을 종합하고 통찰해서 과학의 역사에서 영원히 지워지지 않을 찬란한 업적인 DNA의 이중나선구조를 밝혀내었던 것입니다. 특히 X선 결정학으로 유전자의 구조를 알아내는 데 큰 공헌을 한 이중나선의 어머니인 로잘린 프랭클린은 여성과학자로서 많은 어려움을 무릅쓰고 커다란 기여를 했지요. 이후로 마치 날아오르는 매처럼 생물학이 엄청나게 진보했지만 그래도 한참 부족했던 것입니다. 구슬이 서 말이라도 꿰어야 보배이듯이, 달님 같은 님이라도 만날 수 없으면 소용없듯이, 깊은 곳에 사는 진리는 우리에게 아무런 도움이 되질 않으니까요."

"왜 부족하다는 것이죠?"

조금 전의 사람이 몹시 궁금하다는 듯이 물었다.

"이것입니다. 몇 년 전인가 아니 한 십여 년 되는 것 같은데요. 유전자와 관련된 아주 가슴 아픈 사연이 있었습니다. 어느 부부가 결혼해서 아이를 낳았는데요. 아이가 심각한 희귀 유전병이었습니다. 근무력증 계통의 유전병이었는데 평생을 누워서 지내야 한다는 것입니다. 근육이 없으니까 일어설 수도 없고 걸을 수도 없고 무얼 할 수도 없는 무서운 병이었는데요. 먹는 거, 목욕하는 거, 똥오줌 싸는 것을 전부 누군가 도와줘야 하는 상황이 된 것입니다. 그런데 몇 년 후에 두 번째 아이를 낳았는데 또 같은 희귀병에 걸린 아이를 낳았던 것입니다. 한 아이가 이 희귀한 유전병에 걸릴 확률도 어마어마하게 낮은데 두 번째의 아이도 또 기가 막힌 병이라니. 부부는 참으로 하늘이 무너지는 막막하고 절망적인 상황이었던 것인데요."

강연자가 낮은 목소리로 침울하게 말했다.

"둘째가 태어나고 몇 달 지나고 나서였습니다. 남편이 일 나갔다 오니 그런 일이 벌어졌던 것입니다."

"어떤 일이었는데요?"

강당의 사람들 중에서 한 사람이 몹시 궁금한 듯 물었다.

"이 자리에도 어머니들이 많이 계실 텐데요. 이 두 아이의 엄마라면 어떻게 하시겠습니까? 평생을 누워서 지내야 하는 두 아이의 부모라면 어떻게 하시겠냐는 말입니다."

내가 강연장의 중년의 여인들을 똑바로 쳐다보며 되물었다.

"막막하죠."

"끔찍하고 절망적이죠."

"생각하고 싶지도 않네요.

여기저기서 말했다.

"……"

잠시 무거운 정적이 흐르고 있었다. 내가 어두운 목소리로 입을 열었다.

"남편이 일 나간 사이에, 엄마가 두 아이를 목 졸라 죽이고 자신도 죽었던 것입니다. 비극이자 슬픈 일이었습니다."

말을 마치자마자 그 순간 강연장은 숨이 멎은 듯 조용해졌다. 잠시 동안 숨소리조차 들리지 않을 정도의 깊은 적막감이 감돌고 있었다. 강연장은 헤아릴 수 없는 깊은 슬픔과 절망에 떨어지고 말았다.

"아! 참! 슬프네요!"

"비극이네요!"

"세상에! 눈물이 나네요."

"아이도 엄마도 참으로 안됐네요."

여기저기서 엄마들의 깅던식과 한숨 소리가 들려오고 있었다. 말할 수 없는 슬픔과 아픔이 한참 동안 이어지고 있었다.

"……"

"이처럼 깊은 곳에만 사는 진리는 슬프고 부족하고 참을 수 없는 겁니다. 우리가 손댈 수 없으니까요. 우리는 깊은 곳에 있는 분자와 유전자를 만나야 합니다. 우리는 그들을 만나서 손대고 만지고 다룰 수 있어야만 합니다."

내가 힘을 내어 강연장의 어머니들을 둘러보며 말을 이었다.

"왜 유전자와 분자를 만날 수 없다는 거죠?"

깊은 슬픔을 떨쳐버리려는 듯이 한 여성이 질문을 했다.

"그건 분자와 유전자가 너무 작으니까요. 그들이 우리들에 비해 너무 작아서 그렇습니다. 분자의 형태로 저장된 유전자는 아주아주 작습니다. 유전자는 아주 작은 세포에, 그 안에 비할 데 없이 자그마한 핵 속에 만질 수 없는 분자 형태로 조화를 이루며 들어있는 것입니다."

"이중나선의 유전자."

"……"

"생명의 원천이자 생명의 어머니인 디옥시리보핵산. DNA는 사다리처럼 생겼습니다. 일반적인 사다리가 아니라 마치 새끼줄처럼 가늘고 길게 꼬여있는 모양입니다. DNA는 당과 인산이 이중나선의 바깥 뼈대를 이루고 네 염기가 안쪽의 발판을 이루고 있지요. 유전자는 한없이 감기고 감겨, 끝없이 꼬이고 꼬여 무한히 긴 것이 비할 바 없이 작은 세포의 핵 속에 조화를 이루며 들어있는 것입니다. 이 뭉치고 뭉친 이중나선을 펼치면 폭이 원자 십여 개의 너비인 2나노미터에, 길이가 2미터에 달하는 상상할 수 없이 가늘고 긴 얇은 띠가 됩니다. 길이가 폭의 10억 배이니 폭이 2cm인 엄지손가락이 서울에서 지구 반대편인 2만㎞ 남미까지 뻗은 셈입니다. 이 말할 수 없이 가늘고 긴 사다리에 30억 개의 염기쌍이 생명의 비밀로, 생명의 언어로 자리하고 있는 것입니다. 삶의 모든 과정이 자그마치 백과사전 수천 권에 해당하는 네 염기의 배열로 빼곡히 자리하고 있는 겁니다. 처녀와 총각처럼 A는 T와 마주하고 가시내와 머시마처럼 C는 G와 마주하면서 마술사처럼 생명을 빚어내는 것입니다."

불멸의 유전자

청중의 몸과 마음이 이중나선의 신비에 깊이 사로잡히며 빠져들고 있었다.

"불멸의 유전자."

내가 잠시 말을 멈추었다.

"……"

그렇다. 불멸의 이중나선이며 짝이다. 우리는 어디에서 와서 어디로 가는가? 영원에서 온 우리는 영원으로 간다. 영원에서 태어났기에 영원에 머무는 우리는 처음부터 짝이었고 영원 이후에도 짝인 것이다. 너도 아니고 나도 아닌 마주하는 너와 나의 짝으로서 생명은 영원에서 영원으로 이어졌던 것이다. 우리의 저 깊은 곳에 새겨진 이중나선으로, 마주하는 너와 나의 사랑으로 우린 존재해 왔던 것이다. 그대는 나의 눈부신 반쪽이고 나는 그대의 불멸의 반쪽이니 우리의 만남은 운명이 되어 세대에서 세대로 이어지고 별에서 별로 이어지고 무한에서 무한으로 이어졌던 것이다. 그렇다. 외가닥도 아니고 세 가닥도 아니고 마주하는 두 가닥이기에 영원에서 영원으로 이어지는 황금고리가 되는 것이다. 마주하는 너와 나에서 네가 오르면 나는 내려가고 네가 내려가면 나는 오르니 시작도 없고 끝도 없는

별에서 온 천부경

순환이다. 처음은 끝이 되고 끝은 또 다른 시작이 되니 영원한 순환이 되어 불멸에 이르고 무한에 도달한다. 영원한 너와 나이자 불멸의 이중나선이자 무한으로 피어나는 사랑이다.

이황을 그리워하다 푸른 강물에 꽃잎처럼 스러져 간 매화의 여인 두향이의 사랑도, 삶의 황혼에 열아홉의 울리케에게 반하여 마리엔바트의 꽃을 피어낸 괴테의 사랑도, 활활 타는 화염 속에서 자신을 불살라 대의를 실천한 틱광득의 거룩한 사랑도, 자유를 향한 머나먼 길 위에서 적대자들까지 품에 안아 모든 인종의 통합을 이루어낸 만델라의 관용도, 군대를 없애버려 코스타리카 시민을 세상에서 가장 행복한 국민으로 만든 호세의 위대한 결단도, 길거리의 소녀에서 삶의 온갖 역경을 겪은 후 국민을 지극히 사랑했던 에바 페론의 성스러운 삶도 모두 다 영원을 향한 갈망이자 불멸을 향한 몸부림이다.

그렇다. 사랑이다. 생명은 곧 사랑이다. 영원한 사랑이자 불멸의 사랑이자 무한에서 무한으로 이어지는 사랑이다. 지금 여기에 이곳 지구에서 영원의 사랑으로서, 결코 꺼지지 않는 사랑으로서 우리 70억이 존재하는 것이다. 멀고도 먼 훗날에 우리의 모든 게 무너지고 부서져 먼지가 된다 해도 우리의 사랑은 불사조처럼 되살아나 또 다른 우리의 분신이 찬란히 피어나리라. 이 위대한 권능은 천지만물을 초월해 있으니 그 무엇으로도 깨뜨릴 수 없는 영원한 생명이 되어 우리의 사랑은 무한에서 무한으로 영원히 이어지리라.

"그래, 이 이중나선은 태고에 물에 잠긴 채 생명 전체를 두르고 있는 우주뱀의 모습으로, 수메르 신화에 생명을 창조하는 엔키의 상징으로, 아시아에 미리는 사람이고 몸은 뱀인 태호복희와 여와의 돌돌 꼬인 모습으로, 죽은 자를 영생으로 인도하는 은하수를 오르는 사다리로, 지상의 모든 곳에서 영혼의 덩굴로 신성시하여 믿어왔던 것입니다."

"……"

"금강산에서 최초로 발견되었던 깨끗하면서도 순수한 아름다움을 느끼게 하는 은은한 보랏빛의 금강초롱도, 봄꽃이 만발한 4월 들판에서 힘차게 날아다니며 봄소식을 전하는 화려한 호랑나비도, 시베리아의 위대한 영혼인 백두산 호랑이도, 이 세상을 통찰하고 꿰뚫어 보는 인간의 두뇌도 모두 유전자가 만들어내고 엮어내는 것입니다. 맛보는 혀도, 온몸을 휘젓고 다니며 영양분을 공급하는 혈액도, 눈과 코와 입의 얼굴 생김새도, 온몸을 지탱하고 움직일 수 있게 하는 뼈와 근육도, 서로 다른 성적 취향인 이성애자도 동성애자도 양성애자도 무성애자도 모두 DNA가 만들어내는 것입니다. 지상에 살아있는 모든 생물과 인간의 생로병사 전 과정이 저 깊은 곳에 있는 30억 염기쌍의 무한한 서열에 의해 만들어지는 것입니다."

모든 사람들의 눈과 귀가 불멸의 유전자에 사로잡히며 홀린 듯 매료되고 있었다. 강연자가 다시 입을 열었다.

"그런데 어떤 원인에 의해 DNA의 염기 배열순서가 달라지면 이게 돌연변이가 되고 유전병이 됩니다. 이러한 유전병은 수천 가지가 넘고 환자나 보호자를 끔찍한 고통 속에 몰아넣어 비극적 종말을 초래하는 게 다반사입니다. 심각한 유전병이 수천 가지에서 1만여 가지에 이르는데요. 암, 색맹, 혈우병, 조로증, 혈색소증, 중증근무력증, 헌팅턴병, 외눈증, 진행성 골화섬유형이형성증 등등 무수히 많습니다."

내가 하던 말을 잠시 멈추었다. 호흡을 가다듬고 다시 말을 이었다.

"……"

"2011년 인도의 한 작은 마을에 사는 여성은 제왕절개 수술 끝에 사내아이를 낳았지만, 아이의 외모가 다른 아이들과 달랐습니다. 아이는 이마 중앙에 하나의 눈을 가졌으며 코가 없었습니다. 희귀한 유전병인 외눈증이었던 것인데요. 외눈증은 소닉헤지호그라는 유전자가 손상되면 생기게 됩니다. 이 유전자에 변이가 생기면 손가락 발가락이 생기지 않고 얼굴도 뭉개집니다. 이마 한가운데에 외눈이 박혀 있고 나머지 부분은 뭉개져서 긴 주둥이 같은 형태가 됩니다. 그래 신화에나 나올 법한 기괴한 형태가 되는데, 인도에서 태어난 아이는 하루 만에 세상을 떠나고 말았습니다"

강연장의 사람들의 표정이 착잡해지고 있었다.

"정말 괴이한 형태가 가능한가 보네요."

청중 중에서 누군가 말했다.

"정말로 괴이하죠. 그런데 이게 다가 아닙니다. 진짜 영화나 전설에서나 나올 만한 형태들이 즐비합니다. 사실 우리가 관심을 두지 않아서 그렇고요. 이런 끔찍한 유전병에 걸린 사람들이 일찍 사라져서 우리가 모를 뿐인 것입니다."

내가 강연장의 사람들을 둘러보며 말했다.

"뭐가 더 있나요?"

몹시 궁금하다는 듯이 한 사람이 물었다.

"그렇습니다. 진행성 골화섬유이형성증이라는 병이 있는데요. 온몸이 뼈로 변해버리는 끔찍한 병입니다. 염기의 돌연변이에 의해 발생하는 걸로 추정하고 있는데요. 아직 치료법이 없는 상황입니다. 이병에 걸린 사람은 뭔가에 부딪히거나 상처를 입을 때마다 성상세포가 피부나 살을 재생해 치료하는 게 아니라 뼈가 만들어집니다. 어릴

때는 비교적 정상이지만 자라면서 전신에 뼈가 점점 쌓이고 이윽고 더 이상 움직이지 못하는 지경에 이르게 됩니다. 몸이 굳어서 갇히게 되는 겁니다. 물론 잘라낼 순 있지만 잘라내자마자 그 부위가 치유되면서 더 많은 뼈가 생기게 됩니다. 결국 폐 근처까지 골화되어 숨 쉬지 못해 사망하게 됩니다."[12]

"……"

"놀랍네요."

"진짜 마술 같은 병이네요."

"세상에 그런 희한한 병도 있었네요."

전설에서나 나올 법한 기이한 현상에 사람들이 믿기 힘들 정도로 놀랍다는 듯이 여기저기서 감탄사가 이어지고 있었다.

"마치 손에 닿는 대로 모든 게 금으로 변해버렸다는 마이다스의 신화처럼 놀라우면서도 끔찍한 이야기인데요. 약간의 상처만 생겨도 조금만 부딪쳐도 살이 뼈가 되어 버리니 끔찍한 재앙이 되는 거죠. 이 병에서 어느 유전자에 돌연변이가 일어나는지 과학자들은 아직 모르고 있습니다. 하지만 뼈 형성 단백질과 관련이 있다는 것은 확실합니다. 정상일 때, 아기의 뼈를 만드는 일에 관여하는 단백질입니다. 대부분의 사람에서는 이 유전자가 자라면서 꺼지게 되지요. 그런데 이 병에 걸린 사람에게는 평생에 걸쳐 이 유전자가 작동해 계속 뼈가 생성됩니다. 이와 반대인 병도 있습니다."

"어떤 병인데요?"

사람들 중에서 누군가 물었다.

"불완전골형성증이라는 겁니다. 이 병은 뼈가 부족하고 만들어지지 않는 병입니다. 온몸에 뼈가 없으니 흐물흐물해지고 신체 기관이

제대로 작동하지 못해 사망하게 됩니다. 가장 심한 브롤릭병은 태어나자마자 죽습니다. 뼈가 너무 많아도 죽고 너무 없어도 죽고 우리가 살아있다는 건 참으로 아슬아슬한 줄타기이자 기적이지요.

이외에도 수많은 유전병이 있습니다. 선천성 심장병이나 선천성 색소결핍증인 백색증, 팔다리가 없는 선천성 기형, 어린왕자처럼 다른 사람보다 열 배 빨리 늙어가는 조로증, 눈만 빼고 온몸에 털이 자라는 늑대인간 증후군 등등 수천 가지가 넘습니다."

"……"

"진짜 희한한 유전병이 많은가 보네요. 정말로 정상인 게 축복이네요. 축복!"

"평범이 행운이네요."

강연장의 사람들이 기이한 유전병에 깊이 공감하듯이 말했다.

"그렇습니다. 말하고 걷고 먹고 자는 게 축복이고 행운입니다. 평범하고 정상이라는 게 말할 수 없이 큰 행운이고 축복입니다. 요즘 성소수자가 큰 문제가 되고 있는데요. 그런데 성적 취향도 유전적으로 타고나는 것으로 밝혀지고 있습니다. 아직 여러 설이 분분하고 다 알아내지는 못했지만, 유전자와 유전자가 만들어내는 호르몬에 의해서 일어나는 것만은 분명한 겁니다. 서로 다른 이성을 좋아하는 이성애자, 같은 동성을 좋아하는 동성애자, 양쪽을 좋아하는 양성애자, 성적 취향이 없는 무성애자가 있는데 다 타고난다는 것입니다."

강연자가 사람들을 둘러보며 뜨거운 주제인 동성애에 대해 입을 열었다.

"설미요? 동성애자는 이상하다고 하던데요."

청중 중에서 뒤쪽에 있는 한 사람이 말했다.

"좋습니다. 질문하신 분이 봤을 때, 전 남자인가요? 아니면 여자인 가요?"

내가 방금 전의 사람을 쳐다보며 되물었다.

"남자죠. 작가님은 남자 같은데요. 설마 아닌 건 아니겠죠?"

방금 전의 사람이 당연하다는 듯이 말했다.

"맞습니다. 전 남자입니다. 제가 이번에는 여기에 있는 여자분의 옷을 입고 머리도 파마를 하고 이러저런 치장을 하겠습니다."

"……"

"자, 이제 저는 남자인가요? 여자인가요?"

"겉은 여자인데, 속은 남자잖아요. 그럼 뭐라고 해야 하나. 여자라 고 해야 하나 아니면 남자라고 해야 하나. 좀 헷갈리는데요."

"바로 그겁니다. 제가 여자 옷을 입고 있으니까 겉은 여자인데 속은 남자잖아요. 이처럼 겉모습이 여자인데 속은 남자인 사람도 있을 수 있고요. 또 겉모습이 남자인데 속은 여자인 사람도 있을 수 있습니다."

"……"

"그러니까 겉도 여자 속도 여자인 사람이 있고, 겉은 여자지만 속 은 남자인 사람도 있을 수 있고요. 겉도 남자 속도 남자인 사람이 있 고, 겉은 남자지만 속은 여자인 사람도 있을 수 있는 거지요. 이걸 결정하는 게 유전자와 성호르몬입니다."

강연자가 좀 전의 사람을 똑바로 쳐다보며 말했다.

"그래도 동성애는 좀 이상해요."

좀 전의 사람이 여전히 말이 안 된다는 표정으로 말했다.

"그런가요. 그럼 다 이상하죠. 머리가 달려 있는 것도 이상하고 손 가락이 열 개인 것도 이상하고 두 발로 걸어 다니는 것도 이상하지

별에서 온 천부경

요. 숨 쉬는 것도 이상하고 입술이 두 개인 것도 이상하고. 하여간 이상한 거 천지입니다. 동성애만 이상한 게 아니라 우리 인간 자체가 이상하고 모든 생물이 다 이상한 게 됩니다. 다 타고난 것인데 왜 유독 동성애만 이상하다고 하면 그게 더 이상하지요. 모든 게 다 이상한 게 되어야지요.”

“……”

“게이나 레즈비언이 이상하다면, 그렇다면 개나리도 이상하고 소나무도 이상하고 돌고래도 이상하고 비둘기도 이상하고 고양이도 이상하고 똑똑한 강아지 시루도 이상하고 너도나도 다 이상한 게 되어버립니다.”

내가 좀 전의 사람을 뚫어지게 바라보며 말했다.

“글쎄요. 잘 모르겠어요.”

좀 전의 사람이 눈살을 찌푸리며 골똘히 생각하고 있었다.

“어떤 아이가 어머니에게 X염색체를 받고 아버지에게 Y염색체를 받으면, XY염색체가 되어 겉모습은 남자아이가 됩니다. 둘 다 XX염색체이면 겉모습은 여자아이가 되지요. 그런데 여자와 남자의 결정은 이걸로 끝이 아닙니다. 이 XY 아이가 엄마 배 속에 있을 때, Y염색체의 정소결정인자란 유전자가 작동해서 남성호르몬인 테스토스테론을 흠뻑 뒤집어써야만 남자가 되는 것이지요. 어떤 이유로 이 유전자가 작동하지 않으면 이 아이는 겉은 남자지만 속은 남자가 아니게 됩니다. 이것이 게이입니다. 레즈비언도 마찬가지이고 양성애자도 마찬가지고 무성애자도 다 마찬가지입니다. 다 유전자와 단백질의 기능이며 모두 타고나는 것입니다.”

잠시 침묵이 이어지고 있었다.

"……"

"이외에도 수천 가지가 넘는 유전병이 있지요. 이들 유전병은 환자와 가족에게 커다란 고통을 안겨주고 끔찍한 결과를 초래하는 게 너무나 흔하지요."

강연자가 다시 입을 열었다.

"이들 유전병의 치료법은 없나요?"

사람들 중에서 앞쪽의 젊은 남성이 물었다.

"그렇습니다. 이런 유전병을 치료하려면 달라진 유전자 속의 염기를 고쳐야 합니다. 그러면 근본적인 치료가 됩니다. 적혈구빈혈증도 그렇고 혈우병도 그렇고 수많은 유전병이 다들 그렇습니다. 다른 방법들은 일시적인 효과에 지나지 않으니까요. 그런데 염기를 정상으로 바꾸는 게 거의 불가능하고 어렵다는 게 문제인 것입니다. 유전자가 너무나 작고 깊은 곳에 있어서 우리가 다가갈 수가 없으니까요. 유전자와 분자는 우리가 도달할 수 없는 깊은 곳에 살고 있어서 치료가 안 되는 것입니다."

크리스퍼는 신의 창조도구인가

청중은 깊이 생각하며 집중해 듣고 있었다.

"……"

"DNA의 이중나선 구조가 밝혀진 이래로 많은 노력이 있었습니다. 유전자를 자르고 붙이는 유전자재조합기술, 세포의 핵을 바꿔치는 핵 치환, 세포끼리 함께 결합시키는 세포융합 등의 다양한 방법으로 노력했으나 성과는 미미했습니다. 물론 줄기세포라는 획기적인 기술이 있었으나 그것만 가지고는 여러 가지로 부족했던 것입니다. 유전자와 분자가 너무 작고 깊은 곳에 있어 어찌해볼 도리가 없었던 것이었습니다. 수천 가지의 유전병으로 수많은 사람들이 끔찍한 고통을 겪어도 뾰족한 방법을 찾을 수 없었던 것이었습니다. 그러다가 2012년에 획기적인 사건이 터집니다."

"어떤 사건이었는데요?"

"바로 그것이었습니다."

내가 즉시 말했다.

"그거라뇨?"

방금 전의 사람이 다시 물었다.

"시작할 때 처음 말했던 것인데요. 혹시 기억나시는 분 있나요?"

"……"

사람들은 기억을 더듬으며 생각하고 있었다.

"생각나시는 분 계실 텐데요."

"가위. 무슨 가위라 했습니다."

청중 중에서 누군가 말했다.

"유전자 가위라고 했던 거 같은데요."

보라색의 옷을 입은 중년의 그 여인이 말했다.

"맞습니다. 유전자 가위입니다. 바로 3세대 크리스퍼 유전자 가위입니다. 유전자를 손쉽게 자르고 붙이는 놀라운 기술이 크리스퍼 가위입니다. 가장 뛰어난 과학적 성과라 할 수 있고 신의 창조 도구라 할 수 있는 혁명적인 기술이 등장한 것입니다. 우리는 이제야 유전자를 다룰 수 있는 분자 가위를 손에 쥐게 된 것입니다. 사실 크리스퍼가 나오기 전에도 1세대 징크핑거, 2세대 탈렌이라는 유전자 가위가 있었는데요. 둘 다 만드는 시간도 오래 걸리고 비용도 많이 드는 데다 효율이 낮았던 게 문제였습니다. 그런데 크리스퍼는 이 모든 걸 단숨에 뛰어넘는 커다란 혁명을 가져왔던 겁니다."

강연자가 걸음을 멈추고 사람들을 똑바로 바라보며 말했다.

"유전자 가위가 그렇게 대단한 건가요?"

"당연히 그렇습니다. 우리가 만질 수도 없었고 손댈 수도 없었던 유전자였습니다. 그 유전자를 드디어 만지고 다듬고 고치고 할 수 있게 되었으니까 대단한 것이죠. 크리스퍼가 이걸 가능하게 만들었던 것입니다. 30억 개의 염기쌍 중에서 우리가 원하는 부분만 정확히 찾아가서 고치고 수술하는 게 가능해졌던 것입니다."

"유전자 가위의 원리가 뭔가요?"

별에서 온 천부경

좀 전의 여인이 물었다.

"크리스퍼 가위는 발효유를 만드는 유산균의 면역체계를 본뜬 겁니다. 발효유를 만드는 유산균은 바이러스 공격에 매우 취약한데요. 유산균은 침입한 바이러스의 서열을 크리스퍼라는 유전자에 기억하고 있다가 그 바이러스가 다시 침입하면 빠르게 인식하고 단백질을 이용해 파괴해버리는 것입니다. 마치 얼굴이나 지문을 기억하고 있다가 범인을 붙잡는 형사와 비슷하지요.

2012년 5월에 미국의 다우드나와 독일의 샤르팡디에가 원핵세포에서 크리스퍼 유전자의 작동방식을 밝혀냅니다. 그 뒤 10월에 한국의 김진수 연구단이 진핵세포에서 작동하는 크리스퍼 가위 기술을 개발했고요. 그 뒤 12월에는 미국의 펑장 연구단이 진핵세포에서 작동하는 조금 다른 기술을 알아냈고요. 세균은 핵이 없는 단순한 원핵세포로 되어있고 사람을 비롯한 대부분의 동식물은 핵이 있는 진핵세포로 이루어져 있지요."

"유전학에서 처음으로 한국인 이름이 나왔네요."

"그렇습니다. 생물학자 김진수는 1세대와 2세대, 그리고 3세대 크리스퍼를 독자 개발한 세계에서 유일한 과학자입니다. 김진수를 비롯한 연구진 덕분에 한국이 유전자 가위 기술을 선도하는 나라가 되었습니다."

"굉장하네요."

사람들이 감탄하며 한 마디씩 말했다.

"대단한 거죠. 생명과학이라는 중요한 분야에서 세계를 이끌고 선도한다는 건 결코 쉬운 일이 아니니까요."

"그러네요."

"한국의 유전자 가위 기술은 세계 최고의 수준입니다. 2017년에 국내 김진수 연구진이 미국 미탈리코프 교수진과 함께 인간배아에서 선천성 심장병을 고치는 데 성공했다고 밝혔습니다. 이 유전병은 좌심실이 두꺼워지는 심장병으로 돌연사의 주된 원인이기도 합니다. 그런데 국내의 엄격한 생명윤리법에 의해 인간배아유전체 교정을 금지해서 유전자 가위는 한국에서 제공하고 실험은 미국에서 수행하는 답답한 일이 있었습니다."

내가 눈살을 찌푸리면서 말했다.

"참 답답하네요."

"규제가 너무 많지요. 당연히 풀어서 열심히 연구하게 해야지요. 도와주지는 못할망정 방해를 해서 되겠습니까?"

사람들 중에서 몇몇 사람이 고개를 끄덕이며 말했다.

"맞는 말씀이고요. 이 유전자 가위는 우리 생활에 커다란 변화와 혁명을 가져올 겁니다. 만여 가지에 달하는 대부분의 유전병을 치료할 수 있는 길을 열게 될 것입니다. 많은 사람들을 죽음에 이르게 하는 암, 근육이 없는 두 아이를 죽이고 스스로 목숨을 끊었던 어머니, 온몸이 뼈로 뒤덮여가는 끔찍한 병 등등 듣도 보도 못한 수많은 선천성 유전병으로 많은 사람들이 고통을 겪고 있습니다. 크리스퍼는 이들에게 희망이자 구원의 빛이 될 것입니다."

강연자가 사람들에게 한 걸음 다가서며 말했다.

"다음으로 크리스퍼는 인간의 수명을 연장시키고 농작물과 가축의 개량을 가져올 것입니다. 더욱 싱싱한 딸기, 병충해에 강한 바나나, 전염병을 옮기지 않는 모기, 살코기가 많은 돼지, 뿔 없는 소 등을 만들어내게 될 것입니다. 이 기술에 의해 우리는 더욱 풍요로워지고 식량문제, 환경오염문제 등도 해결하게 될 겁니다.”

사람들이 신의 창조도구라 불리는 경이로운 신기술에 대해 귀 기울여 듣고 있었다.

“이제 막 떠오른 크리스퍼는 갈 길이 아주 멀고도 먼데요. 이 경이롭고도 놀라운 크리스퍼 기술의 최종적인 종착점은 무엇이겠습니까?”

강연자가 강당의 구석구석을 둘러보며 질문을 던졌다.

“글쎄요.”

청중 중에서 누군가 말했다.

“유전자를 원하는 대로 고치고 수정하고 다시 배열하는 이 기술의 최종 목적지는 무엇이 되겠습니까?”

내가 청중을 번갈아 쳐다보며 다시 질문을 던졌다.

“…….”

사람들의 호흡은 깊어지고 강당에는 침묵이 흐르고 있었다.

“어쩌면 인간이 신처럼 되는 거요.”

사람들 중에서 누군가 말했다.

“그렇습니다. 우리는 이 기술에 의해 언젠가 우리와 닮은 존재를 만들어내게 될 것입니다. 우리 인간의 모든 행위의 종착점은 딱 하나입니다. 우리가 연구를 하고 건물을 짓고 책을 쓰고 토론을 하고 월드컵을 개최하고 그림을 그리고 축제를 하고 노래를 부르고 가야금을 연주하고 공장을 짓고 자동차를 만들고 비행기를 만들고 등등의 최종 목표는 딱 하나입니다.”

“   ”

“만법귀일.”

"……"

"우리의 모든 행위와 만 가지 행동의 최종적인 목표는 단 하나입니다. 아주 먼 훗날의 어느 날엔가 우리는 다른 행성에 가서 우리와 닮은 존재를 만들어내게 될 것입니다. 이게 피할 수 없는 우리들의 숙명이자 운명입니다. 막 태어난 아이가 자라 다시 아이를 낳는 부모가 되듯이 피할 길 없는 우리들의 운명이자 사명이며 우리가 가야 할 길입니다."

내가 사람들을 향해 확신에 찬 어조로 말했다.

"그렇다면 생각해 보십시오. 다른 별에 가 자신들과 닮은 존재를 만드는 행위가 이 드넓은 우주에서 우리가 최초일까요? 과연 그럴까요? 이 무한하고 가없는 우주에서 우리가 다른 별에 가 자신들과 닮은 인간을 만드는 최초의 인간일까요? 아니면 과거에도 무수히 있어왔고 앞으로도 무한히 있을 일이겠습니까?"

강연자가 사람들을 똑바로 바라보며 다시 한번 질문을 던졌다.

"……"

사람들은 깊은 상념에 잠겨 있었다. 대부분의 사람들이 미쳐 이 문제를 생각해보지 못한 듯 다소 당황해하면서 골똘히 생각하고 있었다.

"작가님. 인간이 과연 생명을 만들 수 있을까요? 불가능하다고 생각합니다. 상상이 지나치고 너무 비약이 심한 거 같은데요."

청중 중에서 한 사람이 회의적인 어조로 반론을 폈다.

"그렇게 보일 수 있지요. 너무 앞서나가고 상상력이 풍부하다고 볼 수도 있겠죠. 아니면 공상과학소설로 보일 수도 있습니다. 하지만 이런 흐름은 누구도 막을 수 없는 것입니다. 과학의 탄생 초기에

별에서 온 천부경

모든 사람들이 지구가 우주의 중심이고 땅 밑에는 지옥이 있고 천상의 세계와 지상의 세계는 다르다며 하늘에서 뭔가를 보면 벌벌 떨었지요. 그때 지성과 용기를 갖춘 소수의 사람들이 우주의 진리를 조금이나마 밝혀냈지요. 또 거의 모든 사람들이 생명과 영혼은 너무나 신비롭고 불가사의해 인간은 절대 알 수 없다고 했지만 예리한 지성과 용기를 갖춘 뛰어난 사람들에 의해 우린 생명의 비밀을 알 수 있게 되었습니다. 이러한 도도한 흐름을 누구도 막을 수 없는 것입니다. 아이가 태어나면 자라는 걸 막을 수 없듯이 인류의 진보도 그 무엇으로도 막을 수 없는 것이니까요. 그래 어떻게 생각하든 뒤집어 보든 반대로 보든 그 무엇이든 간에 피할 수 없는 결론은 이겁니다. 우리는 언젠가 다른 행성에 가서 우리와 닮은 존재를 만들게 되리라는 것입니다.”

강당의 사람들이 깊은 눈빛으로 강연자를 응시하고 있었다.

“상상은 좋은데요. 그런데 증거가 없습니다. 증거가 없다는 게 문제입니다.”

방금 전의 사람이 고개를 저으며 다시 말했다.

“모든 신화, 전설, 종교와 유적이 그 증거입니다. 모든 신화, 전설, 종교는 사실은 다른 별에서 온 존재들이 자신들과 닮은 인간을 만들었다는 증거인 것입니다.”

강연자가 방금 전의 사람을 쳐다보며 말했다.

“그럴 수도 있다고 생각합니다. 신화와 전설, 종교가 외계인들의 흔적일 수도 있다고 생각합니다.”

사람들 중에서 몇몇 사람이 고개를 끄덕이며 말했다.

“그렇습니다. 우리에게 전해오는 모든 신화와 전설, 종교는 다른 별에서 온 방문자들의 이야기에 다름 아닙니다. 몽골의 부르칸 신화나 북유럽의 오딘 신화나 인도의 힌두교나 중동의 이슬람교나 유대인들의 유대교나 서양의 기독교나 최근에 생겨난 몰몬교나 남미의 비라코차 신화나 고대 아즈텍문명의 케찰코아틀이나 북아메리카의 인디언 신화나 유명한 그리스-로마신화나 아프리카 도곤족의 시리우스신화나 장엄한 이집트의 피라미드나 중국의 반고 신화나 일본의 여신 신화나 태평양 섬들에 전해오는 신화나 한국의 환웅 신화나 중동의 수메르 신화나 다 같이 하늘에서 내려온 존재들의 이야기를 담고 있는 것입니다. 이 헤아릴 수 없이 많은 신화와 전설 중에서 가장 구체적이고 명확해서 이해하기 쉬운 게 수메르 신화입니다."

내가 거침없이 단숨에 말했다.

"히야! 정말 많네요."

사람들 중에서 누군가 감탄하듯이 말했다.

"수메르 신화에는 신들의 왕인 아누, 지혜의 신이자 창조와 과학의 신이며 문자의 신인 엔키, 그리고 창공의 신인 엔릴이 있고 이외에도 지위가 다른 수많은 신들이 등장합니다. 특히 19세기에 고고학 유적 발굴 과정에서 드러난 길가메시 서사시의 점토판에서 대홍수의 비밀과 태초의 숨겨진 진실이 비로소 세상에 알려지게 되었던 것입니다."

강연자가 태고의 비밀이 담긴 길가메시 서사시에 대해 말하기 시작하였다.

"……"

"길가메시는 지금으로부터 약 5000년 전의 고대 수메르 도시국가 우루크의 왕이며 역대 왕의 계보에도 나와 있는 실존 인물입니다. 길가메시는 반은 신이고 반은 인간이었는데요. 초기에 폭군이었으나 친구 엔키두를 만나 달라지게 됩니다. 수많은 모험과 역경을 이겨내고 뛰어난 영웅과 위대한 용사로 거듭나며 사방에 이름을 떨치게 되었는데요. 그러나 길가메시와 엔키두의 하늘을 찌르는 기세는 결국 신들의 노여움을 사게 되고 엔키두가 죽게 됩니다."

사람들은 모든 신경을 집중하며 주의 깊게 듣고 있었다.

"죽음이네요. 인간의 영원한 숙제인 죽음."

청중 중에서 누군가 동의하듯이 말했다.

"그렇습니다. 죽음은 우리들의 영원한 숙제입니다. 우린 누구나 언젠가 죽을 수밖에 없는 운명이니까요. 그런데 우리는 우리 자신의 죽음을 인식할 수는 없습니다. 죽게 되면 나라는 존재가 더 이상 존재하지 않기에 우린 결코 자신의 죽음을 알 수가 없습니다. 우리가 유일하게 알 수 있는 죽음은 타인의 죽음뿐입니다. 그것도 멀고 먼 타인의 죽음은 아주 작은 사건에 지나지 않기에 나 자신과 가까운 가족과 친구들만의 죽음을 느낄 수 있을 뿐입니다."

강당의 사람들이 공감하는 표정을 지으며 강연자를 주시하고 있었다.

"그러네요."

좀 전의 사람이 고개를 끄덕이며 말했다.

"엔키두의 죽음으로 길가메시는 한순간에 무너져 내립니다. 왕이자 영웅이자 위대한 용사였던 그는 친구의 죽음에 한순간에 천국에서 지옥으로 떨어져 버립니다. 사랑하는 친구의 죽음에 7일 밤낮을 비통한 심정으로 울부짖었던 길가메시. 그는 더 이상 왕도 아니었고 영웅도 아니었습니다. 죽음이 두려워진 길가메시는 견딜 수 없게 되었습니다. 자신도 엔키두처럼 곧 흙으로 돌아갈 거라는 사실이, 자신도 죽음을 면치 못할 거라는 사실이 그를 견딜 수 없게 압박했던 것입니다. 생의 의미와 목적을 잃고 말았고 유랑자가 되어 대초원을 떠돌았고 끝없이 방황했습니다. 필멸의 고통으로 몸부림치던 길가메시는 유일무이한 영생의 인간 우트나피쉬팀을 찾아 나설 수밖에 없게 되었습니다."

사람들은 신비로운 길가메시 이야기에 깊이 빠져들고 있었다.

"길가메시는 영생의 비밀을 찾아 다시 한번 머나먼 여행을 떠났습니다. 온갖 시련을 겪어야 했고 생사를 넘는 모험이 이어졌습니다. 그는 갖은 고생 끝에 죽음의 바다를 건너 죽지 않는 인간 우트나피쉬팀을 만나게 됩니다."

"......"

"오! 우트나피쉬팀이여! 영원히 사는 사람이여! 사랑하는 제 친구는 흙으로 돌아갔습니다. 저도 친구처럼 머지않아 그리될 것입니다. 저도 누워 다시는 일어나지 못하게 될 것입니다. 말하지도 못하고 걷지도 못하고 심장도 뛰지 않을 것입니다. 전 죽음이 두렵습니다. 그래 영생자인 당신을 찾아온 것입니다. 그런데 당신은 나와 같은 인간이군요. 제가 당신을 보고 있노라면 당신은 특별하지 않습니다. 당신은 저와 같습니다. 전 당신의 피부와 얼굴이 금으로 되어있는 줄 알았습니다만 당신은 나와 별반 다르지 않습니다. 그런데 당신은 영원히 살고 왜 나는 죽어야 합니까? 당신은 어떻게 신들의 회의에 나갈 수 있었나요? 오, 우트나피쉬팀이여. 당신은 어떻게 불사를 얻게 되었나요? 말해주세요."

사람들은 두 귀를 잔뜩 모은 채 온 신경을 집중해 듣고 있었다. 강연장은 숨이 멎은 듯 고요해졌다.

"우트나피쉬팀은 길가메시에게 인간의 숨겨진 진실을 알려주었습니다. 우트나피쉬팀은 인간 창조의 진실과 대홍수의 비밀을 들려주었던 것입니다. 까마득히 오래되어 인간의 의식 속에서 완전히 사라진 태초의 신비와 대홍수의 비밀을 알려주었던 것입니다. 그가 수호신 엔키의 도움으로 인간을 구원했으며 인간을 구한 공로로 신들의 축복을 받아 영생을 얻게 된 것을 들려주었던 것입니다."

강연자가 사람들을 둘러보며 또박또박 말했다.

"수호신 엔키!"

"……"

"그렇습니다. 엔키! 엔키는 인간의 창조자이자 수호신이었으며 구원자였습니다. 신들이 대회의를 열어 인간 창조를 실패작으로 규정하고 홍수를 일으켜 쓸어버리려고 했을 때, 수호신 엔키가 비밀리에 구해서 우리가 이렇게 살아있게 된 것입니다. 그의 위대한 지혜와 용기에 의해 오늘날의 우리가 존재하게 된 것입니다. 엔키라는 수호신은 우리에게 헤아릴 수 없는 사랑과 은혜를 베풀어주었습니다. 지금 우리가 이렇게 문명을 이루며 살고 있는 것도, 지금 이 순간에 이렇게 살아 숨 쉬는 것도, 오늘 이 자리에서 강연회를 하는 것도 다 그분의 덕분입니다."

강연자가 사람들에게서 눈을 떼지 않고 호소하듯이 말했다.

루시퍼의 비밀

"창조주 엔키가 바로 구약성경에 뱀이라는 상징으로 등장해 인간의 눈을 뜨게 한 루시퍼이며 그리스 신화에 미리 아는 자로 인간에게 불을 전해준 프로메테우스이며 반인반어半人半魚의 신으로 바닷속에서 거주하며 인간에게 문명을 일구어나갈 모든 지식을 가르쳐준 오안네스이며, 아프리카 도곤족의 신화에 나오는 생명을 창조한 놈모이며, 남미 잉카 신화의 창조의 신 비라코차이며, 고대 멕시코의 아즈텍 문명의 깃털 달린 뱀인 케찰코아틀이며, 동양에 인간의 머리에 뱀의 몸을 가진 태호복희와 여와이며, 깊은 바닷속에서 이 세상을 굽어보는 용왕인 것입니다."

사람들이 인류의 수호신인 루시퍼의 비밀에 대해 흥미로운 긴장 속으로 빠져드는 순간이었다.

"아니에요. 그건 말도 안 돼요. 루시퍼는 악마이자 타락한 천사에요. 루시퍼가 인간의 수호신이자 창조자라는 건 말도 안 돼요. 진짜 아닙니다. 어떻게 악마가 수호신이 된다는 건가요? 루시퍼는 인간을 타락시키는 교만한 천사일 뿐이에요."

아까의 검은 옷의 여인이 경악스러운 표정으로 소리쳤다.

"여하튼 좋습니다. 그렇게 생각할 수 있는 것이니까요. 근데 루시퍼의 어원이 무언지 아시나요?"

내가 유일신을 뼛속까지 믿는 여인을 바라보며 물었다.

"……"

여인이 난처한 표정을 지으며 입술을 떼지 못하고 있었다.

"루시퍼는 빛을 가져오는 자 또 불을 든 자라는 말입니다. 생각해 보세요. 빛이나 불이 우리 인류에게 어떤 의미인가요? 빛이나 불은 광명이자 진리이며 인간을 이끄는 그 자체인 것입니다. 이것만 봐도 루시퍼가 악마나 타락한 천사와 아무 상관이 없다는 걸 깨달을 수 있지요."

여인이 도저히 믿을 수 없다는 표정으로 강연자를 빤히 쳐다보고 있었다.

"루시퍼가 바로 인간의 창조주 엔키인 것입니다. 구약성경에 나오는 뱀이 아담과 이브에게 선악과를 따먹게 한 것은 상징이자 비유인 것입니다. 뱀이 아담과 이브에게 선악과를 먹게 했다는 건 바로 창조자 루시퍼가 숨겨진 진실을 인간에게 가르쳐 주었다는 뜻입니다. 그 숨겨진 진실이란 무엇일까요? 우리 모두가 최고로 알고 싶어 하는 대상인 신과 영혼이었습니다."

강연장의 모든 사람들이 마른침을 삼키며 다음 말을 기다리고 있었다.

"……"

"그건 바로 신이란 다른 별에서 온 인류의 시조들이고 그들이 유전자를 가지고 인간을 창조했던 비밀을 알려 주었던 것입니다. 영혼이란 유전자인 DNA임을 밝혔던 것입니다. 그런데 왜 뱀이 루시퍼의 상징이 되었을까요? 많고 많은 깃 중에서 왜 뱀이 창조사 루시버의 상징이 된 것일까요?"

검은 옷의 여인이 큰 충격을 받은 표정으로 멍하니 앉아 있었다. 강연장의 사람들도 소스라치게 놀라며 할 말을 찾지 못하고 있었다.

"……"

"그건 이중으로 꼬인 뱀이 유전자를 상징하기 때문입니다. 이중나선으로 불리는 유전자가 생명을 만드는 원천이기 때문에 과학자이자 창조주인 루시퍼의 상징이 된 겁니다.[13] 이런 숨겨진 진실을 가장 잘 알고 있고 또 구약성경을 깊이 연구하는 사람들이 누구겠습니까?"

내가 청중에게 한 걸음 바싹 다가서며 질문을 던졌다. 강당의 모든 사람들이 강연자를 뚫어지게 쳐다보고 있었다.

"……"

잠시 깊은 정적이 흐르고 있었다.

"랍비. 바로 유대교의 랍비들입니다. 유대교의 연구가인 그들은 이러한 숨겨진 진실을 가장 깊이 알고 있는 사람들입니다. 이 루시퍼의 비밀은 서서히 밝혀지게 될 것입니다. 그가 흙을 가지고 인간을 창조했고 그가 아무것도 모르고 짐승처럼 사는 인간을 위해 진실을 알려주었으며 그가 모든 어려움을 감수하고 대홍수의 파멸에서 인간을 구원했던 사실이 지구촌 방방곡곡에 알려지게 될 것입니다. 루시퍼 그가 인간을 위해 하늘의 법칙을 어겼기에 땅 위를 기는 추방령을 당해야만 했으며 그가 인간에게 금지된 지혜와 불을 전했기에 크나큰 형벌과 고통을 당해야만 했던 것입니다. 그가 감수해야만 했던 것은 참으로 컸다고 할 수 있으며 그의 하늘보다 더 큰 사랑과 은혜가 없었다면 오늘의 우리는 없었던 것입니다. 우리가 존재하는 한, 인간을 지키기 위해 모든 것을 바쳤던 그분의 은혜를 결코 잊을 수 없는 것입니다. 태초의 비밀이란 다름 아닌 루시퍼의 비밀이며 이 비밀이 만

별에서 온 천부경

천하에 밝혀질 때, 인류는 새 시대를 맞이하는 것입니다. 이제 숨겨진 인류 역사 전체의 거대한 비밀이 드러나는 때가 된 것이고 지금이 그때인 것입니다."

어둠을 뚫고 치솟는 아침 해처럼 강연자의 열기가 강당을 온통 붉게 물들이고 있었다. 인간을 지켰던 위대한 수호신의 사랑이 사람들의 몸과 마음을 송두리째 뒤흔들어 놓고 있었다. 강연자가 호흡을 가다듬고 다시 말을 이었다.

"우리는 지금 파멸 직전입니다. 지금 인류 종말 시계는 멸망 2분 전이며 우리가 멸망할 가능성은 98%입니다. 지금 이 시기에 인류를 구원할 구원의 민족이 등장해야 합니다. 파멸 직전의 인류를 구할 민족은 어느 민족이겠습니까?"

잠시 몇 초의 시간이 흐르고 있었다.

"······"

"그 구원의 민족은 정녕 엔키의 민족이자 후손이자 족속일 수밖에 없습니다. 왜냐하면 창조물이란 창조자의 속성을 반영하는 거울이기 때문입니다. 신들이 대홍수로 인류를 쓸어버리기로 결정했을 때, 인간이 살아남을 수 있는 가능성은 없었습니다. 그 불가능한 상황에서, 신들 중에서 엔키가 인간을 구원했듯이 이제 인류가 스스로 멸망하려는 두 번째의 위기에서 엔키의 민족만이 인류를 구원할 수 있는 것입니다."

내가 사람들을 향해 열정을 다해 호소하듯이 말했다.

"왜 꼭 그래야죠? 다른 민족이 구원할 수도 있는데요. 왜 그래야만 한다는 것인지 이해가 안 됩니다."

사람들 중에서 누군가 믿기지가 않는다는 듯이 물었다.

"우주의 원리가 그렇고 이치가 그러니까요."

내가 질문한 사람을 바라보며 말했다.

"우주의 원리라고요?"

방금 전의 사람이 다시 질문을 했다.

"그렇습니다. 우주의 원리입니다. 모든 것은 되풀이됩니다. 해가 뜨고 지지만 다시 해가 뜹니다. 봄이 오고 다시 가지만 다시 봄이 옵니다. 이처럼 위기가 오고 위기를 극복하지만 다시 위기가 옵니다. 대홍수의 위기에서 엔키가 인간을 구원한 것처럼, 오늘날의 파멸의 위기에서 엔키의 후손만이 인류 구원의 방안을 마련할 수 있는 것입니다."

강연자가 사람들을 둘러보며 침착하게 말했다.

수호신 엔키(© 나무위키)

"대홍수 때, 인간이 살아남을 가능성은 전혀 없었던 것입니다. 이 하늘이 무너지고 땅이 갈라졌던 대재앙 앞에서 수호신 엔키의 지혜와 용기에 의해서 인간은 기적적으로 살아남았던 것입니다. 대홍수 후 재창조가 있었고 이후 인류는 스스로 진보해나갔던 것입니다. 우리는 약간의 진보를 이루었지만 인간 본성에서 오는 탐욕과 핵무기로 오늘날 파멸을 눈앞에 두게 된 것입니다. 우리보다 월등한 존재였던 창조자들은 이 모든 것을 예측하고 내다보았던 것입니다. 그들은 시대를 달리해서 심부름꾼을 보내서 종교를 만들게 했고 저 하늘 위에서 우리를 인도했던 것입니다."

강연자가 사람들을 향해 무겁게 말했다.

"……"

별에서 온 천부경

"그래 파멸의 위기에 처한 인류를 구원할 방법으로 수많은 종교, 신화, 전설을 마련해두었던 것입니다. 우리가 스스로 멸망할 가능성이 99퍼센트인 오늘날 우리 스스로 이 모든 탐욕과 핵무기를 해결할 방법은 없는 것입니다. 우리가 멸망을 피할 방법은 딱 하나입니다. 그건 바로 우주의 모든 진리를 담은 한 장의 경전과 엔키의 민족을 찾는 것입니다. 이 한 장의 경전과 엔키의 후예만이 이 위기를 극복할 수 있는 유일한 구원의 방안인 것입니다. 대홍수 때, 수호신 엔키가 인간을 구원했듯이 핵전쟁의 파멸 앞에서 엔키의 민족만이 인간을 구원할 수 있기 때문입니다. 그래야만 조화를 이루고 그래야만 대칭을 이루게 되는 것입니다."

청중은 상념에 잠긴 깊은 눈빛으로 강연자를 뚫어지게 바라보고 있었다.

"……"

내가 하던 말을 뚝 멈추었다. 강연장은 숨이 멎은 듯 깊은 정적이 감돌고 있었다.

"그럼 그 민족은 당연히 수메르 민족이겠네요."

청중 중에서 누군가 말했다.

"왜 그렇죠. 왜 수메르 민족인 것이죠?"

강연자가 되물었다.

"수호신 엔키가 수메르 신화에 나오니까요. 그러니까 엔키가 당연히 수메르 민족을 창조했겠죠."

조금 전의 사람이 말했다.

"하하! 그럴 수도 있고 아닐 수도 있습니다. 수메르 신화에는 수많은 신들이 나옵니다. 일곱 명의 큰 신인 아누, 엔키, 엔릴, 닌후르쌍,

난나, 우투, 이쉬타르를 비롯해 수많은 신들이 있습니다. 그 많은 신들 중에서 어느 신이 수메르 민족을 창조했는지는 아직 모릅니다."

"그럼 유대 민족인가요?

사람들 중에서 누군가 물었다.

"그럴 수도 있고 아닐 수도 있습니다. 천재 민족인 유대인은 충분히 후보자가 될 수 있다고 생각합니다."

내가 즉시 말했다.

"혹시 아프리카의 도곤족인가요?"

청중 중에서 누군가 물었다.

"그럴 수 있다고 봅니다. 도곤족은 스스로를 하늘과 지구를 연결하는 통로라고 믿는 부족이기에 충분한 가능성이 있지요."

"……"

"작가님은 어느 민족이라고 생각하세요?"

매우 궁금한 듯이 한 사람이 물었다.

"우즈베크 민족일 수도 있고 인도 민족일 수도 있고 북미 인디언일 수도 있고 남미 원주민일 수도 있다고 생각합니다. 프랑스 민족일 수도 있고 호주 원주민일 수도 있고 일본 민족일 수도 있지요. 동남아시아 어느 민족일 수도 있고 북유럽의 어느 민족일 수도 있고 다 가능성이 있다고 보고 있습니다."

"그럼 아무것도 아니게요. 작가님. 콕 집어 정해야죠."

좀 전의 사람이 불만스러운 듯이 다시 말했다.

"하하. 그런가요. 제 생각은 그렇습니다. 말이 중요한 게 아니라 행동이 중요하니까요. 엔키의 종족은 분명 지구상 어딘가에 존재할 것입니다. 지구촌 어딘가에 살아있을 게 분명합니다. 그 엔키의 민족은

　　　　　　　　　　　　　　별에서 온 천부경

평화를 사랑하면서도 강인한 종족이며 순박하면서도 숭고한 철학을 지녀온 민족일 것입니다. 그 엔키의 종족은 최고의 지성과 최고의 문자를 지녔을 것입니다. 또한 가장 뛰어난 도덕적 모범일 것입니다."

강연자가 확신에 찬 어조로 힘주어 말했다.

"……"

"그 엔키의 족속은 지상 어딘가에서 인간 본연의 도리와 철학을 지니며 수천 년을 숨죽이며 오늘날을 기다려왔을 것입니다. 이제 그 엔키의 민족은 일어나야 합니다. 그 엔키의 종족만이 파멸적인 대위기를 극복하고 인류가 꿈꾸어왔던 지상낙원을 실현할 수 있는 유일한 민족이기 때문입니다. 엔키의 종족은 인류의 구원의 등불로서 세계사의 전면에 등장하게 될 것이며 다가오는 새 시대의 중심이 될 것입니다. 이 엔키의 민족과 우주의 모든 진리를 한 장에 담은 경전에 의해 인류는 구원되고 후천세계는 실현될 것입니다."

강당을 가득 메운 사람들은 구원의 비밀에 깊이 빠져들고 있었다. 사람들은 몹시 궁금한 표정을 지으며 숨이 멎은 듯 강연자를 뚫어지게 쳐다보고 있었다.

"수호신 엔키의 민족이 바로 제2의 선민이며 숨겨진 열쇠 중의 열쇠입니다. 하늘과 땅과 사람의 열쇠 중에 가장 찾기 어려운 열쇠인 것입니다. 한 장의 경전을 해석하는 것도 어렵고 하늘의 열쇠와 땅의 열쇠를 찾는 것도 어렵지만 가장 어려운 게 바로 사람의 열쇠인 엔키의 민족을 찾는 것입니다. 모든 것이 숨겨진 엔키의 민족에게 달려있기 때문이지요. 엔키의 민족이 이러한 진실을 깨닫는다면 한 장의 경전은 널리 알려지고 하늘을 나는 배가 시+에 늘어오는 길은 열리게 될 것입니다."

제4장

별에서 온 천부경

별에서 온 사람들

횃불.

생명이라는 횃불! 영원에서 영원으로 타오르는 불꽃이자 무한에서 무한으로 이어지는 찬란한 횃불이다. 불멸의 이중나선이자 영원히 꺼지지 않는 궁극의 요소이다. 영원의 다리를 건너오고 무한의 바다를 넘어온, 그 무엇과도 바꿀 수 없는 소중한 고리이자 불멸의 존재이다. 영원 너머 무한한 시간 이전부터 인간은 다른 별에 자신을 닮은 존재를 창조해왔고 무한 너머 영원한 시간 이전부터 생명은 별에서 별로 이어져 왔다.

그렇다. 순간이 영원인 것처럼 티끌 한 점이 온 우주를 담고 있어야 한다. 수학자 칸토어가 보여준 무한의 본성처럼 말이다. 영원이 순간인 것처럼 삼라만상의 대우주가 한 점의 먼지에 들어 있어야 한다. 이 전일성이야말로 진리 중의 진리이고 본질 중의 본질이고 깨달음 중의 깨달음이다. 이 전일적으로 온전히 존재하는 우주만 있을 수 있는 것이다. 다른 뭐가 아니다. 신도 아니고 진화도 아니다. 허허공공이라는 신은 허망한 것이고 진화는 망상에 지나지 않는다. 오늘 이미니가 딸을 낳듯이 어세는 할머니가 어머니를 낳았고 내일은 딸이 또 다른 딸을 낳을 것이다. 이것만이 불변의 진리이다. 영원의 시간 이전에도 그랬고 영원의 시간 이후에도 그렇기에 말이다.

그렇다.

우리는 무형의 신이라는 허깨비의 산물도 아니고 진화라는 우연의 결과도 아니다. 우린 한철 피고 지는 꽃도 아니고 더더욱 고아도 아니다. 다른 별에서 온 우주의 부모가 만들어 놓은 것이다. 우린 하찮은 그 무엇이 아니라 영원에서 영원으로 이어지는 그 무엇과도 바꿀 수 없는 소중한 고리이다. 별에서 별로 이어지는 생명이라는 불가사의한 횃불. 앞선 고리가 생명의 창조자가 되어 다음 고리를 만들어내고 앞선 문명이 시조가 되어 다음 문명을 일구어주고 앞선 이들이 부모가 되어 다음 자식을 가꾸어주어 생명은 별에서 별로 무한히 이어지는 것이다. 이것이 우리 인간이 영적이라는 말의 진정한 의미이다.

가없는 대우주에 무수한 별들이 빛나는 은하 속에 찬란히 빛나는 별이 있었다. 어쩌면 밤하늘에 가장 밝은 오리온자리의 시리우스일지도 모른다. 지구에서 멀리 떨어진 이 별은 놀라운 행성을 거느리고 있었다. 까마득한 옛날 이 행성의 거주자들은 놀라운 정신적 및 과학적 진보를 이룰 수 있었다. 생명이라는 이 연약하고 부서지기 쉬운 한계를 딛고 그들은 행성의 문명이 넘어야 하는 최후의 시련인 자기 파괴의 폭력성을 극복할 수 있었다. 우리와는 다른 길을 걸었던 그들은 탐욕을 넘어 서로 돕는 조화로운 세계를 이룰 수 있었고 위대한 문명을 건설할 수 있었다. 찬란한 문명을 이룬 그들은 별들을 여행할 수 있었고 마침내 그들 자신에게 새겨져 있는 2차적인 사명에 이끌려 원자와 분자를 조직하여 살아있는 생명을 창조하는 단계에 도달할 수 있었다. 막 태어난 아이가 자라 아이를 낳는 부모가 되듯이 그들은 위대한 본능에 이끌려 다른 행성에 생명을 창조하기 시작

별에서 온 천부경

하였다.

하늘 아래 새로운 게 없듯이 우리가 그랬던 것처럼 그들도 그랬다. 우리가 지동설을 두려워했던 것처럼 그들도 생명 창조를 두려워했고 우리가 인공수정의 시험관아기를 무서워했던 것처럼 그들도 인조인간 만드는 것을 무서워했다. 우리에게 나아가는 진보파, 조정하는 중도파, 확인하는 보수파가 있듯이 그들의 세계에서도 일부는 적극 나아갔고 일부는 균형을 취했으며 일부는 반대했다. 그 누구도 가보지 못한 에베레스트를 오른 텐징 노르가이처럼 그들은 많은 시행착오를 겪고 수많은 우여곡절을 겪으며 조금씩 천천히 나아갈 수밖에 없었다. 우리가 자식을 낳고 기르며 깊은 이해에 도달하듯이 그들도 생명을 만들고 기르며 수많은 시행착오를 되풀이하였다. 지상의 모든 동물들이 자식을 키우기 위해 반평생을 보내듯이 그들도 인간을 만들고 키우기 위해 모든 노력과 정성을 다했다. 그들은 온갖 어려움을 무릅쓰고 어머니의 마음으로 우리들을 낳고 길렀으며 숱한 난관을 극복하고 아버지의 마음으로 사랑하고 인도했다.

창조기술이 진보할수록 자신들과 동등한 인간을 창조하려는 진보파의 열정도 깊어만 갔고 이에 두려움을 느끼는 보수파의 반대도 극심해질 수밖에 없었다. 사회에 해악을 가져올 수 있는 괴물을 만들어낼 가능성에 위협을 느낀 여론과 실험을 반대하는 반대파에 의해 이 생명창조 실험은 중지되기에 이르렀다.

생명창조라는 이 놀라운 일이 진행될 즈음에 환인이라는 지도자가 이끄는 연구단에 의해 불사에 이르는 영생의 기술도 최초로 실현되었디. 불시의 기술로 그들의 세게에서 최고의 시위에 오른 환인천제는 연구단을 이끌며 자신의 행성과 이웃 행성에서 생명 창조를 여러 번 개척하였다. 그들의 세계에서 아주 가까운 행성에서 행해진 첫 번째 생명창조는 이 창조실험에 두려움을 느낀 사탄이 이끄는 반대파에 의해 모조리 파괴되어버렸다. 다음으로 태양에 너무 근접한 행성을 골랐기 때문에 온도가 너무 높아 창조물들이 멸망하게 되었고 그 다음으로는 습도가 매우 높은 행성을 골라 식물의 성장이 압도적으로 커져 동물의 세계를 멸망시켜 버렸다. 여러 번의 시행착오 후, 환인천제는 여러 과학자들과 함께 창조실험을 위해 머나먼 우주여행을 떠나게 되었다.

환인천제와 과학자들은 자신들의 세계로부터 멀리 떨어진 우리들의 지구를 발견하고 바닷속의 지각을 밀어 올려 원초의 단일대륙을 지은 후 생명을 창조하기 시작하였다. 과학자들은 먼저 단세포생물에서 시작해 수많은 식물을 만들었고 다음으로 고유한 특성을 지닌 동물들을 창조하였다. 후에 예술가들이 이 창조에 가담하여 식물은 더 아름답고 향기롭게 되었으며 동물들도 더욱 우아하고 멋지게 되었다. 이러한 실험은 대기권의 조정과 동식물의 창조를 위해 수없이 되풀이되었다. 상당한 시일이 지난 후, 위대한 지도자 환인천제 다음으로 환웅천황이 이 실험을 이어받아 계속해 나갔다. 환웅천황과 과학자들은 지구의 환경과 동식물의 생태계가 안정을 유지하자 자신들의 모습대로 인간을 만들기 시작하였다. 환웅천황은 마니어머니와 함께 단일대륙의 동북아에서 최초의 인간형을 창조하였고 이를 기반으로 7개의 과학자 연구단에 의해 7개의 독특한 인종이 창조되었다. 이들 과학자들은 하늘에서 온 사람들로서 이들이 각 성씨의 시조인 단군이며 이들 단군들이 그들의 유전자를 반영시킨 108가지 성씨의 사람들을 지구에 탄생시켰던 것이다. 이들 각각의 단군들은 맡은 역할이 달랐고 이들이 동북아와 지구의 위대한 문중의 뿌리가 되었으며 이들을 기리는 전통명절이 수천 년을 넘어 오늘날까지 대대로 이어져 왔던 것이다.

이 장대한 창조실험은 여러 번의 고비를 넘겨야 했으며 이로 인해 지상의 생명은 창조와 대량절멸의 과정을 수없이 되풀이하게 되었다. 고생물학자 퀴비에가 말했듯이 여러 번의 격변을 겪어야 했으며 최후의 대격변이 그 유명한 대홍수이고 이 홍수신화는 지구촌 모든 곳에 전해지게 되었던 것이다. 이 때 인간을 사랑한 위대한 수호신에 의해 인간은 가까스로 살아남게 되었고 대홍수 후 원래의 자리에 재배치되어 오늘날에 이르게 된 것이다.

이 과정은 신화가 되고 전설이 되어 인류에게 전해지게 되었고 창조자들은 수많은 종교와 경전과 유적을 남겨 오늘날을 대비하도록 이끌었던 것이다. 신화나 전설은 상상이나 허구가 아니라 역사 이전의 역사이자 종교와 철학의 본체이며 생명의 진실 그 자체인 것이다. 이 신화야말로 우리의 뿌리와 직접 연결되어 있고 과학의 시초인 것이며 근원으로 돌아가는 길을 담고 있기에 말이다. 인류의 시조들은 남미의 비라코차와 아프리카 놈모와 북유럽의 오딘의 신화를 남겼고, 코란과 몰몬경을 남겼으며 포폴 부와 피라미드를 남겼고 성경과 불경을 남겼고 카발라와 천부경을 남겼던 것이다.

81의 비밀

한민족에게 실낱처럼 전해지던 천부경에 대한 관심이 들불처럼 타오르는 시절에 강연회가 있었다. 2019년 5월에 천부경유토피아의 김호철과 김혜연, 김혜란이 주최한 강연회가 신도림역 근처에서 열렸다.

"이게 그 신비의 경전입니다. 우주의 모든 진리를 한 장의 종이에 담은 최고의 경전이자 만세강전이며 다가오는 후천세계를 여는 열쇠인 경전입니다. 가로 9줄, 세로 9줄로 전부 81자로 이루어진 이 세상의 모든 지혜를 담은 경전 중의 경전. 바로 세상의 전부 천부경입니다."

내가 사람들을 둘러보며 입을 열었다.

강연장에 있는 모든 사람들의 시선이 일제히 천부경에 쏟아졌다. 사람들은 깜짝 놀라 눈을 휘둥그레 뜨고 말로만 듣던 지상 최고의 경전을 뚫어져라 쳐다보고 있었다. 잠시 동안 숨이 멎은 듯 아무 소리도 들리지 않았다.

"……"

사람들의 눈빛이 빛나고 있었다. 강연장을 가득 메운 청중들은 놀라움과 호기심에 가득 찬 얼굴로 신비의 경전을 보고 또 보고 있었다. 어떤 사람들은 커다란 감탄과 감동으로 넋을 놓고 바라보기만 했다. 또 어떤 사람들은 어떻게 이런 신비의 경전이 존재할 수가 있다는 것인지 믿을 수 없다는 표정으로 멍하니 바라보고만 있었다.

"……"

한참 동안 정적이 흐르고 있었다.

"한 번 읽어 주세요."

청중 중에서 누군가 말했다. 그는 중년의 남성이었다.

"좋습니다. 다 함께 읽어보시죠."

天符經

一始無始一析三極無

盡本天一一地一二人

一三一積十鉅無匱化

三天二三地二三人二

三大三合六生七八九

運三四成環五七一妙

衍萬往萬來用變不動

本本心本太陽昻明人

中天地一一終無終一.

천부경

일시무시일석삼극무

진본천일일지일이인

일삼일적십거무궤화

삼천이삼지이삼인이

삼대삼합육생칠팔구

운삼사성환오칠일묘
연만왕만래용변부동
본본심본태양앙명인
중천지일일종무종일."

"그런데, 작가님 어떻게 읽나요?"
방금 전의 사람이 다시 물었다.
"그러네요. 좋은 말씀이네요. 이렇게 열네 개의 구절로 나누어 읽
으면 천부경 본래의 의미를 살려 자연스럽게 됩니다.

일시무시일
석삼극
무진본
천일일
지일이
인일삼
일적십거무궤화삼
천이삼지이삼인이삼
대삼합육생칠팔구
운삼사성환오칠
일묘연만왕만래용변부동본
본심본태양
앙명인중천지일
일종무종일."

별에서 온 천부경

강연장을 가득 메운 사람들이 다 함께 호흡을 맞춰 천부경을 읽어 나갔다.

"읽어 보니까 어떻습니까? 무슨 뜻인지 짐작이 가십니까?"

내가 그 사람을 쳐다보며 말했다.

"무슨 뜻인지 전혀 모르겠습니다. 그리고 어떻게 한 장의 종이에 우주의 모든 진리를 담을 수 있다는 것인지 도대체 이해가 되질 않습니다."

방금 전의 남자가 믿어지지가 않는다는 표정으로 말했다.

"그렇습니다. 이 경전은 잠겨 있습니다. 아까 가로 아홉 줄 세로 아홉 줄이라고 했는데요. 우주의 모든 진리가 아홉 줄 아홉 줄이라는 사각형의 형태 속에 비밀처럼 들어있는 것입니다. 이 81자라는 글자 속에 세상의 모든 지혜와 진리가 그 골격과 뼈대만으로 암호처럼 잠겨 있는 것입니다. 정방형이라는 형태 속에 감추어 있어 때가 되어야만 풀린다는 뜻이기도 합니다. 인류의 시작 이래 이 천부경은 기나긴 세월 동안 세상의 모든 지혜를 담은 채 신비가 벗겨지는 때를 기다려왔던 것입니다."

강연자가 사람들을 번갈아 쳐다보며 침착하게 말했다.

"작가님은 풀었나요?"

사람들 중에서 누군가 물었다.

"때가 되기 전에는 누구도 풀 수 없게끔 되어있습니다. 한자의 문제도 아닙니다. 열쇠가 도래하기 전까지는 그 누구도 짐작조차 할 수 없게 되어있으니까요. 조선 시대의 고승 서산대사가 있습니다. 서산대사는 원래 휴정대사인데 말년을 평안도 묘향산에서 보내게 되었는데요. 묘향산이 서쪽에 있어 서산대사로 알려지게 된 것입니다. 대단한 고승인 서산대사는 자신이 석가의 도를 닦는 스님이면서도 우리나라에 환웅의 도인 천부경이 전해온다는 것을 알고 천부경을 접하게 되었습니다. 그러나 아무리 노력해도 이해가 되지 않고 전체의 뜻을 헤아릴 수조차 없자 해지는 노을을 보고 한탄했다는 이야기가 전해오고 있습니다. 한국에 전해오는 단학의 대가 봉우 권태훈 선사도 천부경 연구가 잘 되면 좋은 세상이 빨리 오고 늦게 되면 새로운 세상이 늦게 온다고 할 정도로 중요하게 여겼던 것입니다. 또 20세기의 당대의 학승이자 대사상가인 탄허선사도 천부경에 대해 말한 게 있습니다. '글자는 어려운 것이 없으나 그 내용이 지극히 심오하여 퍽 해득하기 어려워서 만 세상 사람들이 모두 머리를 앓는 것이 아닙니까?'라고 하며 천부경 해석의 어려움을 말한 바 있기도 합니다."

강연자가 천부경의 비밀을 차분하게 말했다.

"……"

"이 천부경은 열쇠가 있어야만 풀리게끔 되어있습니다. 그렇습니다. 마치 암호처럼 비밀의 문처럼 단단히 잠겨 있는 자물쇠이기에 열쇠가 와야 만이 열리게끔 되어 있습니다. 그전에는 그 무엇으로도 열수가 없습니다. 그냥 쇠로 된 단순한 자물쇠라면 부술 수도 있고 깨뜨려서라도 강제로 열 수 있겠지요. 하지만 진리의 자물쇠로 잠겨 있는 이 신비의 경전은 결코 때가 되지 않고서는 그 누구도 열 수 없는 것입니다."

내가 강연장 앞의 천부경을 가리키며 말했다.

"……"

"누구도 풀 수 없고 때가 되어야만 풀린다고 하셨는데요. 그럼 그때는 언제인가요?"

사람들 중에서 누군가 질문을 했다.

"지금이 바로 그때입니다. 사각형의 형태로 잠겨 있다는 것은 바로 인간이 생로병사와 지구에 갇혀있는 때를 의미하기도 하니까요. 생명의 원리를 이해하여 생명공학기술로 생로병사를 조절하기 시작하고 지구를 벗어나 우주여행이 가능해지는 이 시기야말로 천부경의 신비가 밝혀지는 때 중의 때이기도 한 것입니다. 또 루마니아 출신의 철학자이자 작가인 게오르규는 한국의 홍익인간만이 인간을 구원할 수 있다고 말했지요. 그는 인간은 홍익인간에 의하지 않고서는 구원될 수 없다고 선언한 적이 있었습니다. 그 게오르규의 작품에 '25시'가 있는데요. 25시는 서구 문명이 초래한 부작용인 폐허와 죽음의 시간을 의미합니다. 이 죽음의 시간이자 폐허의 시간인 25시를 구원할 빛이 동방으로부터 온다고 한 것입니다. 25시를 읽은 많은 독자들이 동방으로부터 오는 빛이 중국이 아닌가 하고 생각한 것입니다. 그러자 게오르규가 '동방으로부터 오는 빛은 중국도 아니다. 일본도 아니다. 바로 한국 코리아다.'라고 선언한 것입니다. 그 게오르규가 한국의 사상과 문화만 연구한 게 아니라 한반도의 지형을 연구하고 놀라운 말을 했습니다."

내가 사람들에게 한 걸음 다가서며 말했다.

"뭐라고 했는데요?"

몹시 궁금한 표정으로 누군가가 즉시 물었다.

"게오르규는 '한반도의 모습이 열쇠처럼 생겼다'라고 했습니다."

"열쇠라고요?"

"그렇습니다. 열쇠!"

"……"

"한국의 모습이 열쇠처럼 생겼다고 하면서 지구촌의 모든 난제가 이곳 한반도에서 해결될 거라는 경이로운 말을 남겼던 것입니다. 이 게오르규가 한국을 서너 번 방문해서 여러 이야기를 했는데요. 그중에 무덤에 대해 말한 게 있습니다. 한국의 무덤은 묘하게 동그란 형태를 하고 있는데요. 아주 오묘하다고 한 것입니다. 동그란 무덤, 그 앞에 네모난 상석, 그리고 상석 앞의 사람은 바로 천지인을 의미하고 있습니다. 천지인은 천부경을 말하는 것이고요. 우리 한민족의 시조이자 인류의 대성인인 환웅천황이 우리에게 천부경을 잊지 말라고 무덤과 상석과 그 앞의 사람을 상징 삼아 남겨놓았던 것입니다."

강당의 사람들이 깊은 관심을 보이며 귀 기울여 듣고 있었다.

"그런데 지금 어떻습니까? 지금은 무덤이 사라지고 전부 화장하는 때입니다. 무덤이 사라진다는 현상은 다시 말해 전해왔던 천부경의 신비가 풀어진다는 의미이기도 한 것입니다."

강연자가 하던 말을 뚝 멈추었다. 사람들은 천부경의 비밀에 홀린 듯이 빠져들며 다음 말을 기다리고 있었다.

"왜 그렇지요?"

누군가 질문을 했다.

"왜 그럴까요? 무덤이 사라지게 되면 왜 천부경이 풀어지는 것일까요?"

내가 곧바로 되물었다.

"……"

사람들이 강연자를 뚫어져라 쳐다보고 있었다.

"그렇습니다. 시체를 화장해서 무덤이 사라진다는 것은 천부경의 신비가 드러나고 모든 진실이 밝혀지는 시대가 도래했다는 것을 의

별에서 온 천부경

미하는 것입니다. 행동학자들이 많은 것을 연구합니다. 이것저것 참으로 다양하고 많은 것들을 연구하는데요. 그중에 인간 심리를 연구한 게 있습니다. 우리가 어렸을 때 숙제를 다하면 잊어버리고 발 뻗고 자게 되지요. 식당에 근무하는 종업원들이 손님이 들어오면 무슨무슨 주문인지 주문한 것을 다 기억하고 있다가 주문한 음식을 날라다 주면 잊어버립니다. 왜냐하면 과제를 다 마쳤으니까요. 손님에게 주문한 음식을 날라다 줌으로써 과제를 마쳤기에 더 이상 기억할 필요가 없기에 잊어버리는 것입니다. 바로 이것처럼 시체를 화장하고 무덤이 사라진다는 모습 자체가 때가 도래했으며 천부경의 비밀이 드러난다는 징조인 것입니다."

사람들의 시선이 온통 강연자에게 쏠리고 있었다. 몹시 흥미로운 눈길로 다음 말을 기다리고 있었다.

"……"

"70억 인구 중에 누구도 이 천부경을 풀 수 없다는 게 이해가 가질 않습니다. 도대체 왜 풀 수 없다는 거죠? 또 천부경을 여는 열쇠가 대체 무엇인가요?"

사람들 중에서 궁금함을 참을 수 없다는 듯 한 사람이 목소리를 높여 물었다. 쇠붙이가 자석에 끌리듯 사람들은 천부경에 대한 호기심을 억누를 수 없는 것 같았다.

"천부경은 한 마디로 이겁니다. 우주가 뭐냐. 물질이 뭐냐. 생명이 뭐냐. 이것인 것입니다. 우리들 중에 우주의 영원성과 무한성은 옆으로 치워놓고서라도 물질이 무엇인가와 생명이 무엇인가에 대해 답할 수 있는 사람이 과연 있을까요? 그 누구도 없을 것입니다. 왜냐하면 아직 그 누구도 답을 모르기에 말입니다. 우리는 이제 겨우 초보적인

지식으로 만물이 원자로 이루어져 있다는 것을 이해하고 있을 뿐입니다. 그럼 그 원자는 무엇이냐 이겁니다."

"……"

"원자는 대체 무엇입니까?"

내가 사람들을 둘러보며 질문을 던졌다.

"원자를 이루는 게 무엇이냐 이겁니다. 이젠 상식이 되어 누구나 다 아는 것인데요."

"전자와 양성자와 중성자입니다."

사람들 중에서 누군가 말했다.

"그렇습니다. 만물을 이루는 원자는 전자와 양성자와 중성자로 이루어져 있습니다. 그럼 한 번만 더하겠습니다. 이 전자는 무엇이고 양성자와 중성자는 무엇이며 어떤 것으로 이루어져 있나요?"

강연자가 즉시 되물었다.

"……"

사람들은 미처 이 문제를 생각해보지 못한 듯 다소 당황해하는 것 같았다.

"현재의 첨단물리학이 연구하는 건 바로 중성자와 양성자가 쿼크로 이루어져 있다는 것입니다. 그런데 물질을 이루는 이 소립자라고 불리는 광자와 전자와 쿼크가 무엇인지 우리는 전혀 모르는 상태인 것입니다. 우리들 중 이들 소립자가 무엇인지 알고 있는 사람은 그 누구도 없으며 짐작조차 하지 못하고 있는 상황인 것입니다. 이것을 연구하는 세계 최고의 수많은 학자들이 있지만 우리는 그 결과를 모르고 있습니다. 지구에 사는 그 누구도 그 결과를 모르고 있고 종착점을 모르고 있는 것입니다. 단지 수많은 이론만 들끓는 상황인 겁니다."

내가 사람들을 둘러보며 확신에 찬 얼굴로 말했다.

"그런데 천부경을 남겨놓은 위대한 존재는 그 결과를 다 안다는 사실입니다. 그는 세상 위의 세계와 세상 아래의 세계의 모든 지혜를 터득한 존재인 것입니다. 세상의 모든 진리를 이끄는 위대한 창조자는 우주가 뭔지 물질이 뭔지 생명이 뭔지를 다 알고 있다는 것입니다. 그렇기에 한 장의 종이에 우주의 모든 진리를 담아 우리에게 남겨놓은 것이지요."

강당의 사람들이 깊은 표정으로 강연자를 바라보고 있었다.

"또 우린 아직 생명이 무엇인지 모르고 있습니다. 지상에서 가장 뛰어난 과학자 수천 명, 수만 명을 불러 모아도 우린 살아있는 조그만 미생물 하나를 만들어낼 수가 없습니다. 수많은 뉴턴, 수많은 가우스, 수많은 멘델, 수많은 파스퇴르, 수많은 푸앵카레, 수많은 아인슈타인, 수많은 테슬라, 수많은 로잘린 프랭클린, 수많은 크릭, 수많은 라마누잔, 수많은 피카소, 수많은 노버트 위너, 수많은 김진수 등등 헤아릴 수 없이 많은 과학자와 공학자와 컴퓨터를 동원하더라도 우린 살아있는 가장 간단한 세균 하나를 만들어낼 수 없다는 사실입니다. 이게 21세기 초에 지구에 살고 있는 우리들의 현실이자 자화상인 것입니다."

청중이 공감이 되는 듯이 깊은 상념에 잠겨 있었다.

"……"

"그런데 우리에게 천부경을 남겨놓은 인류의 대성인은 우주가 뭔지 물질이 뭔지 생명이 뭔지뿐만 아니라 생명을 설계하고 만들어내는 존재라는 사실입니다. 침으로 이미 이마힌 역량과 상상할 수 없는 능력의 소유자임을 분명히 보여주고 있는 것입니다. 이 위대한 시조는 이 모든 것을 예측하고 탐욕과 핵무기로 스스로 자멸하려고 하는 인류를 구원하기 위해 한 장의 종이에 우주의 모든 진리를 담아 준비해두고 인도해왔던 것입니다."

내가 사람들을 바라보며 열정적으로 말했다.

"이제 좀 이해가 되는데요. 대홍수 때 생물의 씨인 DNA로 생명을 구했다는 건 좀 이해가 갑니다. 그런데 한 장의 종이에 담긴 경전으로 인류를 구원한다는 건 아무리 노력해도 이해가 되질 않습니다. 어떻게 해서 한 장의 종이가 우리를 구원할 수 있다는 건지 좀 더 설명해주세요. 정말 이해가 안 됩니다."

청중 중에서 한 사람이 궁금해 미치겠다는 표정으로 물었다.

"그렇습니다. 어찌 보면 이해가 아주 어려울 수도 있고요. 어찌 보면 아주 쉬울 수도 있는 문제인 것입니다. 이 문제를 한 번 생각해보십시오. 인간을 무어라고 생각하십니까? 인간의 본성과 본능을 무어라고 말할 수 있을까요?"

강연자가 사람들을 향해 질문을 던졌다.

"……"

사람들은 생각하고 있었다.

"인간에게 수많은 본능과 욕구가 있는데요. 그중에서 3대 본능이 무엇일까요?"

내가 다시 질문을 던졌다.

"먹어야 살지요."

"식욕이나 성욕이겠죠."

사람들 중에서 몇몇 사람이 대답했다.

"그렇습니다. 식욕과 성욕은 인간의 아주 중요한 본성 중에 하나인 건 분명합니다. 이것 말고도 인간의 본성을 말할 수 있는 게 뭐가 더 있을까요?"

내가 사람들을 살펴보며 즉시 되물었다.

"……"

사람들은 고개를 갸우뚱거리며 깊이 생각하고 있었다.

"호기심. 알고자 하는 것입니다."

청중 중에서 한 사람이 말했다.

"그렇습니다. 인간은 탐구하는 존재이고 모르는 것을 알고자 하는 존재입니다. 우리를 이끌어온 두 개의 덕이 있는데 지성과 과학이라는 덕입니다. 이 지성과 과학은 우리 인간을 이끌고 최종적으로 우리 자신과 닮은 존재를 만들어내게 될 것입니다. 우리 인간이 하는 모든 행위의 밑바탕에는 이 호기심이라는 알고자 하는 본능이 깔려 있으니까요. 이 알고자 하는 본능에 의해 인간은 사물의 원인을 캐고 만물을 이루고 있는 원자를 이해하게 되고 하늘을 날아 다른 별에 가게 되고 모든 것을 이룰 수 있게 되는 것입니다.

그래 필연적으로 인간은 모르는 것을 알고자 하고 탐구할 수밖에 없게 되어있습니다. 마치 수학에서 페르마의 정리나 칸토어 가설, 푸앵카레 추측이나 리만 가설 같은 아주 어려운 문제가 결국은 풀릴 수밖에 없게 되는 것처럼 말이지요. 이 풀이 과정에서 수학은 엄청나게 진보할 수밖에 없고요. 결국 81자로 되어있는 정사각형 형태의 천부경도 언젠가 풀릴 수밖에 없으며 그게 풀렸을 때 인류의 역사는 바뀌게 되는 것입니다."

내가 사람들을 똑바로 쳐다보며 힘주어 말했다.

"그래도 이해가 잘 안 됩니다."

또 다른 사람이 강연자를 쳐다보며 말했다.

"그럼 이것을 생각해보십시오. 사람들이 길을 모르는 상태에서 미지의 밀림을 탐험하고 있는데 말입니다. 길을 잃고 헤매다 보니 갈증에 허덕여 몇 시간만 더 헤매면 목마름과 굶주림으로 죽기 직전의 상황입니다. 이 아슬아슬한 상황에서 이쪽으로 가면 물이 있고 반대쪽으로 가면 천 길 낭떠러지 절벽이 나와 모두 죽음에 이르는 길이라는 표지판이 있다고 생각해보십시오. 단지 안내하는 표지판 글자 하나에 따라 살기도 하고 죽기도 하는 것입니다. 이처럼 글자 하나의 힘이나 표지판 하나의 힘이 사람을 살리기도 하고 죽게도 할 수 있는 것이어서 그 힘은 아주 막강한 것입니다. 실제로 우주의 모든 진리를 담은 한 장의 경전이 존재한다면 그 경전의 힘은 상상할 수도 없이 거대할 뿐만 아니라 인류의 역사를 통째로 바뀌게 하고도 남을 수 있는 것입니다."

강연자가 사람들을 둘러보며 차분하게 말했다.

"……"

"좋은 예가 하나 있습니다. 실제로 남극을 두고 탐험경쟁을 벌인 아문센과 스콧이 이에 해당하는 것입니다. 아문센과 스콧은 모두 세 곳에 식량 저장고를 설치했는데요. 아문센은 식량 저장소 근방 가로세로 20여 곳에 방향을 잡기 위해 검은색 깃발을 꽂아 두었습니다. 반면에 스콧은 식량 저장소에만 달랑 하나 깃발을 꽂아두었죠. 당연히 아문센은 돌아오는 길에 식량 저장소를 모두 찾아내 활용한 반면 스콧은 단 한 곳도 찾지 못했습니다. 남극점에 갔다가 돌아오는 길에 식량 저장고의 표지판을 찾은 아문센은 살아서 돌아올 수 있었고 식량 저장고의 표지판을 찾지 못했던 스콧은 죽어서 돌아올 수밖에

별에서 온 천부경

없었습니다. 이건 문자 하나의 힘과 표지판 하나의 힘이 얼마나 강력한지를 보여주는 좋은 예인 것입니다."

"그런 일이 있었죠."

몇몇 사람이 고개를 끄덕이며 동의를 표하고 있었다.

"아까 열쇠 얘기하셨잖아요. 어떤 열쇠를 말씀하시는 건가요?"

사람들 중에서 누군가 물었다.

"하늘에서 온 신들이 대홍수를 일으켜 지상의 모든 인간과 모든 생명을 쓸어버리기로 했을 때, 하늘을 나는 배에 탄 사람들만 살아남을 수 있었습니다. 이 대홍수 이야기는 성경뿐만 아니라 지구촌 모든 곳에 전해져 온다고 여러 번 얘기했었지요. 수메르에 전해져 오는 이야기에는 우트나피쉬팀이 생명을 구원하게 되는데요. 그런데 우트나피쉬팀이 스스로 깨달아서 구원한 게 아닙니다. 갈대 담 밖에서 엔키 신이 독백처럼 중얼거리는 경고를 듣고서 깨닫게 된 것입니다. 이게 핵심입니다. 이 천부경이라는 우주의 모든 진리를 담은 신비의 경전도 지구인 중에서는 그 누구도 이치를 알 수 없습니다. 우트나피쉬팀이 담 밖에서 들려오는 이야기를 듣고 깨달은 것처럼 이 천부경도 담 밖에서 전해지는 열쇠나 해결책이 있어야 만이 열리는 것입니다."

강연자가 걸음을 멈추고 힘주어 말했다.

"대체 어떤 열쇠라는 건가요?"

방금 전의 사람이 다시 물었다.

"담. 갈대의 담. 담이 핵심입니다. 갈대 담 밖에서 들려오는 이야기가 핵심인 것입니다. 담이라는 건 좁게는 담벽을 의미할 수도 있지만 넓게 보면 지구나 태양계의 밖을 의미하기도 하니까요. 오늘날로 치자면 지구 밖에서 오는 우주의 진리가 바로 열쇠가 될 수 있는 것입니다."

내가 방금 전의 사람을 똑바로 쳐다보며 말했다.

"그래도 얼른 이해가 되질 않습니다. 좀 더 설명해주세요."

강연장 뒤쪽에서 또 다른 사람이 말했다.

"좋습니다. 남쪽에 가면 전남에 순천이 있습니다. 순천은 하늘을 따른다는 뜻이기도 한데요. 그런데 넓게 보면 하늘의 이치를 따른다는 뜻이 들어있어 천부경을 따른다는 뜻이기도 합니다. 이 순천 출신의 아리따운 한 아가씨가 있는데, 이 아가씨가 자신이 그린 소중한 그림을 보관하기 위해 자물쇠를 주문했습니다. 세계적으로 아주 유명한 명품 자물쇠를 주문한 것인데요. 자 이 아가씨가 명품 자물쇠를 주문하면 어찌 됩니까?"

내가 강연장 뒤쪽의 사람을 쳐다보며 물었다.

"자물쇠가 집에 오지요."

앞쪽에서 한 여인이 말했다. 여인은 연한 푸른색 옷을 입고 있었다.

"자물쇠만 오나요?"

강연자가 다시 되물었다.

"그건 아니죠. 열쇠도 같이 오죠. 자물쇠와 열쇠가 같이 옵니다."

좀 전의 여인이 말했다. 그녀의 목소리가 여운을 남기며 우아하게 울려 퍼졌다.

"그렇습니다. 바로 그것인 것입니다. 자물쇠를 주문하면 열쇠가 같이 따라오는 것처럼 천부경도 지구 밖에서 왔기에 천부경을 여는 열쇠도 지구 밖에서 와야 하는 것입니다. 그래야 이치에 맞고 순리에 맞는 것입니다."

내가 여인과 강연장 뒤쪽을 번갈아 쳐다보며 말했다.

"열쇠가 하늘에서 뚝 떨어지는 것도 아니고 대체 어떤 열쇠기 지구 밖에서 온다는 것인가요?"

강연장 중앙에서 중년의 남자가 말했다. 한여름의 태양 빛이 대지를 달구듯이 사람들의 열기가 강연장을 뜨겁게 달구고 있었다. 검푸른 파도가 해안절벽에 부서지는 것처럼 사람들의 알고자 하는 본능이 천부경이라는 진리의 성벽에 부딪혀 부서지곤 했다. 민들레 꽃씨가 떠다니는 하늘처럼 사람들의 상상력이 진리의 경전 위를 자유롭게 날아다니고 있었다.

"진리의 열쇠입니다. 보통의 열쇠가 아니라 잠겨 있는 81자를 풀 수 있는 진리의 열쇠 말입니다. 이 진리의 열쇠가 20세기 후반에 지구에 왔을 게 분명합니다."

내가 방금 전의 남자를 쳐다보며 말했다.

"더 헷갈리고 아리송해집니다. 왜 하필 20세기 후반인가요? 좀 더 구체적으로 얘기해 주세요."

좀 전의 남자가 다시 말했다.

"그건 20세기 중반부터 인류의 과학기술이 놀라울 정도로 진보했기 때문입니다. 인간은 이 즈음에 원자의 비밀을 파헤쳐 원자의 시대를 열기 시작했지요. 또 이즘에 컴퓨터가 획기적으로 발달하기 시작했으며 우주탐사도 가능해지기 시작했습니다. 그리고 먼저 얘기했었던 것인데요. 서양의 선지자 노스트라다무스를 연구했던 존 호그라는 학자가 20세기 후반에 기존 종교와는 전혀 다른 새로운 것이 등장하고 이 새로운 것에 의해 인류는 2025년경에 지복의 천년 시대에 돌입하게 된다고 얘기한 적이 있었습니다. 격암유록과 주배도에도 비슷한 이야기가 있지요. 이 모든 자료를 모아 총체적인 사고를 한다면 말입니다. 20세기 후반이란 1950년부터 1999년까지의 50년간입니다. 이 시기에 세계의 모든 천문대에서 혹시 외계의 메시지를 받은 게 있나 찾아볼 필요가 있다고 생각합니다. 또 이 시기에 외계의 존재를 만났다고 주장하는 사람들이나 하늘의 계시를 받았다고 말하는 사람들이 얼마나 될까요?"

강연자가 사람들을 살펴보며 질문을 던졌다.

"아마 꽤나 될 거예요."

좀 전의 남자가 말했다.

"수십 명 아니면 수백 명 안팎이겠죠. 접촉을 주장하는 사람들과 천문대에서 받은 메시지가 있는가를 철저히 살펴볼 필요가 있다고 생각합니다. 왜냐하면 그들이 받은 메시지 중에 인간과 우주에 대한 진실이 들어있을 수 있기 때문입니다. 그들이 받은 진실 중에 천부경을 여는 진리의 열쇠가 들어있을 게 틀림없다고 생각합니다."

내가 확신에 찬 표정으로 말했다.

"작가님은 찾아보셨나요?"

청중 중에서 누군가 한 사람이 물었다.

"그렇습니다. 십 대 후반부터 찾았으니 아주 오래되었습니다."

"세상에나. 십 대 후반이면 중 고등학교 다닐 때인데요."

방금 전의 사람이 감탄하듯이 대답했다.

"그렇습니다. 진리를 찾아 헤맸던 게 엊그제 같은데, 거의 40년이나 되었습니다. 하늘을 나는 배가 지구에 들어올 수 있는 방안을 찾아 온 힘을 다해 헤맨 지 40년 만에 이제 결실을 눈앞에서 보게 되니 감회가 새롭습니다."

강연자가 감회 어린 표정으로 사람들을 바라보며 말했다.

"이얏! 40년 동안 천부경을 찾아다녔다고 하니 참 대단하십니다."

사람들 중에서 또 다른 사람이 놀랍다는 듯이 말했다.

"10대 후반인 중고교시절 인간이 무엇인지, 왜 여기에 존재하는지를 알고 싶었습니다. 우리 인간이 어디에서 와서 어디로 가는지를 미친 듯이 알고 싶었습니다. 말 그대로 화두가 돼버린 것이었습니다. 신이 만들었는지 아니면 진화했는지 모든 힘을 다해 알고 싶었는데 답을 찾을 수가 없었습니다. 그 누구도 알려주지를 않으니 답을 직접 찾기로 결심하고 철학과를 가려고 문과로 갔습니다. 그런데 인간이 뭐냐는 이 근원적인 의문이 철학이 아니라 과학에 의해 해결될 거라는 확신이 든 것입니다. 그래 결국 과학을 공부하기 위해 학교를 그만두고 검정고시를 거쳐 대입시험을 치른 19살 되던 해 1982년 12월의 겨울이었습니다. 당시 전주 시내의 홍 뭐라는 대형서점이었던 거 같은데 지금은 있는지 모르겠습니다."

내가 지난날을 떠올리며 말했다.

"서점에 들러 여러 서적을 살피고 있었는데 그때 내 눈에 들어오는 책 한 권이 있었습니다. 그 책은 제목이 '우주인이여 나를 데려가라'였고, 기자의 체험소설이라는 작은 설명이 붙어 있었습니다. 앞표지에는 하늘과 들판을 배경으로 사람의 모습이 조각되었고 뒤쪽에 한 대의 UFO가 그려진 책이었습니다. 어떤 책일까 하고 책장을 한 장 한 장 넘겼습니다. 프랑스 기자가 1973년 12월 13일에 UFO를 타고 온 외계인을 만났다는 게 첫 내용이었습니다. 첫 만남에 구약성경을 가지고 오라고 한 외계인이 다음날 창세기를 설명했다는 내용이 이어졌습니다."

사람들이 호기심에 찬 표정으로 강연자를 뚫어지게 쳐다보고 있었다.

"······"

"다음날 그 외계인은 프랑스 기자를 만나 이야기를 계속했습니다. 〈아득한 저쪽에 있는 우리들의 행성에서는 당신네들이 앞으로 도달할 과학기술의 수준에 이미 옛날에 도달했죠. 우리들은 생명을 탄생시킬 수 있는 방법을 연구했습니다. 시험관 안의 생명을 만드는 데 모두들 매달린 거죠.

과학자들이 완벽한 기술로 이상한 작은 동물을 창조하는 단계에까지 이르렀을 때 여론도 정부도 과학자들도 실험을 계속하는 일에 반대했습니다. 사회에 해악을 가져오는 괴물을 낳을 우려가 있었기 때문입니다. 사실 그런 동물 중에는 도주해 버린 것도 있었고 몇 명은 희생되기도 했습니다.

이런 일이 추진되는 한편, 이와 함께 다른 행성이나 은하계의 탐사도 진전되었습니다. 과학자들은 실험을 계속하는 데 필요한 모든 조건을 갖추고 있는 행성을 찾기 위해 머나먼 우주여행을 떠나기로 했습니다. 그들이 고른 곳이 바로 당신들이 살고 있는 지구입니다.

내가 당신에게 성서를 가져오도록 한 것은 성서 안에는 그와 같은 진실의 흔적이 있기 때문입니다. 다만 성서의 기록자들에게는 기술공학에 대한 지식이 결여되어 있었기 때문에 과학적으로 서술되어야 할 것들이 모두 신비적이고 초자연적인 색채를 띠어 좀 변형되어 있죠.〉"

사람들은 손에 땀을 쥐며 이야기에 깊이 빠져들고 있었다.

"그 외계인은 기자에게 설명을 계속했습니다.

〈우선 창세기의 제1장을 펴 보도록 하세요.

한 처음에 하느님께서 하늘과 땅을 지어내셨다. _{창세기 1:1}

성서에서는 엘로힘ELOHIM을 하느님 또는 하나님이라고 부정확하게 번역하고 있지만, 엘로힘은 히브리어로 '하늘에서 온 사람들'이라는 뜻이며 복수지요. 우리들의 세계에서 도망친 과학자들은 그들의 계획을 최초로 실현할 가능성이 있는 행성을 찾아 헤맸습니다. 그들이 지구를 발견하고 그들의 행성과 대기는 같진 않지만 인공생명의 창조에 필요한 요소는 모두 갖추고 있음을 확인하고 창조작업에 들어간 것입니다.

그 빛이 하나님 보시기에 좋았다. 창세기 1:4

지구상에 생명을 창조하기 위해서는 태양이 지표에 해로운 빛을 보내고 있는지 어떤지를 알 필요가 있었습니다. 태양은 해로운 광선을 방사하지 않고 지구를 따뜻하게 한다는 것이 곧 확인되었습니다. 그 빛은 좋았던 것입니다.〉

이렇게 외계에서 온 방문자는 하루에 한 시간씩 6일 동안 인간의 숨겨진 진실과 기원을 밝혔습니다. 그리고 그 외계인은 맨 마지막 날 자신들이 방문할 수 있는 건물이 지어지면 지구를 공개적으로 방문하겠다는 말을 남기고 돌아갔습니다."

사람들은 숨이 멎은 듯 이야기에 매료되며 집중하고 있었다.

"……"

잠시 정적이 흐르고 있었다.

"증거는요? 증거가 있었나요?"

사람들 중에서 한 사람이 따지듯이 물었다.

"증거요. 직접적인 증거는 없었고 책 한 권이 전부였습니다."

내가 방금 전의 사람을 쳐다보며 말했다.

"그럼 그걸 어떻게 믿나요? 증거가 있어도 사기가 하도 판쳐서 믿기가 어려운 세상인데요. 증거가 하나도 없는데 믿는다는 것은 자살 행위나 마찬가지라 생각합니다."

방금 전의 사람이 고개를 설레설레 저으며 말했다.

"하하! 자살행위라. 맞는 말씀이니까 좋은 충고라 생각하겠습니다. 조심하고 또 조심할 필요가 있다고 생각합니다. 조심하라는 건 맞는 이야기인데 말입니다. 증거보다 더 중요한 게 있는데 그게 뭐라고 생각하십니까?"

강연자가 방금 전의 사람을 똑바로 쳐다보며 물었다.

"증거보다 더 중요한 게 있다고요. 그럴 리가요? 증거가 최고라고 생각합니다."

좀 전의 사람이 다시 말했다.

"증거가 최고라는 건 맞는 얘기입니다. 우리가 증거에 기초하고 증거에 의해서 생각하고 증거에 의해서 판단할 수밖에 없기에 당연한 이야기인데요. 그 최고인 증거보다 더 중요한 게 하나 있습니다. 무엇이겠습니까?"

방금 전의 남자와 사람들이 깊은 상념에 잠겨 있었다.

"증거는 물론 중요합니다. 그런데 그 중요한 증거보다 더 중요한 게 딱 하나 있습니다. 그게 대체 무엇이겠습니까?"

강연자가 사람들을 둘러보며 다시 한번 질문을 던졌다.

"……"

사람들은 입을 열지 못하고 깊이 생각하고 있었다. 잠시 침묵이 이어지고 있었다.

"바로 전체를 보는 것입니다."

"……"

별에서 온 천부경

"이 전체를 보는 게 최고이며 이게 최상의 지혜이며 그 무엇과도 비교할 수 없는 무상의 현명함인 것입니다. 이것에 의해 직접적인 증거는 없었으나 우주인이여 나를 데려가라라는 책이 인간과 우주에 관한 진실이라고 느꼈고 그리 판단했습니다. 명백하고도 분명한 진실이었던 것입니다."

"……"

강당의 사람들이 크게 놀란 표정을 지으며 강연자에게서 눈을 떼지 못하고 있었다.

"직접적인 증거는 없었으나 눈을 뜨면 보이게 됩니다."

"너무 성급한 결론은 아닐까요? 열아홉 살이면 아직 좀 이르지 않은가 하고 생각합니다."

사람들 중에서 한 사람이 회의적인 어조로 말했다.

"충분히 그럴 수 있다고 생각합니다. 너무 성급하고 너무 무모한 결론이라고 생각할 수 있다고 봅니다. 하지만 눈을 뜨면 보이게 됩니다. 선택의 여지가 없기 때문입니다. 우리가 공허의 신을 믿거나 진화를 믿거나가 가능하다고 생각하시나요? 수없이 죽었다 깨어나도 그건 불가능합니다. 단 하나의 가능성은 우리와 같은 존재가 우리들을 만들었다는 이게 전부입니다. 이것 하나만 가능할 뿐 다른 길은 없는 것입니다."

강연자가 사람들을 둘러보며 선언하듯이 말했다.

"그래도요. 그래도 말입니다. 어떻게 우주인이 있다고 믿을 수 있습니까?"

사람들 중에서 한 사람이 말이 안 된다는 듯이 말했다.

"자. 이 문제를 생각해보십시오. 어느 날 말입니다. 아버지가 부르더니 유언이라고 하면서 '사실 나는 너의 친아버지가 아니다. 이러저러해서 너를 맡아 기른 것일 뿐 너의 친부모는 누구다'라고 하는 것이었습니다. 자 이제 어떻게 하시겠습니까?"

내가 사람들을 똑바로 바라보며 물었다.

"그래 이 문제를 가지고 죽어라 고민을 한 다음 친부모를 찾아가기로 결정했는데 말입니다. 가짜 아버지가 다시 부르더니 말을 합니다. '사실 지난번의 이야기는 사실이 아니다. 너의 태도를 보고 유산을 물려주려고 너를 잠시 시험한 것에 지나지 않는다. 나는 너의 친부모가 맞는데 네가 나를 부정했으니 너에게 줄 유산은 없다'라고 하는 것입니다. 자 이제는 어떻게 하시겠습니까?"

강연자가 사람들을 뚫어지게 쳐다보며 다시 물었다.

"······."

청중은 당혹스러워하며 뭔가를 깊이 생각하고 있었다.

"유전자 검사부터 하시겠습니까? 그럼 그 결과는 또 어떻게 믿습니까? 도중에 실험검사원이 실수를 할 수도 있고 인쇄가 잘못될 수도 있고 검사 종이가 뒤바뀌어 나올 수도 있고 말입니다. 결국 변수는 무한히 열려 있는 것이며 어디까지 믿느냐 하는 문제는 언제나 남아있는 것입니다."

내가 사람들에게 한 발짝 다가서며 침착하게 말했다.

"바로 이것입니다. 전체를 보는 것이란 이 모든 것을 관통하는 것입니다. 무상의 지혜란, 최고의 지혜란, 비할 바 없는 현명함이란 이 모든 것을 관통하는 어떤 것입니다."

강연자가 사람들에게 다가서며 호소하는 듯한 눈빛으로 말했다.

"······."

몇몇 사람들이 뭔가를 크게 느낀 듯 몹시 감동받은 표정을 짓고 있었다.

"그래 작가님은 천부경을 열아홉 살에 바로 풀었나요?"

청중 중에서 한 사람이 물었다.

"아니요. 그건 아닙니다. 인간에 관한 진실을 깨달은 건 열아홉 살이 맞지만, 천부경은 그 한참 뒤에 알게 되었으니까요. 인간의 역사를 바꾸고 인간을 구원할 수 있는 길은 하늘을 나는 배가 지구 밖에서 안으로 들어오는 길밖에 없다고 판단했습니다. 그게 아니라면 인간은 탐욕과 핵무기로 자멸하게 되고 다른 길은 없었으니까요. 하늘을 나는 배가 지구 안으로 들어오려면 하늘에 속하는 땅과 건물이 필요한데 그게 불가능했습니다. 다들 공허의 신을 믿거나 진화를 믿고 있었고 우주인과 UFO를 얘기하면 웃어대는데 무슨 수로 건물을 지을 수 있었겠습니까? 그래 미친 듯이 찾아 헤맸고 사력을 다해 하늘을 나는 배가 지구에 들어올 수 있는 방안을 찾고 찾았던 것입니다. 그러나 길을 찾을 수 없었고 구원의 길은 점점 불가능해 보이기만 했습니다. 그러던 중에 아마도 2000년인가 그랬을 것입니다."

내가 지난날을 되돌아보면서 말했다.

"천부경을 이때쯤에 처음 접하게 되었는데 말입니다. 하여간 이상했습니다. '어라. 이게 대체 뭐지? 뭐 이런 게 다 있지?'하는 느낌이었습니다. 암호문 같기도 하고 기도문 같기도 하고 부적 같기도 했는데요. 하여간 이상하고 하여간 얼떨떨했습니다. 여러 해석본을 봤지만 도움이 되지 않고 오히려 혼란만 심해졌습니다. 이렇게 약간의 세월이 흐르게 되있습니다."

강당의 사람들이 강연자를 뚫어지게 응시하고 있었다.

"뭔가가 이상하다고 느꼈는데요. 이 천부경이 점점 이상하게 열아홉 살에 깨달은 진실이 아닌가 하고 조금씩 생각하게 되었던 때였습니다. 81자 천부경이 바로 인간과 우주에 대한 진리를 압축해놓은 게 아닌가 하는 생각이 들었던 시기였는데요. 이때 문제의 책이자 안내자인 책 한 권을 만나게 되었습니다."

"어떤 책이었나요?"

사람들 중에서 한 사람이 몹시 궁금한 듯이 물었다.

"3천년의 약속. 한바다라는 명상가가 구술하고 명상수련자들이 엮은 책이었습니다. 이 책에는 한바다라는 명상가가 깊은 명상상태에 있을 때, 수련자들이 질문을 던지면 빛에 쌓인 현자들 또는 한바다의 잠재의식이 질문에 대한 답을 준다고 나와 있었는데요. 아무래도 한바다의 잠재의식이 아니라 우주의 현자들이 답을 해주는 게 명백해 보였습니다. 이 책에서 천부경을 언급한 것을 보면 열아홉 살에 깨달은 진실과 천부경이 동일한 것이라는 게 서서히 이해가 되었습니다. 안개에 쌓인 대지가 서서히 드러나듯이 하나씩 하나씩 천부경의 실체를 확인할 수가 있었습니다."

내가 그때의 감동을 되새기며 말했다.

"그 책에 뭐라고 나왔나요?"

사람들 중에서 한 사람이 물었다.

"예를 들자면 이런 것이었습니다. '천부경은 단지 인간의 마음이 아닌 우주 그 자체의 모습이 어떠한지를 설명한 책입니다. 천부경이 가르치는 놀라운 사실은 무한으로 엮어져 있는 무한의 신비가 실제로는 우리 가슴 속에 담겨 있다는 것입니다. 가슴 속에 무한우주가 계시되어 있습니다. 천부경 속에는 또한 아득히 입체로 벌어져 있는 다른 존재계에 대한 이야기까지 들어있습니다. 단지 표면적 사유로는 천부경을 이해할 수가 없습니다. 천부경은 무한하게 열려 있는 상·하부 우주의 조화를 담고 있을 뿐만 아니라 우리와 함께 벌어져 있는 저 수많은 별들의 이야기를 담고 있습니다. 저 별들은 그 자체로 완벽한 우주를 이루고 있고 그 완벽한 우주를 이루고 있는 수많은 은하와 성단들이 모여 하나의 거대한 생명체가 됩니다. 2002년 2월인 현재까지는 이것을 완벽히 해독한 사람은 없습니다. 어쩌면 나는 지금 자아탐구와 천부경을 하나로 이어주는 이야기를 하고 있는지도 모릅니다. 자신을 발견하는 공부가 곧 천부경임을 아는 사람은 없습니다. 천부경은 하늘의 뜻에 의해서 계시될 것입니다.[16] 등의 내용이었습니다."

강연자가 사람들에게 한 걸음 다가서며 힘주어 말했다.

"이 3천년의 약속이라는 책의 도움으로 천부경이 무엇인지 확신하게 되었고 이 천부경에 의해서만이 하늘을 나는 배가 지구에 들어올 수 있는 유일한 길임을 이해하게 되었습니다. 가장 어려웠던 부분이 운삼사성환오칠運三四成環五七이라는 부분이었는데요. 이 운삼사성환오칠이 유전자인 DNA라는 것을 맨 마지막에 깨닫게 되었습니다."

내가 강당을 가득 메운 사람들을 둘러보며 확신에 찬 어조로 말했다.

"작가님이 천부경을 풀이한 게 정말로 맞는 건가요?"

사람들 중에서 한 사람이 조심스러운 표정으로 물었다.

"글쎄요. 그것은 각자 느끼기에 따라 다를 수 있다고 생각합니다. 제가 풀이한 것을 바탕으로 해석한 것입니다."

1절

시작도 없어요. 끝도 없어요.

원자 속에도 우주가 있고

대우주도 원자이니

존재의 프랙탈은 다함이 없어라.

천지인은 하늘과 땅과 생명이고요.

DNA 불멸의 이중나선

우리 모두 폭력성을 극복하면

지상낙원 영원히 펼쳐집니다.

2절

신도 없어요. 우연도 없어요.

우리 생명은 부모가 있고

생명은 별에서 별로

이어지는 영원한 고리랍니다

천부경은 사랑과 조화 진리이고요

일어나 밝게 빛나라

우리 모두 폭력성을 극복하면

지상낙원 영원히 펼쳐집니다.

"맘에 들고 아주 좋습니다. 멋지기는 합니다. 그런데 정말로 위의 풀이가 맞는지 누가 알 수 있을까요?"

좀 전의 사람이 믿어지지 않는다는 표정으로 다시 물었다.

"그렇습니다. 어떤 풀이가 맞는지 누구도 모른다는 게 문제인 것입니다. 그 누구도 제대로 된 풀이를 모르고 있는 셈이니까요. 하나의 대안을 제시하고 싶습니다. 아니면 단서나 실마리를 제공한다고 생각하시면 됩니다. 누군가 천부경을 맞게 풀었다고 하면 다음과 같은 조건은 기본적으로 충족해야 한다고 생각합니다. 먼저 풀이한 사람의 글 전체가 논리적으로 일관성이 있어야 한다고 생각합니다. 풀이한 사람의 말이 처음과 중간과 끝이 다르고 뭔 소린지 모르는 상태에서 횡설수설한다면 아무런 도움이 되질 않는다고 생각합니다. 다음으로 천부경 풀이가 현재의 과학적 결과와 조화를 이루어야 하고 동시에 현재 인류의 과학기술이 모르는 부분을 예측할 수 있어야 한다고 봅니다. 이걸 바탕으로 해서 다음과 같은 조건을 분명하게 밝힐 수 있어야 천부경을 제대로 풀었다고 말할 수 있다고 생각합니다."

내가 강연장의 사람들을 둘러보며 차분하게 말했다.

"어떤 조건인데요?"

사람들 중에서 한 사람이 즉시 물었다.

"이건 천부경의 풀이 조건이라고 할 수 있습니다. 그중의 하나가 '천부인'에 대한 이야기입니다. 단군신화에 환웅천황이 천부인 3개를 가지고 지상 세계에 뜻을 두어 풍백, 우사 및 운사 등 무리 3천을 거느리고 하늘에서 내려와 백두산에 신시를 열었다는 구절이 있습니다. 천부인 3개가 무엇인지 분명하게 밝힐 수 있어야 한다고 생각합니다. 천부인은 원·방·각 같은 것도 아니고 검, 방울, 거울 같은 것도 물론 아닙니다. 천부경이 천부인 3개 중에 하나인 것은 맞는데요. 나머지 2개가 더 있습니다. 전 천부인 3개가 무엇인지 알 수 있어 천부경을 풀이할 수가 있었습니다. 전부경이 천부인 3개 중에 하나라 하니 나머지가 '삼일신고'와 '참전계경'이라고 하는 사람도 있는데요.

물론 삼일신고와 참전계경도 아닙니다.”

강당의 사람들이 모두 심상찮은 표정으로 강연자를 응시하고 있었다.

“……”

“천부경의 다른 이름이 조화경이지요. 왜 천부경이 조화경인지 말할 수 있어야 합니다. 천부경이 조화경으로 불리는 건 81자 중의 한 구절과 관련이 있습니다. 천부경이 조화경으로 불리게 된 그 한 구절을 드러내어 밝힐 수 있어야 합니다. 애매하고 모호한 얘기는 아무런 도움이 되질 않고 분명하고도 구체적인 말이 필요할 뿐입니다.”

강연자가 사람들을 바라보며 또박또박 말했다.

“다음으로 말입니다. 아홉 줄 아홉 줄 해서 81자로 되어있는 천부경을 단 네 자로 줄여서 그 뜻을 밝힐 수 있어야 합니다. 실제로 천부경 81자의 뜻은 단 네 글자로 줄여서 압축될 수가 있습니다.”

사람들은 커다란 수수께끼를 대하는 것처럼 흥미진진하게 듣고 있었다.

“작가님은 할 수 있나요?”

사람들 중에서 누군가 그게 가능하겠냐는 표정으로 물었다.

“글쎄요. 아마도 할 수 있으니까 말하고 있겠지요.”

사람들은 이 문제를 깊이 고민하고 있었다.

“그리고 더 있습니다. 만약 천부경 81자를 한 글자로 줄여 압축한다면 어찌 되고 그 뜻은 무엇이 되겠습니까?”

강연자가 사람들을 똑바로 쳐다보며 다시 물었다.

“한 글자로 말입니까?”

사람들 중에서 한 사람이 목소리를 낮추며 물었다.

"그렇습니다. 딱 한 글자로 말입니다."

"……"

청중은 커다란 흥미를 느끼며 숨죽여 듣고 있었다.

"앞에서 만물은 짝이 있다고 한 적이 있었지요. 그렇습니다. 모든 것에는 짝이 있지요. 좌뇌의 짝이 우뇌이듯이, 여자의 짝이 남자이듯이, 탄생의 짝이 죽음이듯이, 창조물의 짝이 창조자이듯이, 식물의 짝이 동물이듯이, 그림의 짝이 음악이듯이 만물에는 짝이 있습니다. 그럼 천부경의 짝도 당연히 존재해야 합니다. 인류를 구원할 진리인 천부경의 짝은 무엇이겠습니까?"

내가 사람들을 번갈아 쳐다보며 다시 한번 질문을 던졌다.

"천부경에도 짝이 존재합니까?"

앞쪽에서 한 사람이 너무나 놀라운 일이라는 듯이 눈을 동그랗게 뜨고 말했다.

"그렇습니다. 모든 것에는 짝이 있으니까요. 천부경도 예외가 있을 수 없지요. 천부경의 짝에는 두 가지가 있지요. 노래에도 있고 그림에도 있는데요."

"……"

"그 두 가지를 밝힐 수 있어야 합니다. 천부경이 인간을 구원할 진리라면 인간을 구원할 노래가 있을 수밖에 없습니다. 그 노래를 밝히고 풀이할 수가 있어야 한다고 생각합니다."

강당을 가득 메운 사람들은 마른침을 삼키며 강연자에게 완전히 집중하고 있었다.

"마지막으로 하나 더 있습니다. 낳이늘 선전시대와 후천시대를 말하고 있습니다. 천부경 속에 들어있는 선천과 후천의 비밀을 밝히고 구체적으로 지적할 수 있어야 합니다. 이것도 애매하고 구렁이 담 넘어가는 식의 하나 마나 한 이야기는 물론 사양하고 싶습니다. 여기에서 말한 조건을 모두 일관되게 설명할 수 있다면 그러한 풀이는 맞고 안 맞고를 떠나 논리적인 일관성을 갖고 있을 것이기에 우리가 함께 토론할 가치가 있다고 생각합니다. 하지만 아쉽게도 여기서 말한 기본 조건을 통과하지 못하고 갈팡질팡한다면 그건 함께 논의할 성질이 되지 않는다고 생각합니다."

내가 사람들을 바라보며 확신에 찬 얼굴로 말했다.

"작가님은 하셨나요?"

사람들 중에서 한 사람이 미심쩍다는 듯이 물었다.

"전 제가 말한 모든 조건을 충족하는 것을 이미 10년 전에 '세상의 전부 천부경'이라는 책으로 내놓았습니다."

강연자가 방금 말한 사람을 똑바로 쳐다보며 말했다.

"여러 이야기 잘 들었고 감사합니다. 인상적이고 좋은 말씀들입니다. 천부경을 한마디로 요약해주시면 감사하겠습니다."

청중 중에서 또 다른 사람이 크게 감동 받은 표정으로 말했다.

"천부경은 우주와 별과 생명에 대한 이야기입니다. 저 무한하고 영원한 우주에 찬란하게 빛나는 별들이 무수히 존재합니다. 저 조르다노 브루노의 무한우주 말입니다. 저 무수한 별에서 별로 영원히 이어지는 찬란한 불꽃이 생명이며 바로 우리들입니다. 이 생명인 우리들이 지금 본성과 조화를 잃어버리고 탐욕과 핵무기로 파멸 직전의 상황인 것입니다. 천부경은 이 조화와 본성을 회복시켜 줄 것입니다. 천부경은 그럴 힘을 가지고 있기 때문입니다. 우리들의 모든 노력과 정성이 결국 천부경의 참뜻을 밝혀내고 하늘을 나는 배가 지구 안으

별에서 온 천부경

로 들어오는 길을 만들게 될 것이기 때문입니다. 천부경의 존재 이유는 바로 이것이며 이 천부경의 힘에 의해, 이 진리의 힘에 의해 모든 인간이 인간답게 사는 세상이 실현될 것입니다."

강연자가 강당의 사람들을 번갈아 쳐다보며 선언하듯이 말했다.

"하늘을 나는 배가 지구 안으로 들어오는 방법을 한 번 더 설명해 주세요."

강연장의 중앙에 있는 아가씨가 낭랑한 목소리로 말했다.

"먼저도 말씀드렸듯이 이 세상은 이치로 돌아갑니다. 숨을 들이쉬면 내쉬어야 하고 내쉬면 들이쉬어야 합니다. 내쉴 수만도 없고 들이쉴 수만도 없습니다. 세상의 이치가 그러하니까요. 받았으면 주어야 하고 주었으면 또 받아야 합니다. 만남이 있으면 헤어짐이 있고 탄생이 있으면 죽음이 있듯이 말입니다. 해가 떴으면 져야 하고 졌으면 다시 떠올라야 합니다. 세상일이란 이처럼 한 치의 어긋남이 없이 돌아가고 있는 것입니다.

지금 당장 하늘을 나는 배가 지구에 착륙하지 않느냐고 난리인데, 그럴 수는 없는 법입니다. 지구는 각기 주권과 영토를 가진 나라들로 되어있는데 갑자기 들어오게 되면 침략과 침공이 됩니다. 이는 인류의 부모가 전혀 원하지 않는 결과를 초래하게 됩니다. 우리가 남의 집에 갈 때, 방문해도 좋으냐고 미리 묻고 허락을 받듯이 하늘을 나는 배도 지구에 올 때는 우리 지구인들의 승낙을 받고서 오고자 하는 것입니다. 그래야 모든 게 이치에 맞는 것이니까요."

내가 방금 전의 사람을 쳐다보며 말했다.

"……"

"그래 천부경의 참뜻이 밝혀지면, 엔키의 민족과 이 위대한 진리의 힘에 의해 지구에 있지만 지구에 속하지 않는 땅이 마련되게 됩니다. 하늘에 속하는 땅과 건물이 마련됨으로써 하늘을 나는 배가 지구에 안전하게 들어올 수 있게 되는 것입니다. 인류의 부모가 지구에 귀환함으로써 인간은 본래의 본성을 회복하게 되고 지구는 대통합을 이루게 됩니다. 우리 인간은 창조자들의 도움으로 삐뚤어졌던 본성을 바르게 회복하게 되고 지상의 모든 생명이 조화와 광명을 누리는 시대가 펼쳐지게 될 것입니다. 이게 바로 천부경의 힘이자 진리의 힘인 것입니다."

내가 강연장의 사람들을 둘러보며 말했다. 그때였다. 강연장의 중앙에서 한 사람이 목소리를 높여 말했다.

"천부경이 위서라는 말이 있습니다. 단재 신채호 선생도 근거가 없고 가짜라고도 했고요. 만약 천부경이 위서라면 작가님이 말한 모든 것들은 허망한 이야기에 지나지 않게 됩니다. 다 상상과 지어낸 소설일 수밖에 없는 셈이니까요."

강연장의 사람들의 시선이 온통 질문한 사람에게 쏟아졌다.

"그렇습니다. 좋은 말씀입니다. 의심하는 건 당연하다고 생각합니다. 우리 인간에게 가장 중요한 지성이 무엇이고 위대한 발견이 무어라고 생각하시나요? 지성이 무엇이고 위대한 발견과 발명이 어디에서 오느냐는 것입니다."

강연자가 방금 질문한 사람을 똑바로 쳐다보며 물었다. 그는 잔뜩 불만스러운 표정을 짓고 있었고 얼굴은 붉게 상기되어 있었다.

"……"

"시간이 없으니 바로 말씀드리겠습니다. 지성은 바로 의심에서 오는 것입니다. 당연한 것을 따지고 회의하는 것에서 앎이 싹트는 것이며 위대한 발견도 의심에서 오는 것입니다. 가짜라고 의심하고 '이게 진짜 맞나'라고 회의하는 건 대단히 좋다고 생각합니다. 단재 신채호가 천부경이 진짜라 했다 가짜라 했다 말들이 많습니다. 하지만 신채호가 뭐라고 했든 그건 본질이 아니라고 봅니다. 다른 사람의 의견은 참고로 할 수는 있습니다만, 핵심은 나 자신의 생각이니까요."

내가 방금 전의 사람을 쳐다보며 말했다. 그는 중년의 남자였고 안경을 쓰고 있었다.

"제 이야기는 그 말을 하는 게 아닙니다. 천부경에는 핵심이 없다는 것입니다."

"핵심이 없다고요? 왜 핵심이 없죠?"

강연자가 중년의 남자를 바라보며 즉시 되물었다.

영혼은 유전자인가

"천부경에는 영혼이 없어요. 영혼이 없다는 게 문제인 것입니다. 우리 인간에게만 있는 불멸의 영혼이 없다는 것입니다. 그래 천부경은 가짜일 수밖에 없습니다."

그 중년의 남자가 눈살을 잔뜩 찌푸리며 말했다.

"아뇨. 있습니다. 천부경에는 분명히 있습니다."

"아니 없는데, 어디에 있다는 거죠?"

"운삼사성환오칠運三四成環五七!"

"……"

"삼사를 운용하여 오칠로 둥근 고리를 만든다. 바로 운삼사성환오칠이 유전인 DNA이자 영혼입니다."

"아니 유전자가 영혼이라고요? 유전자가 유전자이지 어떻게 영혼이 됩니까?"

그 남자가 목소리를 높이며 되물었다.

"그게 이치에 맞기에 그렇습니다. 옛날 사람들이 생각했던 모든 영혼의 특성이 바로 유전자에 딱 맞는 겁니다. 고대의 사람들이 영혼의 덩굴이라 부르며 신성시했던 DNA, 물에 잠긴 채 생명 전체를 두르고 있는 우주뱀이라 칭했던 유전자, 죽은 자를 영생으로 인도하는 은하수를 오르는 사다리라 불렀던 유전의 본체. 운삼사에서 삼이 당과 염기와 인산이고 사가 아데닌, 시토신, 구아닌, 티민의 네 염기인 것입니다. 성환오칠에서 5는 짝을 이루는 염기 사이의 결합수를 의미하고 7은 둥근 유전자를 이루는 기본 단위수를 말하고 있지요. 이 유전자가 생명의 설계도이자 영혼이었던 것입니다. 탄생에서부터 죽음에 이르는 모든 과정이 30억 개 염기의 배열로 빼곡히 자리하고 있기에 영혼이라고 불렸던 것입니다.

아무것도 모르는 원시인에 지나지 않는 고대의 인간들에게 원자나 세포나 유전자를 설명하는 건 불가능에 가까운 일입니다. 영혼이나 신비스러운 어떤 것으로 말할 수밖에 없는 것이지요. 또 부활이란 영생이란 불사란 위대한 삶을 살았던 인간을 DNA로 복제하는 것을 말하는 것입니다. 이게 영혼과 불사의 비밀이었던 것입니다."

내가 중년의 남자와 사람들을 둘러보며 말했다.

"그건 작가님의 생각이고요. 천부경은 한마디로 역사성이 없다는 것입니다. 역사성과 정통성이 없다는 게 문제입니다. 20세기에 들어와서 잠깐 보이는 게 다이고 그 이전의 어떤 문헌에서도 천부경이 나오질 않는다는 것입니다. 하여간 증거가 하나도 없는데요. 그런 천부경을 믿는 게 더 이상한 일이지요."

"아뇨. 그렇지 않습니다. 천부경은 역사적인 사실이기에 분명한 정통성이 있습니다. 1917년에 독립운동가 계연수가 묘향산 석벽에 새겨진 천부경을 발견해서 널리 알려지게 되었는데요. 묘향산에서 이 천부경을 두 눈으로 보았다는 분도 있고요. 우리가 자유롭게 북한을 가게 되면 분명히 밝혀질 거라 생각합니다. 그 이전에도 여러 곳에 천부경이 등장합니다."

질문과 응답이 오가는 가운데 강연장은 팽팽한 긴장감이 감돌고
있었다.

한류에서 천부경의 세상으로

"만 년 전에 하늘에서 내려온 인류의 시조인 환웅천황이 백두산 기슭에 신시를 열고 백두산 동쪽의 큰 비석에 천부경을 새겨 모든 사람들에게 가르쳤다는 것입니다. 이 천부경의 내용이 입에서 입으로 전해지다가 녹도문이라는 옛 글자로 새겨 단군시대까지 전해왔다는 겁니다. 그 이후에 사라지게 된 것이지요. 이 백두산 비석에 새겨진 천부경이 아주 난해해서 아무도 해석하지 못했던 것인데요. 신라의 대석학인 최치원이 백두산에서 이 옛 비석의 천부경을 발견해 한자로 옮겨 적어 오늘날 우리들에게 전해지게 된 것이지요."

내가 잠시 말을 멈췄다. 호흡을 가다듬은 후 다시 말을 이었다.

"그 이후에도 천부경은 꾸준히 등장합니다. 발해 시대에도 태학을 열어 천부경을 가르쳤다는 내용이 있고요. 삼국유사에도 천부인이라는 말이 있고 고려 시대 목은 이색의 시에도 천부라는 단어가 등장하며, 조선 정조 시대의 제문에도 천부보전이라는 말이 나옵니다. 이외에도 많은 기록과 여러 천부경본이 전해져 옵니다. 예를 들자면 묘향산 석벽본, 최치원 사적본, 이맥의 태백일사본, 농은 민안부 유집에 있는 농은유집본, 조선말 기정진이 구전되는 천부경을 기록한 노사 기정진본 등등 여러 형태의 천부경이 전해져오고 있습니다."

"······"

방금 전의 남자가 뭔가를 깊이 생각하고 있었다.

"천부경이 가짜거나 위서라면 이런 다양한 글에 나오거나 여러 형태의 천부경이 있을 수 없겠지요."

내가 다시 말했다.

"그건 증거라 할 수도 없다고 생각합니다. 그저 어느 책에 실린 분명하지도 않은 천부라는 단어이거나 아니면 서로 내용이 다른 천부경 몇 개가 전부입니다. 진실이거나 진짜라 보기에는 너무 빈약한 증거입니다."

중년의 남자가 눈살을 찌푸리면서 입을 열었다.

"그럼 뭐가 진짜고 뭐가 진실인가요? 성경과 불경은 진실인가요? 논어나 역경도 진실이고 진짜인가요? 코란경도 진짜고 몰몬경도 진짜인가요?"

내가 즉시 말을 받았다.

"당연하죠. 성경은 진실이죠. 아니 진실 그 자체이죠. 성경이 처음부터 끝까지 실로 꿴 듯 일치한다는 게 그 증거인 것입니다. 이건 하나님이 역사하지 않았다면 도저히 있을 수 없는 일이며 불가능한 것입니다. 불경이나 코란경이나 역경이나 다 나름대로 진실이 있고 역사성이 있다고 봅니다."

"다른 모든 경전은 역사성이 있고 진실인데, 왜 유독 천부경만 가짜고 거짓이 되어야 하는 건가요?"

강연자가 그 남자를 똑바로 바라보며 즉시 되물었다.

"그건 당연하지요. 작가님도 우리나라 사람 하는 것을 보세요. 이 작은 나라에서 남북으로 분단되어 싸우고 동서로 갈라져 다투는 이

못난 민족에게 무슨 사상이 있고 무슨 철학이 있고 무슨 경전이 있겠습니까? 천부경 그런 건 어림도 없는 말입니다. 서양이나 중국에 사상이나 경전이 있지 우리나라에 무슨 경전이 있었겠습니까? 다 상상이고 지어낸 것이니까 가짜다 위서다 그런 말이 나오는 거지요."

중년의 남자가 열띤 어조로 말했다.

"아, 그랬군요. 이 작고 작은 나라, 못나고 못난 나라에서 무슨 경전이 있고 무슨 진리가 있겠냐 말에 저도 동의합니다. 얼핏 보면 맞는 말이니까요. 독일이야 전범국이었기에 분단되었는데도 이미 30여 년 전에 통일을 이루었지요. 우리는 침략을 한 적도 없는데 아직까지 통일도 못한 참으로 한심하고 못난 나라 맞지요. 분명 맞는 말씀입니다."

사람들이 이 뜨거운 논쟁을 흥미롭게 지켜보고 있었다. 몇몇 사람은 고개를 끄덕이기도 했다. 내가 다시 입을 열었다.

"그렇습니다. 참으로 못났지요. 분명 못난 민족이지요. 이 좁은 땅덩어리에서 갈라지고 나누어져 허망한 당파싸움만 일삼다 급기야 나라를 잃게 됐지요. 이웃 나라에 수십 년간 지배받는 것도 모자라 허리가 두 동강이 나고 같은 동포끼리 총부리를 겨누어 수백만 명이 죽어 나갔습니다."

"그렇지요. 보다시피 한국인은 안 된다니까요. 괜히 엽전이라는 말이 나온 게 아니지요. 사촌이 땅을 사면 배가 아프다는 말도 이런 돼먹지 않은 민족성 땜에 나온 것입니다. 헐뜯고 분열하고 시기하고 쥐떼와 같은 게 한국 사람의 특징입니다. 뭐 좀 좋은 게 있다 싶으면 우르르 몰려갔다 아니다 싶으면 또 저기도 우르르 몰려가고. 이게 쥐 떼지 뭐가 쥐 떼겠습니까? '한국인의 특성은 냄비와 같고 한국인은 쥐

떼라서 한국에서 성숙한 민주주의를 기대하는 것은 시궁창에서 장미가 피기를 바라는 것과 같다'라는 말이 괜히 있는 게 아닙니다. 일본에 지배받다 운 좋게 미국이 도와줘 겨우겨우 살아가고 있는 것이지요."

중년의 남자는 청중들이 언짢은 표정을 짓는 것에도 아랑곳하지 않고 거침없이 말했다.

"그렇습니다. 맞는 얘기입니다. 분명히 맞는 지적인데요. 그런데 얼핏 보면 맞는데 자세히 보면 틀립니다."

"아니, 작가님. 그런 애매한 얘기가 어디에 있습니까? 못났으면 못난 거지 자세히 보니 못난 게 아니라면 말입니다. 그럼 지금까지 통일도 못한 지구상 유일한 분단국인 한민족이 잘났다는 말씀인데요. 그건 말도 안 되는 이야기입니다."

중년의 남자가 사람들을 빤히 쳐다보며 자신의 주장을 굽히지 않았다. 그는 머리를 아주 짧게 깎고 있었다.

"자 이것을 보십시오. 한류가 처음 뜨자 유명한 사회학자들이 뭐라고 했는지 기억나십니까? 혹시 기억나시는 분 있으면 얘기해 주십시오."

강연자가 중년의 남자와 청중들을 번갈아 쳐다보며 질문을 던졌다.

"……"

침묵이 흐르고 있었다.

"그 유명한 학자들이 '한류는 곧 사라질 것이다. 아주 잠시 동안 반짝하고 떴다가 4~5년 뒤 흔적도 없이 사라질 것이다'라고 예견했는데요. 지금 어떻습니까?"

청중이 숨죽이며 다음 말을 기다리고 있었다.

"한류가 시작된 게 2000년대 초반이었는데요. 학자들의 분석이 맞다면 지금 한류는 자취도 없이 사라져야 합니다. 그런데 흔적도 없이

별에서 온 천부경

사라졌어야 할 한류는 지금 아주 맹렬한 기세로 더 거세게 타오르고 있는 중입니다."

내가 잠시 말을 멈추었다.

"생각해보십시오. 왜일까요? 왜 이런 일이 아니 이런 현상이 일어났을까요?"

강연장은 깊은 침묵에 싸여 있었다.

"우연은 없는 법입니다. 그렇습니다. 어떤 일이나 현상에는 다 그럴 만한 이유가 있는 법이니까요. 외부의 수많은 침략을 받아온 이래 1910년에는 나라를 잃고 이웃 나라에 지배받고 그것도 부족해서 남북이 나누어 같은 민족끼리 죽이는 전쟁을 겪어야 했지요. 한국전쟁 직후에 우리는 세계에서 가장 못 사는 나라, 가장 불쌍한 나라였지요. 그런데 그 지지리도 못난 나라였던 한국은 몇십 년 만에 한강의 기적을 일으키며 경제대국으로 우뚝 서게 되었지요."

강연자가 중년의 남자를 뚫어지게 쳐다보며 말했다.

"……."

"왜일까요? 분명히 못난 민족이 맞는데 어째서 이런 일이 일어난 것일까요?"

사람들은 강연자를 주시하며 숨죽여 다음 말을 기다리고 있었다.

"분명 우리들은 우리 스스로를 '엽전이 뭐를 하겠어.'라며 업신여기고 비하했지요. 늘 '우리는 안 돼. 엽전은 할 수 없어. 송충이는 솔잎을 먹어야 해.'했지요. 김치도 냄새난다고 숨기기 급급했지요. 한국인의 영혼이 담긴 음식이라는 평가를 받으며 건강에도 좋고 면역체계를 강화해 세계 최고 음식의 하나인 김치를 얼마나 부끄럽게 여겼습니까? 세계에 수많은 음식이 있지만 김치처럼 사람에게 이로우면서도 깊은 맛과 감칠맛을 내는 음식은 아직까지 없지요.

또 우리가 뜻도 모른 채 아무렇지도 않게 불렀던 아리랑이 있습니다. 우린 늘 아리랑을 불러왔고 늘 아리랑과 함께했기에 아리랑이 어떤 노래인지 알지도 못했지요. 아리랑이 어떤 노래인가요? 여기에 계신 분 중에서 아시는 분 있으면 좀 말씀해주십시오."

내가 사람들을 둘러보며 질문을 던졌다.

"……"

"세상에서 가장 아름다운 노래입니다."

강연장 앞쪽의 어떤 젊은 아가씨가 대답했다. 그녀는 두 눈이 빛나고 있었고 국악소녀 송소희를 닮은 모습이었다.

"그렇습니다. 세상에서 가장 아름다운 노래가 바로 아리랑입니다. 좀 됐을 거예요. 세계의 음악가들이 모여 세상에서 가장 아름다운 노래를 투표로 뽑았는데요. 80%가 넘는 압도적인 지지로 아리랑이 선정된 것입니다. 왜 아리랑은 세상에서 가장 아름다운 노래일까요?"

강연장은 숨소리 하나 들리지 않을 정도로 깊은 상념에 잠겨 있었다.

"이것만이 아닙니다. 우리는 성경은 알고 모세와 모세의 십계명을 알고 외우지만 천부경과 단군칙어를 아는 사람은 없습니다. 그리스 로마신화는 줄줄 말할 수 있어도 환웅신화가 무슨 내용인지 관심도 없고 단군의 고조선이 실제로 존재했었다는 사실을 역사학자들은 인정하지도 않는 상황입니다. 그러니 천부경을 모르는 게 어찌 보면 당연한 일입니다."

중년의 남자는 못마땅한 표정을 잔뜩 지으며 뭔가를 생각하고 있었다.

"아마 1990년대였을 것입니다. 러시아의 역사학자 유엠 부찐이 고대사 연구회에서 유창한 한국말로 한 얘기가 있습니다. '동북아 역사에서 단군조선을 제외하면 아시아 역사는 이해될 수 없다. 그만큼 단군조선은 아시아 고대사에서 중요한 위치를 차지한다. 그런데 한국은 어째서 이처럼 중요한 고대사를 부인하는지 이해할 수가 없다. 중국이나 일본은 없는 역사도 만들어내는데, 한국은 있는 역사도 없다고 그러는가. 참으로 알 수 없는 나라다.'[15]라며 신랄한 비판을 한 적이 있었습니다.

또 존 카터 코벨이라는 여자가 있습니다. 이 사람이 동양의 고대미술사를 연구한 미국인이었지요. 코벨이 동양고대미술사와 일본의 고대미술사를 연구해서 여러 발표를 했습니다. 그래 처음에는 일본에서 엄청 좋아라 하고 박수 치며 환영하고 아주 난리가 났죠. 근데 지금은 일본에서 극도로 싫어하고 코벨이라는 말 자체를 일체 언급 안 합니다. 왜 그러겠습니까?"

"……"

청중의 호흡이 깊어지고 강당은 고요해졌다.

"코벨이 일본의 고미술사로 콜롬비아대학에서 박사학위를 받고 더 깊게 일본의 고대 미술과 문화를 파고들며 연구했는데요. 일본 사람들이 서양인 중에서도 미국인이 자신들의 역사를 연구해주니 아주 좋아하며 열렬하게 대환영을 했던 것이지요. 그런데 코벨이 일본의 고미술과 고대 문화를 알면 알수록 파면 팔수록 일본이라는 나라의 놀라운 괴기를 마주하게 된 것입니다. 일본의 실제를 보게 된 것이지요. 그게 무엇이겠습니까?"

강당의 사람들이 두 귀를 기울이며 온 신경을 집중해 듣고 있었다.

"코벨은 일본 문화의 뿌리를 캐면서 한국의 영향이 절대적이었으며 일본의 고대 문화에서 한국의 영향을 제거하면 남아나는 게 없다는 것을 알게 됩니다. 이외에도 코벨은 수많은 숨겨진 사실과 진실을 알아내게 됩니다. 서기 369년부터 700년까지 한국이 일본을 정치, 문화적으로 완전히 지배했었다는 사실과 14세기 일본 대화가의 80%가 한국인이었다는 사실, 일본 것으로 알려진 수많은 그림과 도자기와 불상과 작품들이 한국의 것이었다는 사실, 그리고 일본 왕실의 뿌리가 한국이었다는 사실 등등 놀라운 진실을 밝혀냅니다.

코벨 박사는 이러한 진실을 일본의 군국주의자들이 어떻게 감추고 은폐하고 왜곡했는지를 낱낱이 밝히며 참으로 배은망덕한 사람들이라고 통렬한 비판을 가했던 것입니다. 더 나아가 코벨은 한국과 중국의 고대 문화를 연구하면서 동북아 역사와 인류 전체 문명의 역사까지도 통찰하게 되었는데요. 코벨은 이걸 바탕으로 1980년대 유네스코에서 인류의 기원이 아프리카의 이집트인이 아니라 한국인이라고 발표했던 것이지요. 코벨은 그 증거로 만주 지역에서 발견된 불에 탄 쌀을 예로 들며 농사 기술이 대단히 앞섰다는 사실에서 인류의 문명이 동북아에서 시작되었다는 걸 깨달았던 것입니다. 또 코벨은 단군과 단군조선이 실제로 존재했다고 했으며 환국과 배달국도 역사적 사실로 인정했던 것입니다."

청중 중에서 많은 사람들이 말없이 고개를 끄덕이고 있었다.

"……"

"이것뿐만이 아닙니다. 서양의 실존철학자 하이데거와 천부경에 얽힌 숨겨진 이야기가 있는데요. 서울대학교 교수 박종홍이 유럽에

　　　　　　　　　　　　　　별에서 온 천부경

갔을 때의 일이라고 증언한 사람도 있습니다. 실존철학의 대가 하이데거가 박종홍에게 이렇게 말한 것이지요. '내가 동양사상의 한 자락을 연구해서 유명하게 되었는데, 동양사상을 연구하던 중 아시아의 위대한 문명의 발원지는 한국이라는 사실을 알게 되었습니다. 세계 역사상 전무후무한 2000년이 넘는 장구한 세월 동안 아시아를 완전무결한 평화적인 방법으로 통치한 단군 시대가 있었음을 압니다. 그래서 나는 동양사상의 종주국인 한국과 한국인을 존경합니다. 그런데 내가 당신들의 국조 단군왕검님의 천부경을 이해를 못 했으니 설명을 해주십시오.'[16]라고 한 것입니다."

사람들이 마른침을 삼키며 온 신경을 집중해 귀담아듣고 있었다.

"하이데거와 코벨과 부찐은 진실의 조각을 넘어 전체를 볼 수 있었던 것입니다. 그들은 홍익인간과 한민족의 뿌리인 천부경의 비밀을 조금이나마 보았던 것이지요. 홍익인간이 단지 말로만 하는 게 아니고 구호로만 이롭게 하는 게 아니란 걸 알았던 것입니다. 홍익인간이 먹고 입고 집 짓고 농사짓고 도구를 만들고 수와 문자와 법률을 알려줘 인류가 문명을 이루어 살아갈 수 있도록 한 위대한 행위였다는 것을 꿰뚫어 보았던 것입니다."

강연자가 발걸음을 멈추고 사람들을 뚫어지게 쳐다보며 입을 열었다.

"뭇짐승과 달리 인간을 인간답게 하는 게 몇 가지가 있습니다. 그중에서 인간이 문명을 일구어 나가게 할 수 있는 핵심이 있는데, 그게 무엇이겠습니까?"

"……"

강연장은 깊은 생각에 잠겨 있었다.

"그중의 하나가 언어입니다. 바로 말과 글입니다. 우리 인간에게 언어가 없다면 뜻이 통하지도 않고 전달할 수도 없어 아무것도 할 수가 없습니다. 말과 글이 없으면 우린 어떤 것도 이룰 수가 없는 것입니다. 그래 언어가 사라지면 우리의 문명도 사라지게 되는 것입니다.

그런데 지구상에 수많은 문자가 있는데요. 이 많은 문자 중에 문자의 기적이라 불리며 최고의 문자라 칭송을 받고 글자를 만든 날을 아는 유일한 문자가 있습니다. 최고로 과학적이고 합리적인 글자이며 인간이 이룩한 위대한 지적 업적 중의 하나로 평가받는 문자가 있습니다. 그게 무엇이겠습니까?"

"한글이요."

"훈민정음이요."

여기저기서 대답이 튀어나왔다.

"그렇습니다. 훈민정음! 바로 한글이 그 주인공입니다. 문자 중의 문자로서 최고의 자질문자. 똑똑한 사람이라면 며칠 만에 깨우친다고 하는 경이로운 문자. 한글입니다. 가장 합리적이고도 최고의 과학적인 원리에 의해 만들어진 기적의 문자! 그런데 세계적인 언어학자들이 감탄과 칭송을 멈추지 않는 이 훈민정음을 우리가 어떻게 대했습니까?"

"……"

"세종이라는 위대한 지도자와 신미라는 대학승이 함께 일구어낸 이 위대한 훈민정음이라는 기적의 문자를 상스러운 글자라 하여 언문이나 반절이라 불렀고요. 상놈이나 아이들이나 배운다 하여 아랫글이라며 무시했고 안방의 여자들이나 배우는 암글이라며 깔봤습니다.

또 우리는 홍익인간이라는 건국 정신도 아주 대수롭지 않게 여겼

별에서 온 천부경

습니다. 홍익인간 이화세계라는 이 위대한 이념을 우리는 아주 가볍게 여기고 아주 쉽게 생각했지요. 널리 인간을 이롭게 한다는 이 이념은 지구상의 모든 문제를 보듬어 안아 해결할 대정신이었는데도 우린 몰라봤던 것입니다. 세계의 사상가들이 '인간을 구원할 유일한 길이다, 인간을 이끌 완벽한 통치 법률이다'라고 칭송하고 격찬하는데 우린 그 중요성을 전혀 모르고 있었던 것입니다.

앞으로 전 세계는 하나로 뭉치게 될 것입니다. 산골짜기의 시냇물이 흘러 바다에 도달하여 하나가 되듯이 이건 누구도 막을 수 없는 필연적인 흐름입니다. 지구촌이라는 말에 이미 그 징조가 드러나 있는 법이니까요. 전 세계가 하나의 마을로 통일되면 세계어가 반드시 필요하게 됩니다. 언어학자들과 수학자들이 모여 세계어를 만들게 될 것인데요. 그때 한글이 중추적인 역할을 하게 될 것입니다.

또 앞으로 세계가 통일될 때, 세계정부는 반드시 필요하게 되어 있습니다. 개개인에게 두뇌가 있어 살아가듯이 지구의 인류에게도 단일의 세계정부는 반드시 있어야 합니다. 그때 홍익인간 이화세계가 세계정부의 지도이념이 될 것입니다."

내가 잠시 말을 멈추었다.

"지금의 한류는 1차 한류입니다. 춤과 노래, 연속극과 영화, 한국의 음식과 옷과 성형수술 등은 1차 한류입니다. 뒤이어 홍익인간과 한글이 2차 한류가 되어 세계로 퍼져 나가게 될 것입니다. 그리고 마지막 3차 한류가 있습니다. 이 모든 한류의 뿌리이자 근원인 천부경이 3차 한류가 되어 지구촌의 위대한 지도원리로 떠올라 전 세계를 이끌어 가게 될 것입니다."

강연장의 사람들은 숨소리도 멎은 채 강연자에게 눈을 떼지 못하고 있었다.

"한류의 뿌리는 바로 천부경입니다. 훈민정음과 홍익인간의 뿌리가 천부경인 것처럼 모든 한국인의 민족성은 이 천부경에서 나오는 것입니다. 이 천부경이 위서고 가짜라면 한글도 환상이고 홍익인간도 망상인 것입니다."

"천부경이 가짜라고 어째 한글이 환상이 되나요? 그건 작가님 생각이지요. 천부경은 근거가 없으나 한글은 눈앞에서 우리가 지금 쓰고 있는데요. 그건 지나친 주장이고 억측입니다."

중년의 그 남자가 고개를 들며 다시 반박했다.

"한글은 자음 5개와 모음 3개를 기본으로 하고 있습니다. 이 3개의 기본모음에서 나머지 모든 모음이 나오는데 이 기본모음이 바로 하늘과 땅과 사람입니다. 이 하늘과 땅과 사람이 바로 천지인天地人이며 천지인은 천부경에 나오는 핵심 중의 하나입니다. 이 천지인에서 훈민정음의 기본모음이 나온 것입니다. 또한 홍익인간 이화세계라는 위대한 정신도 천부경에서 나오는 것입니다."

"……"

강연자가 다시 말을 이었다.

"엔키의 민족과 천부경에 의해 새 시대가 오고 인류의 역사가 바뀌게 됩니다. 그건 천부경이 진리 중의 진리! 바로 궁극의 진리이자 절대의 진리이기에 그렇습니다."

"작가님. 궁극의 진리. 절대의 진리가 뭔가요? 이해가 안 되고 너무 어렵습니다."

청중 중에서 한 사람이 몹시 궁금한 표정으로 물었다.

"우리 70억 인류가 지금까지 알아낸 수많은 법칙과 진리가 있습니

별에서 온 천부경

다. 근대과학의 아버지라 불리는 갈릴레이가 알아낸 관성의 법칙이 있습니다. 외부에서 힘이 개입하지 않으면 물체는 그 상태를 계속 유지한다는 것이죠. 질량을 가진 물체가 서로 당긴다는 만유인력의 법칙도 있지요. 질량과 에너지가 보존된다는 법칙도 있습니다. 또 아주 작은 미시 세계에서 에너지가 덩어리로 움직인다는 플랑크의 작용양자도 있습니다. 상대성이론의 기본으로 진공 중에 광속이 일정하다는 광속일정의 법칙도 있고요. 물체의 속력이 빛의 속력에 가까워지면 물체의 모습을 전달하는 빛의 속성이 흐트러지고 뒤섞이어 정보로서의 가치를 잃어버린다는 점이 문제가 되어 상대성이론도 많은 부분이 고쳐지게 될 것입니다. 유전자인 DNA가 짝을 이루며 부모의 형질을 자식에게 전달한다는 법칙도 있지요. 이런 수많은 법칙과 진리가 있는데, 이 모든 진리를 관통하는 진리가 있습니다. 이 모든 법칙과 진리를 아우르는 게 바로 궁극의 진리입니다. 궁극의 진리란 절대의 진리란 대우주의 삼라만상을 관통하는 어떤 것입니다. 다시 말해 모든 법칙과 진리를 아우르는 그것입니다."

"작가님! 그 궁극의 진리를 얘기해 주십시오. 궁금해 죽겠습니다."

"천부경에는 이 궁극의 원리이자 절대의 진리가 녹아있습니다. 천부경을 완연하게 이해하면 이걸 깨닫게 됩니다. 보이게 되는 것이지요. 전 나중에 신을 믿는 많은 신학자들 그리고 수많은 사람들과 치열한 토론을 하게 될 것입니다. 또 진화론을 믿는 많은 생물학자들과 치열하고도 격렬한 논쟁을 하게 될 것입니다. 그때 이 궁극의 진리에 대해서 말씀드릴 때가 있을 것입니다."

잠시 청중들을 바라보며 호흡을 기다듬었다. 내가 다시 입을 때였다.

폭력성을 넘어 깨달음으로

"일적십거무궤화삼一積十鉅無匱化三!"

"일적십거무궤화삼. 참으로 모호하고 애매합니다. 대체 이 구절이 무슨 뜻인가요?"

청중 중에서 한사람이 바로 되물었다.

"일적십거무궤화삼은 우주에서의 인간의 운명입니다. 우리 70억 인류의 우주적 운명인 것입니다. 일적은 하나의 문명이 태어나서 자라는 것이고 십거는 폭력성을 극복해 깨달음에 도달한 것을 말하는 것이며 무궤화삼은 폭력성을 극복한 문명이 다함이 없는 영원한 문명에 이르는 것을 말합니다. 즉 하나의 문명이 태어나고 자라 폭력성을 극복하면 깨달음에 도달하고 우주적 완성에 이르게 되는 것입니다. 반면에 폭력성을 벗어나지 못하면 그 문명은 우주의 문턱을 넘지 못하고 무너지게 되는 것입니다. 깨달음이란 폭력성의 극복에 다름 아닌 것이지요.

일적십거무궤화삼! 자신의 태양계를 벗어날 수 있는 수준에 도달한 문명은 예외 없이 누구나 평화를 사랑한다는 것입니다. 왜냐면 자신의 태양계를 벗어날 수 있는 단계에 도달한 문명이 폭력적이라면 이 문명은 이러한 에너지를 개발해 곧바로 자기 파괴의 길로 들어서게 되니까요. 이것이 우주에서의 절대적인 법칙의 하나이고 누구도 벗어날 수 없는 보편적인 원리라는 것입니다. 현재 우리는 바로 이 갈림길에 서 있는 것입니다. 파멸인가 아니면 과학의 선용이 가져오는 깨달음의 지상낙원인가. 우린 우주적 선택의 두 갈림길에 있는 것입니다."

사람들은 깊은 생각에 잠긴 채 귀 기울여 듣고 있었다.

"그렇습니다. 우린 선택의 기로에 있고 대위기에 처해 있습니다. 우린 거센 바람 앞에 등불 신세이고 절벽 위의 아슬아슬한 소나무처럼 위험천만한 상황입니다. 탐욕과 핵무기에 의해 우리가 살아남을 가능성이 너무나 작은 것입니다. 우리가 자멸할 가능성이 98%이고 생존할 가능성이 2%밖에 되질 않는 것입니다. 만약 우리의 대다수가 탐욕스러워도 핵무기가 없다면 우린 멸망하지 않습니다. 우리 스스로를 파괴할 수단이 없으니까요. 그런데 탐욕스러운데다 수만 개의 핵탄두가 노리는 이 무시무시한 상황에서 아주 작은 우발적인 갈등이 전 인류를 멸망시킬 핵전쟁으로 언제든 치달을 수 있는 것입니다. 내일이나 모레일 수도 있고 한 달 뒤일 수도 있습니다. 한 마디로 일촉즉발의 위기이며 너무나 아슬아슬한 상황인 것입니다."

강연자가 사람들을 둘러보며 무거운 목소리로 말했다.

"무엇이 우릴 구원할 것인가. 그 길은 너무나 멀고 요원하기만 합니다. 왜냐하면 돈이 70억 우리 모두의 삶을 정의하고 우리의 존재 자체를 규정하고 삶의 목적이 돼버린 상황이니까요. 인간을 비롯한 모든 동식물은 대자연과의 조화 속에서 살아갈 수밖에 없는데, 지금 우리의 문명은 조화를 상실하고 극단으로 치닫고 있는 것입니다. 우리 모두의 그 끝없는 돈에 대한 욕심과 자본과 무력에 대한 환상과 자만이 우릴 벼랑 끝으로 몰아대는 것입니다.

오늘 가장 어려운 사람들과 절망적인 사람들이 죽어갑니다. 그럼 내일은 또 누가 죽어가겠습니까?"

"……"

사람들은 깊은 상념에 잠겨 있었다.

"오늘 세 모녀가 죽고 네 모녀가 죽고 어떤 일가족이 죽고 젊은 청년 네댓 명이 모여 죽어갑니다. 이런 비극적인 상황이 언론을 통해 알려지면 모든 사람들에게 공포심을 불러일으키게 되고 두려움을 느끼게 합니다. 우리 모두의 잠재의식에 '그래. 돈이 전부야. 돈이 있어야 살 수 있어. 어쨌든 돈을 벌어야 해.'를 더 강하게 심어주게 되고 더욱 돈에 집착하게 만들어버립니다.

이런 상황에서 지구촌을 지배하고 있는 모든 사상과 이념이 돈에 대한 집착을 강화하고 부채질하며 더욱 탐욕을 가속화하고 있어 사실상 해결은 불가능해집니다. 힘이 전부라는 패권주의와 무한경쟁의 자본주의와 나의 종교만 옳다고 주장하는 유일신앙, 그리고 강한 자만이 살아남는다는 진화론 등등 지구촌을 휩쓰는 모든 사상과 이념들이 탐욕과 패권주의를 부추기고 있어 더더욱 절망적인 상황으로 몰아가는 것입니다. 이건 코로나라는 대환란 속에서도 부의 집중과 독점은 더 심해졌다는 사실에서도 분명히 알 수 있는 것입니다.

그래 내일은 중산층이 죽어갈 수밖에 없는 것입니다. 부의 독점과 집중은 더욱 심해지니까요. 중산층이 죽어가면 상황은 더욱 악화일로로 치닫게 됩니다. 그들도 살려고 발버둥을 치고 안간힘을 쓰기 때문에 죽지 않으려 모든 것을 다하게 됩니다. 환경오염이든 다른 뭐든 생각할 겨를이 없습니다. 일단 그들도 살아야 하기 때문에 말입니다.

별에서 온 천부경

그럼 대지가 죽고 바다가 죽습니다. 바다가 죽어가고 대지가 죽어가면 식물이 죽게 됩니다. 동물이란 식물에 기생하는 존재에 불과한데, 대지와 바다가 오염되고 식물이 죽어가면 동물이 사라지게 되지요. 결국 마지막에 남은 가장 부유한 자들도 죽을 수밖에 없게 됩니다. 왜냐하면 돈을 먹을 수는 없으니까요. 더군다나 수만 개의 핵탄두는 언제든 우리들을 호시탐탐 노리고 있는 상황입니다. 이게 피할 수 없는 우리들의 운명입니다. 그럼 무엇이 우릴 구원하겠습니까?"

"……"

강연장에 무거운 정적이 감돌고 있었다.

"우릴 구할 방안은 딱 두 가지입니다."

내가 잠시 말을 멈췄다.

"하나는 우리가 핵무기를 없애고 어느 누구도 굶어 죽지 않도록 한다면, 우린 멸망을 피할 수 있습니다. 그런데 이미 보았다시피 이건 불가능합니다. 그 강한 미국, 러시아, 중국, 영국, 프랑스가 핵무기를 틀어쥐고 세상을 쥐락펴락하는데, 과연 어느 나라가 그들에게서 핵무기를 제거할 수 있겠습니까? 또한 돈에 미친 세상인데 어느 누가 굶어 죽는 사람이 없도록 하겠습니까?"

"그럼 작가님, 다른 한 가지는 무엇인가요?"

중앙에 있는 젊은 아가씨가 진지한 표정으로 질문을 던졌다.

"다른 하나는 별에서 별로 전해지는 위대한 지혜를 배운다면, 우린 살아남을 수 있습니다. 바로 천부경을 푸는 것입니다. 우리가 천부경을 풀고 이해한다면 아이가 엄마 뱃속에서 세상 밖으로 나오듯이 인간도 위대한 지혜의 문을 열어 후천세계라는 지상낙원을 이룰 수 있는 것입니다."

"왜 하필 천부경인가요? 천부경에만 위대한 지혜가 있는 건 아니 잖아요?"

수국의 분위기가 나는 방금 전의 여인이 다시 물었다. 단아하고도 분명한 목소리였다.

"그렇습니다. 우리를 구할 방안과 위대한 지혜는 천부경에만 있는 게 아닙니다. 다른 곳에도 우릴 구할 해결책과 위대한 지혜는 충분히 있습니다. 우리가 해결책이 없는 것도 아니고 해결책을 모르는 바도 아닙니다. 그런데 펼쳐져 있으면 관심을 끌지 못해 생명력이 없어 죽어버리게 됩니다. 유전자가 46개의 염색체에 응축되어 인간을 만들어내듯이 압축되어 있어야 살아 있게 됩니다. 수수께끼라는 형태로 주어져야 알고자 하는 인간의 본능을 자극해 우리의 관심을 끌고 초점이 되어 해결책이 떠오르도록 하는 것입니다. 우주의 모든 진리를 한 장에 담은 천부경을 우리가 해석할 수 있다면 아이가 태어나 새로운 세상을 맞는 것처럼 새 세상을 맞이하게 되는 것입니다. 천부경을 푸는 자가 인류의 진정한 창조자를 밝힘으로써 사람들에게 공감이 되어 하늘을 나는 배가 지구에 들어올 수 있게 되는 것이지요. 그다음에 위기가 극복되고 새로운 세상을 맞이하게 되는 거지요.

그런데 천부경을 풀어 지상낙원인 후천세계를 실현하려면 반드시 3개의 열쇠가 있어야 합니다."

"열쇠가 3개라고요? 하나도 아니고 왜 세 개씩이나 필요한가요?"

좀 전의 여인이 다시 물었다. 여인에게서 부드러우면서도 진취적인 분위기가 배어나고 있었다.

하늘의 열쇠와 땅의 열쇠

"그렇습니다. 3개의 열쇠가 있어야만 후천세계는 실현됩니다. 바로 천과 지와 인의 3개의 열쇠입니다. 우리가 하늘의 열쇠와 땅의 열쇠와 사람의 열쇠를 찾을 수만 있다면 지상낙원은 이루어집니다. 모든 사람들이 꿈에 그리던 황금시대이자 유토피아이며 세계가 하나 되는 세상이 실현되는 것입니다. 왜냐하면 우리가 세 개의 열쇠를 찾아 성전을 짓게 되면, 우리들의 부모이자 시조인 위대한 존재들로부터 도움을 받을 수 있게 되니까요.

첫 번째 하늘의 열쇠가 바로 클로드 라엘이 1973년 다른 별에서 온 환인천제로부터 받은 지적설계입니다. 지적설계의 내용을 압축해놓

클로드 보리롱 라엘,
《지적 설계》(메신저, 2009)

은 게 천부경입니다. 이 지적설계가 전해짐으로써 천부경은 풀어질 수 있게 되었던 것입니다. 아까 말씀드린 것처럼 저는 오래전에 이 지적설계의 내용을 이해하고 있었기에 첫 번째 열쇠는 이미 가지고 있었던 것입니다.

환인천제가 라엘에게 밝힌 진실은 단순, 명쾌할 뿐만 아니라 매우 합리적이고 논리적이어서 바로 이해할 수 있는 것이었습니다. 극

도의 사실을 투명하게 밝히고 이러한 진실을 다수의 사람들이 이해하면 인류를 곧바로 새로운 시대로 진입시키려는 환인천제의 의도였던 것입니다."

"그럼 두 번째 열쇠는요?"

강연장 뒤쪽의 젊은 남자가 말했다.

"바로 땅의 열쇠입니다. 저는 두 번째의 열쇠를 찾기 위해 사력을 다했습니다. 이 땅의 열쇠를 찾는 과정은 예측불허였고 그야말로 반전의 연속이었습니다. 그런데 두 번째 땅의 열쇠는 정말 찾기 어려웠습니다. 아주 오랜 시간 찾아 헤맸지만 구름에 싸인 듯 안개에 싸인 듯 자취를 알 수도 없었고 흔적도 찾을 수가 없었습니다. 지적설계의 힘과 라엘리안들의 능력만으로는 후천세계가 불가능하다는 것을 잘 알고 있었기에 온 힘을 다해 찾아 헤맸지만, 도저히 불가능했습니다. 천부경을 들고서 수많은 종교단체를 방문하고 돌아다녔던 것이지요. 천도교에도 가보고, 대종교에도 가보고, 단군성전도 가보고, 우리문화선양회에도 가보고, 통일교회도 가보고, 여호와의 증인에도 가보고, 대순진리회와 증산도에도 가보고, 여기저기 천부경연구회에도 가보고, 신천지에도 가보고, 21세기신문화연구회도 가보고, 명상단체 수선재에도 가보고 별의별 단체를 다 찾아다녔던 것입니다."

"두 번째 열쇠를 찾으셨나요?"

좀 전의 사람이 다시 물었다.

"첫 번째인 하늘의 열쇠는 천부경을 말하고 두 번째인 땅의 열쇠는 성전이 지어질 장소를 말합니다. 두 번째의 땅의 열쇠도 첫 번째의 하늘의 열쇠와 닮아 있어야 합니다. 첫 번째 열쇠인 천부경이 한 장의 종이에 우주의 모든 진리를 담아 작지만 큰 것처럼, 두 번째 열쇠인 땅도 작지만 커야 합니다. 천부경이 모든 진리를 담고 있는 깃처럼 지구촌의 모든 기가 응축되어 있는 땅이나 지역을 찾아야 하는데, 그곳이 어디일까요?"

"……"

사람들은 곰곰이 생각하고 있었다.

"북미의 워싱턴이거나 남미의 끝 파타고니아이거나 몽골의 초원일까요? 아니면 아프리카의 희망봉이나 태평양의 섬이나 교황청의 로마일까요?"

사람들이 몹시 궁금한 표정으로 마른침을 삼키며 다음 말을 기다리고 있었다.

"사과나 배 같은 열매들은 나무로부터 꼭지를 통해 영양분을 공급받아 영글게 됩니다. 임신 중의 태아도 탯줄을 통해 엄마로부터 영양분을 받아 자랍니다. 땅의 열쇠는 과일의 꼭지나 태아의 탯줄처럼 우주의 부모가 지구의 인간에게 문명을 전수해주는 통로가 될 수밖에 없습니다. 땅의 열쇠는 필연적으로 우주의 통로가 되는 지구의 꼭지가 되어야만 합니다. 그래 그 땅은 기가 강할 수밖에 없어 뾰족하거나 튀어나온 지역이 되어야 합니다. 전기도 평지에서는 기가 흩어져 있어 약하고 뾰족한 부분에서는 기가 강해 불꽃이 튀며 흐르게 되니까요. 드넓은 지구에서 어느 땅이나 어느 지역이 지구의 꼭지가 될수 있을까요? 과연 광활한 지구에서 어느 땅이나 어떤 반도가 후천세계를 열 강력한 기가 모인 곳일까요?"

강연자가 잠시 말을 멈췄다. 강당의 사람들은 두 눈을 반짝거리며 귀 기울어 듣고 있었디.

"여기에는 흥미진진한 이야기가 숨겨져 있습니다. 혹시 아시는 분 있나요? 이건 지구 바깥에서 보아야만 알 수 있는 사실이기도 합니다."

강연자가 청중들을 바라보며 질문을 던졌다.

"……"

"1972년 아폴로 16호의 비행사들이 달에 착륙하여 지구를 바라보니 유난히 보라색의 섬광이 뻗치는 지역이 있어 사진을 찍어 두었다고 합니다. 후에 지구에 귀환하여 확인했더니 그곳이 강화도 마니산 일대였다고 하는 이야기가 있습니다.[17] 이 비행사들의 증언이 아니더라도 강화도는 인류의 시작과 우리 한민족에게 깊은 관계가 있는 곳입니다. 강화도의 참성단은 하늘에서 온 천신들이 최초로 인간을 만든 곳이라는 비밀을 간직한 장소입니다. 강화는 생명의 터전이며 한민족의 사상과 단군신화의 발상지이면서 국난극복의 저항과 독립정신의 고향인 곳입니다. 우리의 국조 단군왕검이 홍익인간 이화세계를 이루기 위해 마니산 정상에 참성단을 쌓고 하늘에 제사를 지낸 성지가 강화도입니다. 민족의 시조이자 뛰어난 영적 능력의 소유자였던 단군은 강화도야말로 국가의 기본을 세울 땅임을 통찰하고 자손대대로 수만 년을 살아갈 터임을 확신하고 참성단에서 천신인 시조들에게 천제를 올렸던 것입니다. 또 강화는 고려시대에 40년간 대몽항쟁으로 저항했던 곳이고 나라를 구하고자 팔만대장경을 만들었던 곳이기도 합니다. 오늘날에도 개천절에 수많은 사람들이 전국에서 모여 개천대제를 행하고 전국체전의 성화를 마니산 참성단에서 점화해 전통을 잇는 민족의 성지인 곳입니다."

사람들이 강연자를 뚫어지게 쳐다보고 있었다.

"일제시대 독립운동 자금의 54%를 지원한 보천교의 지도자 차경석의 후손이며 이 시대의 선지자인 차길진은 강화도야말로 지구상에서 가장 기가 강한 곳이며 강화는 한반도의 머리에 해딩하고 백두산은 다리에 해당한다고 예고했던 적이 있습니다. 그는 한강과 임진강, 예성강이 만나는 삼합수에 세계 최대급의 조수간만의 차가 맥동 치니 강화도는 신의 땅이자 지구의 배꼽이 될 수밖에 없다고 했던 것입니다."

내가 잠시 숨을 멈추었다.

"작년이었나 봅니다. 코로나가 지구촌을 강타한 2020년 4월에 동료 두 사람과 이 역사적인 장소인 강화도에 갈 일이 생겼습니다. 강화도에 사는 곤모라는 유명한 여자 선지자를 만나러 라엘리안 박정인과 단군성전에 관심이 많은 장희순과 함께 가게 된 것이지요. 곤모 박종간이라는 선지자가 단군을 모시고 있는데, 새로운 세상을 위해 성전을 짓는다는 얘기를 듣고 예사롭지 않아 세 사람이 함께 방문하게 되었던 것입니다."

강당의 사람들이 호기심에 가득 찬 표정으로 다음 말을 기다리고 있었다.

"곤모 박종간은 1983년 강화도 함허동천에서 기도 중에 천신 마니어머니의 선택을 받고 인류시조님들의 말씀을 전달하기 시작하였습니다. 이후 84년에 단법숭조회를 창립하였고 전 세계 여러 나라를 다니며 오랫동안 기도를 해왔습니다. 지도자 곤모는 전통과 문화를 중시하면서 우리 역사를 재조명하고 역사의 뒤안길에 가려져 있는 인류의 시조가 누구인가를 알아가도록 단법숭조회를 이끌었던 것입니다. 단법숭조회는 인간성을 회복하고 인간답게 사는 방법을 배우면서 긴정힌 인류의 시조가 누구인가를 알아가고 장조자의 흔적을 찾아가는 데 목적이 있었던 것입니다. 그런데 단법숭조회의 지도자 곤모가 자연과 생명의 원리를 옛날 방식으로 표현해 이해하기가 어려운 면이 있었던 것이지요."

"……"

"선지자 곤모가 땅의 열쇠인 이유는 몇 가지가 있습니다. 먼저 곤모는 사명자의 칭호로서 신의 땅의 어머니를 뜻합니다. 곤모는 땅을 의미하기는 하지만 보통의 땅이 아니라 신의 땅의 어머니를 뜻하고 있습니다. 이건 시조의 땅의 어머니를 의미하는 것이지요. 즉 성전을 지을 땅을 안내하는 사명자를 말하는 것입니다.

다음으로 곤모가 사용하는 우주기가 있습니다. 이 우주기는 '지적설계'의 무한의 상징과 다 같고 회전하는 방향만 반대입니다. 이건 라엘이 받은 지적설계가 하늘과 아버지와 남성을 상징하는 것이고 곤모가 받은 계시가 땅과 어머니와 여성을 상징하기에 방향이 반대인 것입니다. 라엘의 무한의 상징은 하늘을 의미하고 곤모의 우주기는 땅을 의미하기 때문에 하늘에 해당하는 지적설계는 지에 해당하는 땅을 만나서 사명을 완성하게 됨을 나타냅니다."

강연자가 청중을 둘러보며 말했다.

"그럼 세 번째 열쇠는요?"

앞쪽에서 한 사람이 말했다.

엔키의 민족은 어디에

"이 세 번째의 열쇠가 사람의 열쇠입니다. 바로 엔키의 민족입니다. 하늘의 열쇠와 땅의 열쇠도 중요하고 찾는 것도 어렵지만, 사람의 열쇠인 엔키의 민족을 찾는 게 가장 어렵고 최고로 중요한 일입니다. 우리가 인류에 숨어있는 엔키의 민족을 찾을 수 있고 그 엔키의 민족이 이러한 진실을 깨닫는다면 하늘의 땅은 마련되고 성전인 건물이 지어지게 됩니다. 그럼 70억 인류는 낙원인 새로운 시대에 들어가게 됩니다."

"작가님, 하늘에 속하는 건물이 정말로 세워지나요?"

강연장 앞쪽에 한 여인이 말했다.

"그렇습니다. 하늘에 속하는 땅이 마련되면 당연히 건물도 건설됩니다."

"믿어지지가 않는데요. 어떻게 그런 일이 가능할까요?"

좀 전의 여인이 부드러운 목소리로 다시 물었다.

"이건 처음 있는 일도 아니지요. 성경에도 나옵니다. 모세의 장막과 솔로몬의 성전이 있지요. 그 건물은 이 장막이나 성전과 같은 것입니다. 모세의 장막과 솔로몬의 성전이 지어신 것처럼 다시 한번 그런 일이 일어나게 됩니다. 다시 말해 제3의 성전이지요. 이 일이 극히 어려운 일이지만 불가능한 일은 아닙니다. 이 제3의 성전이 세워지면 하늘을 나는 배가 지구에 들어오게 됩니다. 그리고 인류의 역사는 바뀌고 지구는 대통합을 이루게 되지요.

이제 세상의 모든 이론과 사상, 종교는 하나로 통일됩니다. 사물의 징조나 현상이 이미 그것을 드러내고 있으며 피할 수 없는 흐름이니까요. 모든 종교와 모든 나라와 모든 인류가 통일된다는 문선명의 통일교가 나온 것도 하나의 징조이지요. 무에서 유를 창조한 현대의 창업자 정주영이 대통령 김대중과 협의하에 소 떼를 몰고 38선을 넘어간 것도 인류 대화합의 흐름인 것입니다. 산골짜기의 물이 흘러 바다에서 하나가 되는 것이나 아장아장 걷는 아이가 자라 인류사회의 구성원이 되는 것처럼 인류도 폭력성을 극복해 우주의 구성원의 하나가 되는 것입니다.

대홍수 때에는 하나의 대륙이 여러 개로 나누어지고 쪼개졌지만, 이제는 반대로 쪼개지고 분리된 사상과 이론과 종교가 하나로 대통일을 이루게 됩니다. 특히 종교의 통합은 아주 중요한 의미가 있지요. 종교란 야만적인 상태에서 인류공동체 의식을 한 단계 성숙시키고 최소한의 도덕과 보편적인 공동선을 지키도록 창조자에 의해 주어졌던 것입니다. 모든 종교는 그 시대에 맞는 일부의 진실이 주어졌기에 그 어떤 종교도 완벽하거나 모든 진실을 다 담을 수는 없었던 것입니다. 이제 사회적 강자가 되어버렸고 기득권의 상징이 되어버린 기존의 종교들은 사라지거나 아니면 무한의 종교로 다시 태어나게 됩니다. 나의 종교와 나의 신만이 옳다고 주장하는 유대교와 기독교, 이슬람교 등등의 종교나 좌선에 집착하는 불교 등등의 모든 종교는 이제 수명이 다한 것입니다.

별에서 온 천부경

새 땅 새로운 시대는 곧 이루어집니다. 세상은 아름다운 곳이고 탄생은 축복이 되는 시대가 열리는 것이지요. 인간이란 행복의 존재이고 삶이란 기쁨을 나누어 가지는 것이 되는 시대가 실현됩니다. 종교는 그 신비성을 벗어 던지고 본래의 참모습을 드러낼 것입니다. 종교는 예술과 비슷한 형태가 되며 공동체의 취미 모임이나 동호회처럼 될 것입니다. 특히 모든 종교와 모든 과학과 모든 이론의 통일은 천지인의 통합을 상징하고 인류가 우주적 평화시대에 들어섬을 나타내고 있으니까요. 서양의 논리와 합리성의 극단에 라엘리안협회가 있고 동양의 사상과 정신성의 극단에 단법숭조회가 있는 것이지요. 라엘리안들은 '인간도 기계이다'라고 말하는 것이고 단법숭조회는 '기계도 생명이다'라고 말하고 있는 셈이지요. 이 양극단의 통일은 동서양의 화합을 의미할 뿐만 아니라 정신과 물질 그리고 인간과 우주의 대통합을 나타냅니다. 이러한 통합은 동서양의 경전뿐만 아니라 많은 예언서에도 예고되어 있었습니다."

내가 잠시 말을 멈추었다. 청중을 둘러보며 다시 입을 열었다.

"이러한 증거는 성경에만 있는 게 아닙니다. 우리나라에도 있는데, 우리가 잘 모르고 있었던 거지요. 동양의 성서라고도 불리는 격암유록은 지금으로부터 500여 년 전 조선 시대의 격암 남사고가 쓴 책입니다. 남사고가 젊었을 때, 사람과 비슷하지만 사람이 아닌 어떤 신인을 만났다는 것입니다. 그 신인으로부터 책을 받아 이 격암유록을 남기게 된 것입니다. 격암유록이 총 60장으로 이루어져 있는데, 맨 마지막 장인 갑을가에 천신을 맞이하는 건물이 세워진다고 나옵니다. 바로 인류의 시조를 맞이할 천진 짜리의 큰 집인 싱전이시요. 이 일이 아주 어렵고도 어려워 불가능에 가까울 정도로 힘든 일이지만 결국 그 건물이 건설되는 것이지요. 또 그 건물을 짓는 중요한 인물들도 나옵니다."

"정말인가요?"

"그렇습니다. 건물을 짓는 사람의 나이와 성씨까지도 나옵니다."

"그 사람들이 대체 누구인가요?"

왕소군을 닮은 신비의 여인이 입을 열었다.

"바로 정도령이고 진인입니다. 한민족이 수천 년간 기다려온 정도령이자 진인인 것입니다. 정도령은 비바람을 일으키는 어떤 신비한 존재가 아니라 바로 건물을 짓는 인물에 지나지 않는 것입니다. 여기에 계시는 분 누구라도 인류 시조를 맞이할 성전을 짓는다면 정도령이고 정도녀인 것입니다."

"격암유록은 가짜라고 결론이 났습니다. 격암유록은 동양의 성서가 아니라 위대한 가짜 예언서라고 이미 판가름 난 것인데요. 작가님만 모르는 모양입니다."

중년의 그 남자가 고개를 들고 다시 반론을 제기했다.

"좀 전에 코벨이 동양고대역사를 연구하면서 진실을 밝혀낸 적이 있다고 말씀드렸는데요. 코벨은 일본의 군국주의자들이 한국을 강제로 지배하던 일제시대 때, 한국의 수많은 책들과 자료들을 불태워 없애고 숱한 문화재와 보물들을 일본으로 실어 나갔다는 것을 보여주었습니다. 일본 정부가 귀중한 옛 책 수십만 권을 강제로 **빼앗고** 불태워 없애버린 것입니다. 일본의 지배층이 거짓말과 날조를 통해 한국인과 한민족의 정신과 역사에 대량학살을 감행했다는 것을 낱낱이 증명했던 것입니다. 그 결과 우리 한국인들은 우리 자신의 위대한 역사와 우리 자신의 혼을 잃어버린 기억상실증 환자가 되어버린 것입

별에서 온 천부경

니다."

"……"

강연장에 무거운 침묵이 흐르고 있었다.

"작가님. 수호신 엔키가 누군가요?"

"수메르 신화에 나오는 신들 중에 한 명인데 인간의 수호신이자 인간을 만든 창조주이지요. 이 엔키라는 위대한 창조자가 그들의 세계에서 인간창조를 금지하자 그 세계를 뛰쳐나와 머나먼 지구에서 인간을 만들게 된 것입니다. 엔키와 과학자들이 지구에다 인간을 창조하자 인간이 과학지식과 진실을 절대로 알지 못하도록 행성정부에서 조치했던 것입니다. 그러나 인류의 수호신이었던 엔키는 정부의 명령을 어기고 인간에게 진실을 밝혀 완전한 인간이 되도록 도왔던 것입니다.

그 뒤에 생명 창조를 비판했던 반대파들이 대세를 장악하게 되었지요. 사탄이 이끄는 반대파는 인간이 지능도 높은 데다 너무나 폭력적이어서 자신들의 세계에 커다란 위협이 된다는 걸 강력하게 주장했지요. 이게 그들의 세계에서 전적으로 받아들여지게 된 것입니다. 이 절체절명의 위기에서 수호신 엔키가 모든 어려움을 무릅쓰고 비밀리에 우리들을 구해 인간은 가까스로 살아남게 되었던 것입니다. 오늘날 우리가 이렇게 존재하고 있는 것도, 오늘 이렇게 강연회를 하는 것도, 지금 이렇게 살아 숨 쉬는 것도 다 그분의 덕분인 것입니다. 인류의 시조이자 수호신 엔키는 우리에게 헤아릴 수 없는 사랑과 은혜를 베풀어주었던 것입니다. 우리가 살아있는 한 결코 수호신 엔키의 사랑을 잊을 수는 없다고 생각합니다.

이제 그 엔키의 종족은 일어서야 합니다. 왜냐하면 그들이 엔키의 후손이기 때문입니다. 엔키의 후손인 그들은 행동해야 하고 자신들이 마땅히 해야 할 사명을 완수해야 합니다. 그 엔키의 종족은 나서야 할 의무가 있고 인류는 위대한 수호신의 사랑에 응답해야 할 책임이 있습니다. 엔키의 후손은 이 절망적인 상황에서, 이 살벌한 대위기에서 인류의 등불이 되어야 하고 인류의 안내자가 되어야만 합니다. 대홍수의 위기에서 엔키가 인간을 구했듯이 탐욕과 핵전쟁으로 자멸하려고 하는 인류를 구할 민족은 엔키의 종족밖에 없는 것입니다. 조화의 원리이자 대칭의 원리에 의해 그럴 수밖에 없는 것이니까요."

"그 엔키의 민족이 한민족이라는 생각이 듭니다. 작가님 너무나 궁금하니까 분명하게 말씀해주십시오."

"저한테 물으셨지만 저도 분명히 모릅니다. 그 엔키의 종족은 어쩌면 아프리카에 있을 수도 있고 중앙아시아에 있을 수도 있고 북미에 있을 수도 있고 남미에 있을 수도 있고 유럽에 있을 수도 있고 동남아시아에 있을 수도 있지요."

"아니 작가님이 모르면 누가 알겠습니까? 그럼 누구도 아는 사람이 없을 거 같은데요."

"분명 엔키의 후예는 혁명의 종족이자 의거의 민족이며 항쟁의 사람들일 것입니다. 왜냐하면 창조물의 속성은 창조자의 속성을 반영하는 거울이니까요. 그 엔키의 후손은 평화를 사랑하면서도 강인한 사람들이며 최고의 지성을 갖춘 겨레일 것입니다. 엔키신이 혁명의 창조자이자 지혜의 신이자 과학의 신이었으니까요."

강연자가 분명한 목소리로 거침없이 말했다.

"이 문제를 생각해보십시오. 왜 우리가 살고 있는 지구가 이 모양이 되었을까요? 왜 우리의 문명은 병들고 미친 문명이 되었으며 죽음의 문명이 되었을까요? 그 원인이 무엇이겠습니까?"

사람들은 깊은 생각에 잠겨 있었다.

"여러 원인이 있겠지만 그중의 하나가 이거라 생각합니다."

"그게 무엇인데요?"

하늘은 스스로 돕는 자를 돕는다

"진리를 밖에서 찾기 때문입니다. 진리를 나 자신 안에서 찾지 않고 밖의 타인에게서 찾기에 그렇습니다. 우리가 예수를 믿기에 기독교를 믿고 우리가 석가를 믿기에 불교를 믿고 마호메트를 믿기에 이슬람교를 믿고 있는 것입니다. 우리가 신을 믿기에 종교를 믿듯이 다윈을 믿기에 진화론과 약육강식을 믿고 있습니다. 또 자본주의를 믿기에 무한경쟁을 믿고 무한탐욕을 정당화하고 있는 것입니다.

우리가 진리를 밖에서 찾지 않고 나 자신의 깊은 본성에서 찾는다면 수많은 갈등이나 분쟁이나 다툼이 대부분 사라지게 될 것입니다. 우리를 구할 수 있는 건 다른 그 무엇이 아니라 우리 자신뿐입니다. '멸망이냐 낙원이냐' 라는 이 문제는 저 먼 태양계에 사는 인간들의 문제도 아니고 시리우스에 사는 인간들의 문제도 아니며 안드로메다에 사는 사람들의 문제도 아닙니다. 바로 지구에 사는 우리들의 문제인 것입니다."

잠시 깊은 침묵이 흐르고 있었다.

"자성구자自性求子 강재이뇌降在爾腦.

스스로 자신의 본성에서 구하라. 이미 너의 머릿속에 내려와 있다.

진리를 자신의 깊은 본성에서 구하는 사람들의 총합이 일정한 수를 넘어서면 하늘의 땅은 마련되고 하늘을 나는 배가 지구에 들어오게 될 것입니다. 자신의 내면 깊은 곳에 있는 인간성을 신뢰하고 평화와 보편적인 형제애를 유일한 목적으로 한다면, 타인을 또 다른 나라고 깊이 인식한다면 후천시대는 실현됩니다. 모든 생명체는 하늘과 땅의 조화 속에서만 삶이 가능하다는 것과 세계 인류는 모두 한 뿌리이며 같은 운명 공동체라는 것을 깨닫는 게 무엇보다 중요합니다. 핵무기를 없애고 어느 누구도 굶어 죽지 않도록 만든다면 지상낙원은 이루어집니다. 반면에 유일신과 전쟁물자와 핵무기가 더 필요하다고 하는 타인의 말을 믿는 사람들이 더 증가하고 약육강식과 무한경쟁만이 사는 길이라고 주장하는 타인의 말을 믿는 사람들이 더 늘어난다면 우리의 문명은 무너지고 붕괴될 것입니다."

사람들의 얼굴이 환하게 밝아지며 새로운 희망이 솟아오르고 있는 것 같았다.

"작가님. 정말로 새로운 지상낙원이 오나요? 온다면 언제쯤일까요?"

사람들 중에서 한 사람이 몹시 궁금하다는 듯이 질문을 했다. 끝으로 내 가슴 속에 언제나 있는 말을 청중을 향해 던졌다.

"저에게 진리를 묻지 마십시오. 전 20세기에 태어난 평범한 인간에 불과합니다. 전 약간의 노력으로 저의 진리를 발견했을 뿐이며 물으시는 분은 스스로의 진리를 자신의 힘으로 찾으셔야 합니다. 이게 70억 지구인들의 운명입니다. 선택은 전적으로 우리 자신에게 달려 있고 하늘은 스스로 돕는 자를 돕습니다."

맺는말

인류를 구할 사랑 이야기

우주.
영원하고 무한한 우주.
이 영원한 침묵 속에
가없는 무한한 암흑 속에
무수한 별들이 던져져 있다.
수천억 개의 별들이
찬란히 빛나고 있는
우리 은하계의 모퉁이에
푸른 보석처럼 빛나는
한 행성이 있었다.
아득한 옛날에
그것도 아주 오랜 까마득한 옛날에
지구라 불리는 이 행성에
한 무리의 사람들이 하늘에서 내려왔다.

문명.
가느다란 한 줄기 냇물에서 일어나
돌고 돌아 굽이치며 도도히 흐르는 강처럼

별에서 온 천부경

어느 한순간도 머물지 않고 흐르는 거대한 강물처럼
원시에서 일어나 어느 한순간도 머물지 않고 나아가는 인간의 역사.
고뇌에 찬 행진으로
영원에서 영원으로 이어지는
문명이라는 영원한 숙명.
문명이라는 영원한 고리 속에서
푸른 행성의 해 뜨는 곳에서
문명을 시작한 한 무리의 사람들.
인류의 문명을 처음 열었던 광명의 사람들이 있었다.

한민족.
순박한 사람들.
문명을 열었던 사람들.
빛의 사람들이자 아리랑의 민족.
훈민정음의 사람들이자 홍익의 사람들.
하늘과 땅을 잇는 종족이자 환웅의 후손들
천부경의 사람들이자 인류의 결실을 맺을 사람들.

그러나
숱한 시련 속에서 빛나는 역사를 잃어버리고 헤매야 했던 사람들.

맺는말

그러나

무수한 고난 속에서 왕자의 본성을 잃어버리고 울어야 했던 사람들.

그러나

헤아릴 수 없는 아픔 속에서 위대한 정신을 잃어버리고 밤새워 울었던 사람들. 무수한 시련 속에서 목 놓아 울었던 민족이여. 끝없는 시련과 불행 속에서 산 채로 허리가 두 동강이 난 사람들이여. 수없는 고난의 수렁 속에서 산 채로 매장된 민족이여. 한없는 절망과 비극 속에서 이미자의 동백꽃처럼 서러워했던 사람들이여. 끝없는 슬픔과 암흑 속에서 장사익의 찔레꽃처럼 울었던 인간들이여.

그러나

그러나

그러나

세계가 잃어버린 영혼을 간직해왔던 사람들이여. 그 어떤 시련과 고난 속에서도 인간 본연의 길을 걸었던 사람들이여. 그 어떤 족쇄와 억압 속에서도 인간의 도리를 행했던 환웅의 후손들이여. 그 어떤 어려움과 가시밭길 속에서도 홍익을 실천했던 종족이여. 부조리한 사회와 외세에 붉은 피로 대항했던 동학농민혁명의 민족이여. 부당한 억압에 이백만 명이 일어서 7천5백 명이 숨겨간 삼일만세운동의 의로운 인간들이여. 불의한 신탁통치에 반대하고 이승만 독재와 유신 독재를 무너뜨린 혁명의 민족이여. 전두환 독재에 피 흘리며 맞선 빛고을 광주민주화운동의 사람들이여. 21세기 초 지구촌을 뒤흔든 월드컵응원의 민족이여. 헤아릴 수 없는 의로운 행동을 하고 의거를 하고 혁명을 한 사람들이여. 수없이 많은 사람들이 몸을 던지고 생명을 불살라 불의에 항거하고 하나뿐인 소중한 목숨을 인류의 제단 앞에 바쳐왔던 민족이여. 그래 아름답고 자랑스러운 사람들이여.

왜인가?

도대체 왜인가? 왜 이토록 많은 사람들이 불의에 대항해 하나뿐인 목숨을 던지고 몸을 불살랐단 말인가? 왜 이 땅에는 헤아릴 수 없을 정도로 의인과 지사와 열사들이 넘쳐난단 말인가? 역사상 유례가 없을 정도로 왜 이토록 많은 사람들이 정의를 위해 몸을 던지고 자신의 육신을 불사르고 하나밖에 없는 목숨을 인류의 역사 앞에 바쳐왔단 말인가? 한민족에게 대체 무엇이 있기에 이토록 많은 의거와 혁명과 희생을 해왔단 말인가?

환웅이다.

그렇다. 답은 하나다. 바로 환웅이다. 환웅의 사람늘이다. 한민속이야말로 환웅천황의 민족이기 때문이다. 다른 가능성은 없다. 우리의 저 깊은 곳에 환웅의 피가 흐르기에 그렇다. 우리의 저 깊은 동맥 속에 환웅천황의 피가 맥동하고 있기에 그런 것이다. 이거야말로 본질 중의 본질이고 증거 중의 증거이다. 천부경도 작은 증거이고 홍익인간도 작은 증거이고 한글도 작은 증거에 지나지 않는다. 그 어떤 증거들도 작은 증거이며 그 어느 누구도 부정할 수 없는 증거 중의 증거가 이 민족성이다. 우리의 저 깊은 곳에 흐르고 있는 본성이야말로 우리 한민족이 환웅의 후손임을 명백히 보여주고 있는 것이다.

환웅천황!
세상의 모든 진리를 이끄는 거룩한 창조주.
지구촌의 모든 신화와 전설에 등장하는 문화영웅이자 생명의 설계자. 지혜와 용기의 화신이자 위대한 존재. 세상 위의 세계와 세상 아래의 모든 지혜를 터득한 위대한 시조. 환웅이 인간이 가야 할 길을 위해 자신의 몸을 던졌던 것이고 환웅천황이 창조물을 위해 자신의 생명을 던졌던 것이고 환웅대성존이 우리 인간을 위해 자신의 모든 것을 바쳤던 것이다. 이 거룩한 환웅천황의 민족이 한민족이다. 환웅의 민족이란 바로 한민족이며 한민족이 위대한 창조자 환웅의 후손이다. 우리 한민족이 걸어야 했던 험난한 가시밭길이 바로 창조자 환웅이 걸었던 길이었고 우리 한민족이 겪어야 했던 고난과 시련이 바로 창조자 환웅의 고난이었고 우리 한민족이 흘려야 했던 눈물과

별에서 온 천부경

서러움이 바로 창조자 환웅의 눈물이었다.

　한민족이여!
　그래 아름다운 사람들이여!
　위대한 창조자 환웅의 사람들이자 광명의 사람들이여! 하늘과 땅
을 연결하는 사다리의 사람들이자 70억 인류를 구할 민족이여! 우리
여기에다 조그마한 건물을 짓자. 남북이 만나는 곳에 작은 땅을 내
어 하늘의 부모를 맞이하자. 위대한 창조주 환웅의 후손이여. 자랑
스럽고 아름다운 사람들이여. 우리가 앞장서 모든 인류의 부모를 맞
이하자. 그들은 침략자가 아니다. 그들은 우주에서 오는 우리 모두
의 어버이이다. 그들은 우리들을 창조한 장본인이다. 그들은 우리
를 숨 쉬게 하고 말할 수 있게 하고 뛰놀 수 있게 한 바로 우리들의
부모이다. 자랑스러운 한민족이여. 그래, 아름다운 사람들이여. 우
리들은 지상에서 가장 뛰어난 효를 행했던 사람들이 아닌가. 지상의
효를 이루었으니 이제 천상의 효를 완성하자. 눈물과 한숨을 거두고
모든 인류의 부모를 영접하여 인간성의 완성을 이루자.

　환웅천황의 민족인 우리가 외면한다면 우리 인류는 길이 없다. 환
웅이 후손인 우리가 모른 체한다면 70 억 인류는 파멸을 피할 길이
없다. 환웅의 종족인 우리가 눈감아 버린다면 우리 앞에 절망밖에 없

다. 이 아슬아슬하고 무시무시한 상황, 이 살벌한 대파국의 상황에서 인류를 구할 사람들은 한민족밖에 없다. 우리 한민족이 우리에게 주어진 사명을 거부한다면 인류의 내일은 없다. 인류 구원이라는 이 장대한 계획은 태초부터 계획되고 준비되고 확정되었던 것이다.

그렇다.

한민족이여. 마지막 최후의 구원의 방안이 될 민족이여. 열쇠의 나라이자 결실의 민족이여. 구원의 민족이자 숨겨진 선민인 한민족이여. 수천 년을 숨죽이며 오늘날을 기다려온 사람들이여. 인류 구원을 완성할 민족이자 감추어 놓은 아리랑의 민족이여. 이 고비를 넘어가자. 이 고개가 아리랑의 그 고개이다. 대파멸 직전의 상황이 바로 아리랑 고개이다. 우리 한민족이 눈 감고 우리 한민족이 외면하고 우리 한민족이 주저앉아버린다면 인류의 내일은 없다. 우리 한민족이 자신의 사명을 외면한다면 우리 한민족이 고개를 쳐들지 않는다면 우리 인류 앞에 절망과 암흑밖에 없다.

그래, 아름답고 자랑스러운 사람들이여! 자랑스러운 홍익의 사람들이자 천부경의 사람들이여! 인류를 구할 빛의 사람들이자 아리랑의 민족이여! 인간에게 하늘보다 더 큰 사랑을 베풀어준 환웅의 후손들이여! 우리 약간의 땅을 내어 여기에다 조그마한 건물을 짓자! 우주에서 오는 모든 인류의 부모를 맞이하여 인간성의 완성을 이루자! 모든 인간이 인간답게 사는 세상을 완성하자! 지상의 모든 사람들과 모든 생명이 조화와 광명을 누리는 세상을 만들자! 은하수를 가로지르는 찬란한 문명을 꽃피우자! 영원에서 영원으로 이어지는 문명의 찬란한 고리를 이루자!

환웅천황님의 당부

　대홍수의 파멸에서 인류를 구한 것은 인간에 대한 나의 사랑이자 믿음이었다. 너희들은 우리를 본떠서 만들어졌고 우리와 다르지 않은 우리의 또 다른 자식이며 하나의 개체로서는 지구별의 인류이기 때문이다. 나는 너희들을 사랑하고 또 너희들이 언젠가 성장하여서 새로운 문명을 이룰 수 있을 것이라 생각하였다. 하지만 대다수의 천신들은 너희들이 우리를 위협하는 존재가 되었을 뿐만 아니라 너무나 폭력적이고 이기적인 인간들끼리의 추악한 모습을 더 이상 보기를 원치 않았다. 자식이 너무나 못난 모습을 보이면 부모도 등을 돌리는 거와 마찬가지로 너희들의 모습은 참으로 참담할 정도였다. 그래서 우리들은 너희들을 멸망시키기로 하였다.

　나는 너희들을 구하기로 하였고 그것은 나만의 결단이었음으로 내가 책임지는 일이었다. 그러므로 나에게도 큰 위험의 요소가 되었다. 많은 천신들이 반대하는 일을 나 홀로 감행함으로써 그 뒷일은 내가 책임져야 했으므로 사실 쉽지 않은 결단이었다. 하지만 나는 그렇게 하고 싶었다. 그것이 인간에 대한 도리, 생명체에 대한 최소한의 도리라고 생각하였기 때문이다. 우리의 이기심이 너희들을 다 멸망시킬 수도 있었고 우리도 또한 인간이다 보니 너희들을 충분히 외면할 수 있었다. 하지만 지구에 대한 희망의 싹을 놓고 싶지 않았다. 나는 인류 전체는 아니지만 최소한의 종을 살려서 봄이 되면 다시 파종하듯이 지구에 인류를 심고 싶었다. 그래서 나는 또다시 기다려서 지구에 천신들을 이끌고 오게 되었던 것이었다. 내가 인류를 살린 것은 나와 똑같은 생명을 함부로 할 수 없었기 때문이었고 너희들 역시 성장하게 되면 생명체를 소중히 여기는 마음부터 배우는 것이 우선이라고 나는 생각한다. 내 생명이 귀하듯 타인의 생명도 귀하고 모든 생명체는 귀한 것이다.

그 멸망으로 인해서 지구는 한번 더 수난의 역사를 겪었지만 이번 인류인 너희들에게 우리가 적극 지원하여 돕고자 하는 것은 우리가 지난번에 했던 그 일이 후회되었기 때문이기도 하다. 많은 천신들은 자식을 멸망시켜놓고 어떠했겠느냐? 다들 많이 마음이 아팠고 후회하기도 하였고 반성하기도 하였던 것이다. 그래서 지구문명은 이번에 새로운 문명으로 반드시 탈바꿈하여서 성장하기를 난 누구보다도 바라고 있다. 나의 사랑은 인간에 대한 사랑이고 생명에 대한 사랑이다. 너희들이 어린 나의 자식이기도 하지만 또한 하나의 생명체로서 잘 살아가기를 바라는 나의 근본 마음이기도 하다. 그러니 이번에는 너희들이 반드시 폭력성과 이기심을 극복하고 새로운 시대로 가기를 나는 누구보다도 바란다. 같은 역사를, 같은 실수를 반복하지 않도록 해라. 그것이 내가 진정 바라는 것이다. 역사 속에서 반복된 고리 속에서 배워야 한다. 그것이 진정한 인류요, 나의 자식으로서 자격이 있지 않겠느냐. 내가 너희들을 살리는데 나는 누구보다도 그 결단에 책임을 져야 했고 외로웠고 참으로 힘든 과정이었다.

이번 인류의 역사에서도 너희들과 함께 걸어오면서 너희들을 보면서 마음이 아프고 힘들었다. 너희들끼리 항상 싸우고 자연을 망가뜨리고 생명체를 경시하고 그 모든 것들이 부모의 입장에서는 정말 힘든 일이었다. 자식끼리 그렇게 싸우고 형제끼리 피 흘리도록 싸우는 일이 부모의 입장에서는 얼마나 안타까웠겠느냐? 그래서 시대마다 많은 예언가들, 많은 가르침들, 많은 종교들을 내렸지만 아직도 인류는 헤매고 있지 않느냐. 반드시 극복하여라. 이번 계획을 통해 극복하고 새로운 인류로 탄생하도록 하여라. 이것이 나의 제일 큰 바람이요, 우리 부모들이 바라는 바이다. 지금 모든 인류들이 하루속히 깨어나는 게 무엇보다 시급하다. 너희들은 반드시 해낼 수 있을 것이다.

- 2022년 4월 계시에서

주석 및 참고문헌

❙ 참고문헌

- 클로드 보리롱 라엘, 《지적설계》, 메신저, 2009.
- 곤모, 《맥의 천리의 정》, 칠성출판사, 2011.
- 문화영, 《선계에 가고 싶다》, 수선재, 2008.
- EBS제작팀, 《신과 다윈의 시대》, 세계사, 2010.
- Matthew Cobb, 《생명의 위대한 비밀》, 라이프사이언스, 2017.
- 갈릴레이, 《새로운 두 과학》, 민음사, 1996.
- 게오르규, 《25시를 넘어 아침의 나라로》, 문학사상사, 1987.
- 계연수, 《환단고기》, 상생, 2012.
- 권태훈, 《백두산족에게 고함》, 정신세계사, 1989.
- 그레이엄 핸콕, 《신의 지문》, 까치, 1995.
- 김산해, 《길가메쉬 서사시》, 휴머니스트, 2005.
- 김산해, 《신화는 수메르에서 시작되었다》, 가람기획, 2003.
- 김진영, 《수수께끼의 외계문명》, 넥서스, 1995.
- 김학주 옮김, 〈논어〉, 서울대출판부, 1985.
- 김홍표, 《김홍표의 크리스퍼 혁명》, 동아시아, 2017.
- 끌로드 라엘, 《우주인이여 나를 데려가라》, 김영사, 1982.
- 노자, 《도덕경》, 현암사, 1995.
- 다치바나 다카시, 《우주로부터의 귀환》, 청어람미디어, 2002.
- 데카르트, 《방법서설》, 박영사, 1974.
- 로버트 윌리스, 《생물학》, 을유, 1993.
- 로빈 허니그, 《정원의 수도사》, 사이언스북스, 2006.

- 루이 파스퇴르, 《자연발생설비판》, 서해문집, 1998.
- 루이자 길더, 《얽힘의 시대》, 부키, 2012.
- 리처드 도킨스, 아먼드 마리 르로이 외, 《궁극의 생명》, 미래엔, 2017.
- 리처드 랭험, 《악마 같은 남성》, 사이언스북스, 1998.
- 리처드 밀턴, 《다윈도 모르는 진화론》, 도서출판 AK, 2009.
- 리처드 파인만, 《파인만의 QED강의》, 승산, 2001.
- 마이클 베히, 《다윈의 블랙박스》, 풀빛, 2001.
- 마크 뷰캐넌, 《세상은 생각보다 단순하다》, 지호, 2004.
- 매트 리들리, 《생명의 설계도, 게놈》, 반니, 2016.
- 매트 리들리, 《프랜시스 크릭》, 을유문화사, 2011.
- 맹성렬, 《UFO신드롬》, 넥서스, 1995.
- 무공, 《격암유록》, 좋은땅, 2013.
- 박정규, 《뎅기(핵시계 7분 전)》, 멘토프레스, 2006.
- 박정규, 《천부경(세상의 전부)》, 멘토프레스, 2012.
- 버트란드 러셀, 《인류에게 내일은 있는가》, 고려원, 1991.
- 비트겐슈타인, 《논리철학논고》, 천지, 1991.
- 서종한, 《추적 UFO를 만난 사람들》, 넥서스, 1996.
- 성경편찬위원회, 《오픈성경》, 아가페, 1987.
- 션 캐럴, 《진화론 산책》, 살림, 2012.
- 소정섭, 《한자 수수께끼》, 청조사, 2007.
- 슈뢰딩거, 《생명이란 무엇인가》, 한울, 1992.
- 스티븐 마이어, 《생명의 진화에 대한 8가지 질문》, 21세기북스, 2011.
- 스티븐 마이어, 《세포 속의 시그니처》, 겨울나무, 2014.
- 스피노자, 《에티카》, 서광사, 1990.
- 싯타르타 무케르지, 《유전자의 내밀한 역사》, 까치글방, 2017.
- 아더 바이저, 《현대물리》, 연합출판, 1984.
- 아인슈타인, 《상대성이론》, 미래사, 1992.
- 안동일, 《증산의 열석자 유언》, 후암, 2010.

- 앙리 푸앵카레, 《과학과 가설》, 단국대학교출판부, 1983.
- 야마모토 요시타카, 《과학의 탄생》, 동아시아, 2005.
- 어네스트 헤밍웨이, 《노인과 바다》, 소담, 1991.
- 에릭 캔들, 《기억을 찾아서》, 랜덤하우스코리아, 2009.
- 오경웅, 《선학의 황금시대》, 천지, 1997.
- 왓슨, 《이중나선》, 궁리, 2006.
- 윌리엄 브라이언, 《달과 UFO》, 겸지사, 1991.
- 유석근, 《알이랑민족》, 예루살렘, 2005.
- 이기동, 《천부경》, 행복한책세상, 2017.
- 이순풍, 《추배도》, 고래, 2018.
- 이윤영, 《만고풍상 겪은 손》, 신인간사, 2015.
- 장대익, 《다윈의 식탁》, 바다, 2014.
- 장수철, 《아주 명쾌한 진화론 수업》, 휴머니스트, 2018.
- 장화수, 《21세기대사상》, 혜화, 1996.
- 정윤표, 《티끌 속의 무한우주》, 사계절, 1994.
- 제니퍼 다우드나, 《크리스퍼가 온다》, 프시케의 숲, 2018.
- 제럴드 에델만, 《신경과학과 마음의 세계》, 범양사, 2006.
- 제레미 나비, 《우주뱀=DNA》, 들녘, 2002.
- 제임스 클리크, 《카오스》, 누림, 2006.
- 제카리아 시친, 《수메르 혹은 신들의 고향》, 이른아침, 2004.
- 조앤 롤링, 《해리포터와 불사조 기사단》, 문학수첩, 2014.
- 조철수, 《수메르신화》, 서해문집, 2003.
- 조하선, 《베일벗은 천부경》, 물병자리, 1998.
- 존 카터 코벨, 《부여 기마족과 왜》, 글을읽다, 2006.
- 존 호그, 《노스트라다무스》, 디자인하우스, 1994.
- 존 힉, 《종교철학개론》, 종로서적, 1980.
- 차길진, 《영혼산책》, 후아이엠, 2005.
- 찰스 다윈, 《종의 기원》, 삼성, 1982.

- 천도교중앙총부, 《동경대전》, 천도교출판부, 1981.
- 최동원, 《천부경강전》, 정상생활, 2008.
- 최상렬, 《보병궁시대는 이미 시작되었다》, 한솔미디어, 1994.
- 최순열, 《이병철 회장의 질문》, 명성서림, 2014.
- 최재천, 《다윈지능》, 사이언스북스, 2019.
- 카를 메닝거, 《수의 문화사》, 열린책들, 2005.
- 칸트, 《순수이성비판》, 을유문화사, 1983.
- 칼린 지브란, 《예언자의 노래》, 물병자리, 1998.
- 캐머런 스미스, 《진화에 대한 10가지 신화》, 한승, 2011.
- 프랜시스 크릭, 《생명 그 자체》, 김영사, 2015.
- 프랜시스 크릭, 《열광의 탐구》, 김영사, 2011.
- 프랭클린 폴투갈, 《DNA 백년사》, 한림원, 1995.
- 필립 존슨, 《심판대위의 다윈》, 과학과 예술사, 1993.
- 하이데거, 《존재와 시간》, 까치, 1998.
- 한바다, 《3천년의 약속》, 아름드리미디어, 2002.
- 한스 요하머 칠머, 《진화, 치명적인 거짓말》, 푸른나무, 2002.
- 핵전쟁방지국제의사회, 《핵전쟁과 인류》, 미래사, 1987.
- 허영식, 《충격UFO보고서》, 제삼기획, 1996.
- 후쿠오카 신이치, 《생물과 무생물 사이》, 은행나무, 2018.
- 흄, 《인간이해력탐구》, 지만지, 2009.

주석

1. 김산해, 《신화는 수메르에서 시작되었다》, 가람기획, 2003. p.285.

2. 다음백과, 타이타닉은 어떤 식으로 가라앉았을까, 6~31줄

3. 다음백과, 세계를 놀라게 한 타이타닉의 최후, 1~32줄

4. 나무위키, 핵전쟁, 6~12줄

5. 나무위키, 우발적 핵전쟁, 2~20줄

6. 나무위키, 페트로프, 5~27줄

7. 러셀-아인슈타인 선언, www.huffingtonpost.kr

8. 이순풍(李淳風) 완역, 《추배도》, 고래, 2021.

9. 존 호그, 《노스트라다무스》, 디자인하우스, 1994.

10. 클로드 라엘, 《지적설계》, 메신저, 2009.

11. 션 캐럴, 《진화론 산책》, 살림, 2012. p.5~6.

12. 리처드 도킨스, 아먼드 르로이 외, 《궁극의 생명》, 미래엔, 2017. p.290~291.

13. 클로드 라엘, 《지적설계》, 메신저, 2009.

14. 3천 년의 약속, 아름드리미디어, p.263~266.

15. 다물민족운동본부 사무총장 노희상 교수(직접 통화 확인)

16. 한국전통사상연구소 문성철 원장 증언

17. 황종국, 《비평과 전망》, 2001. 3.

별에서 온
천부경